产业经济学学术前沿丛书

国内外产业转移的
理论与实践
——基于"一带一路"沿线国家的研究

祁苑玲 ◎ 著

THEORY AND PRACTICE OF INDUSTRIAL
TRANSFER AT HOME AND ABROAD
——A Study Based on Countries along the Belt and Road

本专著是国家哲学社会科学基金项目"一带一路"经济带建设与国内外产业转移的研究——基于云南的实证研究（16XJL003）的结项成果。

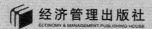

经济管理出版社
ECONOMY & MANAGEMENT PUBLISHING HOUSE

图书在版编目（CIP）数据

国内外产业转移的理论与实践：基于"一带一路"沿线国家的研究／祁苑玲著. —北京：经济管理出版社，2020.9

ISBN 978-7-5096-7513-7

Ⅰ. ①国… Ⅱ. ①祁… Ⅲ. ①产业转移—研究 Ⅳ. ①F264

中国版本图书馆 CIP 数据核字（2020）第 165754 号

组稿编辑：王光艳

责任编辑：魏晨红

责任印制：黄章平

责任校对：王淑卿

出版发行：经济管理出版社

　　　　　（北京市海淀区北蜂窝 8 号中雅大厦 A 座 11 层　100038）

网　　址：www. E-mp. com. cn

电　　话：(010) 51915602

印　　刷：唐山昊达印刷有限公司

经　　销：新华书店

开　　本：720mm×1000mm /16

印　　张：17.25

字　　数：320 千字

版　　次：2020 年 9 月第 1 版　　2020 年 9 月第 1 次印刷

书　　号：ISBN 978-7-5096-7513-7

定　　价：78.00 元

前　言

　　"一带一路"倡议旨在借用古代丝绸之路的历史符号，充分依靠中国与有关国家既有的双多边机制，借助既有的、行之有效的区域合作平台，以和平发展为宗旨，积极发展与沿线国家的经济合作伙伴关系，共同打造政治互信、经济融合、文化包容的利益共同体、命运共同体和责任共同体。产业转移是产业在空间上的演化，这种演化推进了空间经济的联系和分工，产业转移反映了区域经济发展水平和产业演进规律。地区与地区之间的产业，通过适时的转出与承接优化了资源配置，实现转出地产业结构优化升级，推动了承接地经济的快速发展。从经济建设的视角看，"一带一路"经济带对沿线国家的经济构成、产业变迁带来更紧密的联系和互动，使国际分工体系深化。

　　本书讨论产业转移的理论和"一带一路"经济带建设中产业转移的实践活动。在总体把握"一带一路"建设的愿景和行动、国内外产业转移的趋势中，梳理分析二者的内在关联和机理，集中研究以云南为纽带的"一带一路"沿线国家，分析产业转移的实践，在研究中实现宏观和微观、定量和定性相结合。

　　云南具有不可替代的战略地位，在推进"一带一路"建设中具有桥梁纽带作用，国家对云南融入和服务国家战略寄予厚望。深入研究云南与南亚、东南亚的关系，了解产业转移的现状、经验、优势和问题，高度重视、追寻产业优化升级和实现合理空间布局；把国内外产业转移的研究落实到"一带一路"经济带沿线的实践中，落实到云南这样一个具体的拥有特殊意义的区域，使研究更具现实意义，为务实推进"一带一路"建设，实现沿线国家和地区的产业合作，找到适宜的途径和方式。

　　本书包括九大部分。

　　绪论部分，介绍研究的选题背景及研究意义、价值、目的、方法和重点。

　　第一章和第二章是理论研究，对"一带一路"经济带与国内外产业转移的关联影响做了研究；对国内外产业转移的理论及"一带一路"经济带建设的机理做了分析，并明确本书的观点和视角。

　　第三章研究"一带一路"沿线承接产业转移的情况，对云南承接产业转移的优势、主要成效、获得的经验、存在的问题做了分析，提出推进云南承接产业转移的建议。

第四章研究云南产业向东南亚、南亚转移情况，对东南亚、南亚的投资环境做了分析，主要采用 2013~2017 年的数据分析，总结主要的经验、面临的困难，提出推进的建议。

第五章采用引力模型分析云南承接国内外产业转移和向东南亚、南亚国家转移产业中的地区和行业的引力情况，获取定量结论。

第六章和第七章对具有代表性的两个区域——瑞丽重点开发开放试验区、河口口岸进行研究，两个区域均为沿边地区，在"一带一路"经济带建设和推进国内外产业转移中发挥着不可替代的作用，并在多年的开拓发展中获得了应有的地位、体现了自身的价值，两地在产业转移中的经验和面临的困难具有重要的参考意义。

结论与对策建议部分，回顾总结了本书的创新点、亮点，提出三大结论，未来发展的思路和步骤建议，并集中提出七大方面的对策，也深入探究本研究的不足。

总的来说，"一带一路"经济带的建设与国内外产业转移关联紧密。经济带建设将从根本上改变沿线国家和地区的产业结构，快速推进产业分工与合作，推进经济带的整体进步。经济带建设中的国内外产业转移已经取得良好成效。从国内产业转移的层面来看，云南等欠发达地区已经大量承接来自东部发达地区乃至西部先发地区的产业，承接部门主要集中于第二产业和第三产业。从国际产业转移层面来看，我国产业大量向沿线国家转移。当然，经济带建设中的国内外产业转移面临不少困难，包括基础设施的压力，生产系统不完善、不健全以及产业配套能力不足的压力，各国政局稳定度不一、政策差异的困境。急需大量既懂管理、技术，又懂语言、法规的跨境复合型人才。要实现经济带建设的长足发展，需要重视以下要点：一要进一步建立成熟稳健的符合双多边利益的机制；二要整合与产业转移相关的政府服务资源；三要提升基础设施建设和管理的水平；四要构建具有区域特色、符合国际分工的产业结构；五要稳步推进境外经贸合作区建设；六要构建产业转移的国家风险预警机制；七要加强跨境复合型人才队伍建设。

从未来发展看，"一带一路"建设与国内外产业转移要明确长期合作双多边共赢的思路。一是以命运共同体为处理国际关系的共同目标；二是以共同利益为处理国际关系的重要基础；三是以共赢为处理国内外产业转移的基本原则；四是以合作为产业转移的主要方式。在实施步骤上，要做好以下四步：第一步"互信"，推进沿线国家和地区加强政策沟通，建立互信机制，充分认识产业转移的价值，在政策上为产业转移打好基础；第二步"夯基"，围绕产业转移的需求，做好交通、通信、水电等基础设施建设，配合转移企业的实际要求做好入驻准备；第三步"引导"，围绕各地各国的优势和产业梯度进行规划，既要符合各自的利益，又要形成"一带一路"的合力；第四步"投产"，优化经济结构，加强对转移企业的扶持，尽快实现企业投产见效，加快实现产业集聚，形成产业链条，建立有机联系的生产系统，激活"一带一路"的产业力量。

目　录

绪　论

"一带一路"（The Belt and Road，B&R）是"丝绸之路经济带"和"21 世纪海上丝绸之路"的简称，2013 年 9 月和 10 月由中国国家主席习近平分别提出建设"新丝绸之路经济带"和"21 世纪海上丝绸之路"的合作倡议。"一带一路"倡议旨在借用古代丝绸之路的历史符号，充分依靠中国与有关国家既有的双多边机制，借助既有的、行之有效的区域合作平台，以和平发展为宗旨，积极发展与沿线国家的经济合作伙伴关系，共同打造政治互信、经济融合、文化包容的利益共同体、命运共同体和责任共同体。①

2015 年 3 月，国务院授权国家发展改革委、外交部、商务部发布的《推动共建丝绸之路经济带和 21 世纪海上丝绸之路的愿景与行动》，"一带一路"贯穿亚欧非大陆，依据其定义的范围，"一头是活跃的东亚经济圈，一头是发达的欧洲经济圈，中间广大腹地国家经济发展潜力巨大。丝绸之路经济带畅通中国经中亚、俄罗斯至欧洲（波罗的海）；中国经中亚、西亚至波斯湾、地中海；中国至东南亚、南亚、印度洋"②。"21 世纪海上丝绸之路"从中国沿海港口过南海到南太平洋，重点方向是从中国沿海港口过南海到印度洋，延伸至欧洲；"一带一路"倡议面向所有国家开放，各国均可通过参与共建，为本国和区域经济的繁荣发展做出贡献。"一带一路"建设着力于五个方面的内容，即在政策沟通、设施联通、贸易畅通、资金融通、民心相通等方面加强合作。

截至 2019 年 10 月底，中国已经同 137 个国家和 30 个国际组织签署了 197 份共建"一带一路"合作文件。联合国大会的重要决议也纳入了"一带一路"内容。"一带一路"倡议推进了大量的合作和沟通。俄罗斯提出的"欧亚经济联盟"、东盟提出的"互联互通总体规划"、哈萨克斯坦提出的"光明之路"、土耳其提出的"中间走廊"、蒙古国提出的"发展之路"、越南提出的"两廊一圈"、英国提出的"英格兰北方经济中心"、波兰提出的"琥珀之路"都与"一

---

① 曲青山．"一带一路"倡议的中国担当［J］．人民论坛，2017（23）．
② 推动共建丝绸之路经济带和 21 世纪海上丝绸之路的愿景与行动［EB/OL］．http：//www.yidaiyilu.gov.cn/yw/qwfb/604.htm，2015-03-28．

带一路"建设紧密相连。在设施联通方面，已规划建设雅万高铁、中老铁路、亚吉铁路、匈塞铁路；瓜达尔港、比雷埃夫斯港等；以中巴、中蒙俄、新亚欧大陆桥等经济走廊为引领，以陆海空通道和信息高速路为骨架，以铁路、港口、管网等重大工程为依托，形成复合型的基础设施网络。哈萨克斯坦等中亚国家农产品到达中国市场的通关时间缩短了90%。① 在贸易畅通方面，中国同"一带一路"参与国大力推动贸易和投资便利化，不断改善营商环境。"一带一路"倡议秉承"共商、共建、共享"的法则，其核心在于"协同"。参与共建的各方严格遵守这一法则，取得了积极显著的成效。据华盛顿风险管理公司 RWR Advisory Group 评估，截至2018年中期，"一带一路"合作项目的落实率高达86%。据世界银行评估，"一带一路"国家占全球商品贸易的40%。2013~2018年，中国与沿线国家货物贸易累计超过6.5万亿美元，中国在沿线国家建设境外经贸合作区82个，为当地创造24.4万个就业岗位和20多亿美元税收。截至2018年底，中国对沿线国家直接投资超过900亿美元。随着互联互通的不断推进，中国提升营商环境法律法规的相继出台，外资在华经营将更加便捷有序。资金融通方面，中国同"一带一路"建设参与国和组织开展了多种形式的金融合作；亚洲基础设施投资银行已经为"一带一路"建设参与国的9个项目提供了17亿美元贷款；丝路基金投资达40亿美元，中国同中东欧"16+1"金融控股公司正式成立。来自原银监会的数据显示，截至2017年底，有10家中资银行在26个"一带一路"沿线国家设立了68家一级机构，其中包括18家子行、40家分行和10家代表处。从机构类型来看，3家政策性银行和5家大型商业银行仍是海外布局的主力军。在融资规模方面，过去3年，中资银行业机构共参与"一带一路"建设相关项目近2700个，累计授信近4000亿美元，发放贷款超过2000亿美元，相关贷款余额约2000亿美元。这些新型金融机制同世界银行等传统多边金融机构各有侧重、互为补充，形成了层次清晰、初具规模的"一带一路"金融合作网络。②

"一带一路"倡议有利于沿线国家将本国利益同地区利益对接，将本国经济社会发展战略同地区和全球发展战略对接。上海合作组织的相关文件中明确表示支持"一带一路"建设，大力推动"一带一路"沿线国家与欧亚经济联盟对接，让区域合作提速升级。"一带一路"倡议为维护和发展不同文化、不同文明之间的对话打造了良好平台，在科学、教育、文化、卫生、民间交往等各领域广

---

① 习近平. 携手推进"一带一路"建设——在"一带一路"国际合作高峰论坛开幕式上的演讲 [N]. 人民日报, 2017-05-15.

② 赵萌. 中国银行业累计向"一带一路"发放贷款超2000亿美元 [N]. 金融时报, 2018-04-27.

泛开展合作，为"一带一路"建设夯实民意，筑牢社会根基，促进民间外交。

如果重点从经济建设的视角看，"一带一路"倡议对沿线国家的经济构成、产业变迁都将带来更紧密的联系和互动。当前，经济全球化仍进一步发展、国际分工体系深化演变，国际产业转移进程不断推进。与此同时，我国东部地区随着要素成本上升也面临着产业结构升级、产业向外转移的现实，产业向中西部地区转移乃至向周边国家移动的潮流正在加速形成。

大多数学者认可的产业转移概念为："产业转移是指产业由某些国家或地区转移到另一些国家或地区，是一种产业的空间移动或空间迁移现象。"[①] 产业转移的内涵有宏观和微观两个层次。在宏观层面，陈建军（2002）[②] 提出，"产业转移是由于资源供给或产品需求条件发生变化后，某些产业从某一地区或国家转移到另一地区或国家的一种经济过程"。在微观层面，魏后凯（2003）[③] 认为，"产业转移的实质是企业空间扩张过程，也是企业的再定位和区位调整的过程"。本书认为，产业转移是微观和宏观的统一，企业微观的区位定位是起因、是基础，产业的地区转移是结果、是反映，对一个区域的产业转移研究要把两方面结合起来分析更为完整。对产业转移的外延分析上，有学者持狭义的观点，认为产业转移仅包括发达地区衰退产业的空间转移。本书认为，产业转移是产业发展在空间上的演化，而产业发展在空间上的演化，既包括优势产业的，也包括衰退产业的。

产业转移反映了区域产业发展规律，也是区域经济发展的重要力量，涵盖产业的承接与转出。地区与地区之间的产业发展通过适时的承接与转出可优化市场资源配置，实现承接地经济的快速发展，助推转出地产业结构优化升级。

"一带一路"沿线建设中，对西南地区的定位是"发挥广西与东盟国家陆海相邻的独特优势，加快北部湾经济区和珠江—西江经济带开放发展，构建面向东盟区域的国际通道，打造西南、中南地区开放发展新的战略支点，形成21世纪海上丝绸之路与丝绸之路经济带有机衔接的重要门户。推进西藏与尼泊尔等国家边境贸易和旅游文化合作"。[④] 对云南的定位是"发挥云南区位优势，推进与周边国家的国际运输通道建设，打造大湄公河次区域经济合作新高地，建设成为面向南亚、东南亚的辐射中心"。云南地处中国经济圈、东南亚经济圈和

---

① 汪斌，赵张耀. 国际产业转移理论评述 [J]. 浙江社会科学，2003（6）.

② 陈建军. 中国现阶段产业区域转移的实证研究 [J]. 管理世界，2002（6）.

③ 魏后凯. 产业转移的发展趋势及其竞争力的影响 [J]. 福建论坛，2003（4）.

④ 推动共建丝绸之路经济带和 21 世纪海上丝绸之路的愿景与行动 [EB/OL]. http：//www.yidaiyilu.gov.cn/yw/qwfb/604.htm，2015-03-28.

南亚经济圈接合部，与缅甸、越南、老挝三国接壤；与泰国和柬埔寨通过澜沧江—湄公河相连；并与马来西亚、新加坡、印度、孟加拉国等国邻近，是我国毗邻周边国家最多的省份之一，也是"一带一路"建设中的重要省份。在"一带一路"沿线国家合作规划和建设的六大经济走廊（中蒙俄、新亚欧大陆桥、中国—中亚—西亚、中国—中南半岛、中巴、中印缅孟）建设中，云南是中国—中南半岛、中印缅孟经济走廊中的重要省份，其位置和开放优势不可替代。

涉及云南的产业转移既包含承接也包含向南亚、东南亚产业转出。云南省作为西部边疆省份，一方面经济发展水平相对于东部、中部落后，需承接东部、中部省份产业转移，以实现经济快速发展。另一方面云南千百年来与周边国家的持续交往，文化、经济联系频繁，云南与接壤国家越南、老挝、缅甸，邻近国家泰国、印度等分别建立了地方合作机制，在"通路、通电、通信、通商、通关、通油、通气、通币"八个方面做了大量建设，为产业转移奠定了良好的基础。近年来，云南抓住机遇、创造条件推进产业转移。依靠产业转移实现产业结构优化，空间布局合理化，推进地区跨越式发展，并为"一带一路"建设服务。产业转移协助云南与相关国家在增加要素供给，推动产业结构升级和产业布局合理化，注入市场经济活力，推进沿线国家和地区的有序发展等方面均有收益。

本书以理论为基石，重点分析云南产业转移情况，在深入研究云南这一实证中，把握产业转移的动因、机理和引力，为"一带一路"沿线产业转移发掘实践经验，提炼对策建议，为"一带一路"建设提供服务与借鉴，在理论上和实践上获取有益的帮助。

第一章
"一带一路"倡议与国内外产业转移的关联影响

　　"一带一路"倡议这一跨越时空的宏伟构想,从历史深处走来,融通古今、连接中外,顺应和平、发展、合作、共赢的时代潮流,秉持和平合作、开放包容、互学互鉴、互利共赢的核心理念,坚持共商、共建、共享的原则,以政策沟通、设施联通、贸易畅通、资金融通、民心相通为主要内容,加强不同文明交流互鉴,促进沿线国家经济合作,促进共同繁荣发展,共建人类命运共同体。从经贸交往产业联系的角度看,沿线国家间在发展上存在明显的梯度差,存在产业移动的双向动力。"一带一路"倡议本着共商、共建、共享的原则,为各国维护自身利益、合理推进产业升级提供了良好的基础和理念,同时对推进全球产业分工与合作具有崭新的价值。

一、"一带一路"倡议的内涵与意义

(一)"一带一路"倡议的提出

　　2013 年 9 月 7 日,中共中央总书记、国家主席习近平在哈萨克斯坦发表题为《弘扬人民友谊　共创美好未来》的演讲时,提出"共同建设'丝绸之路经济带'"的倡议。同年 10 月 3 日,习近平主席在印度尼西亚国会发表题为《携手建设中国—东盟命运共同体》的重要演讲中,提出了"共同建设'21 世纪海上丝绸之路'"的重大倡议。"丝绸之路经济带"与"21 世纪海上丝绸之路"是依托欧亚大陆桥与海上通道,以加强道路联通、贸易畅通、货币流通为重点,实现各国平等互利、共同发展的国际区域合作框架,目的是通过我国全方位开放这一点,促进我国与"一带一路"沿线国家、我国内陆沿边地区与东部沿海地区的发展与合作，实现国内经济平衡发展及我国与"一带一路"沿线国家在不同种族、不同信仰、不同文化背景下的和平发展。[①]

习近平总书记在党的十九大报告中指出："中国坚持对外开放的基本国策，坚持打开国门搞建设，积极促进'一带一路'国际合作，努力实现政策沟通、联通、贸易畅通、资金融通、民心相通，打造国际合作新平台，增添共同发展新动力。"这一重要的宣示，指明了当前和今后一个时期我国对外开放的基本方向和主要抓手。"一带一路"建设顺应了国际经济发展的内在规律，代表着全球经济合作的新趋势，获得了广泛国际共识，打开了良好的局面。

（二）"一带一路"倡议的意义

1. 全面开放

"一带一路"倡议的提出展现出我国全方位推进开放的格局，尤其是将加大对中亚、欧洲、东南亚国家和非洲的发展合作，以此不断深化与俄罗斯和东欧国家的对外开放发展合作关系。同时，推进面向东部开放的深度和广度，主要针对亚太地区和西方发达国家地区，进一步提升开放的层次水平。

2. 全面合作

"一带一路"倡议实现了沿线国家在各个领域、各个层次的全面合作。不仅促进了沿线国家在技术、资金、资源、经验等各个方面的交流合作，同时推进了合作的深层次化。另外，全面合作还表现为我国内陆、沿边等区域的协同良性互动发展，通过共建投融资平台、建设形成经济带和走廊，促进国内各区域发展的全面合作。

3. 和平交流

平等和开放是"一带一路"倡议所坚持的态度和姿态，在建设过程中，不以谋求私利为目的，尊重其他国家的独立性，不干涉其他国家内政，营造的是沿线国家区域协同共赢的和平发展氛围。

4. 共同发展

"一带一路"倡议要实现的是沿线国家的共同发展，要实现的是共赢。通过对外贸易与投资，中国将为沿线国家扩大利用外资规模、填补国内资金缺口、缩小贸易逆差、扩大出口规模、提升商贸结构等方面带来新的发展机遇；中国服务业的有序开放与制造业的全面开放，也有利于沿线资金充裕国家来投资分

---

① 中国人民大学"一带一路"建设进展课题组. 坚持规划引领　有序务实推进 ——"一带一路"建设进展报告［J］. 中国发展观察，2016（Z1）：23-27.

享中国改革开放的经济成果;沿线国家也依托互联互通的交通设施与便利化的贸易制度,享受我国较大的消费需求带来新的发展机遇。

二、"一带一路"倡议的发展情况

"一带一路"倡议从无到有、由点及面,取得长足进展,已形成了各国共商共建共享的合作局面,以及一系列建设"一带一路"的重要项目。截至2019年10月底,中国已经同137个国家和30个国际组织签署197份共建"一带一路"合作文件。联合国大会的重要决议也纳入了"一带一路"内容。"一带一路"倡议推进了大量的合作和沟通。以亚投行、丝路基金为代表的金融合作不断深入,一批有影响力的标志性项目逐步落地。中国与"一带一路"沿线国家和地区的合作步伐不断加快,为沿线国家和地区注入了新的增长动力,并开辟出了共同发展的巨大空间。

(一)在全球形成广泛共识

中国与沿线国家不断推进合作,落实各项规划与项目,积极利用现有双多边合作机制,有力推动了区域与跨区域合作。中国与沿线各国及相关国际组织之间建立了普遍的共识。

1. 开展双边合作

中国积极推动与"一带一路"沿线各国签署合作备忘录或合作规划。一方面,中国积极探索建立双边联合工作机制,进一步完善现有的联委会、混委会、协委会、指导委员会、管理委员会等双边机制,协调推动合作项目实施。另一方面,与"一带一路"沿线11个国家签署了自贸区协定,与56个沿线国家签署了双边投资协定,有效地推动了与这些国家的贸易与投资合作。

2. 深化多边合作

围绕"一带一路"倡议,中国积极强化多边合作机制,取得了重要进展,这些多边合作的不断深化,也吸引更多国家和地区参与到"一带一路"倡议的建设中。如表1-1所示。

表 1-1 "一带一路"多边合作项目

合作类别	合作名称
合作组织	上海合作组织（SCO）、亚太经合组织（APEC）
合作机制	中国—中东欧 16+1 合作机制、澜沧江—湄公河合作机制（LMCM）
合作论坛、会议	博鳌亚洲论坛（BFA）、亚欧会议（ASEM）、中非合作论坛（FOCAC）、中阿合作论坛（CASCF）
经济合作	大湄公河次区域经济合作（GMS）、中亚区域经济合作（CAREC）

3. 推进政策规划

在高层互访的引领下，中国与"一带一路"沿线国家加强政治互信，不断夯实传统友谊，积极拓展合作领域。中国已经与大多数中亚和外高加索国家签署了"一带一路"相关政策的协议，并与欧盟、中东欧 16 国、大湄公河次区域组织、非洲联盟等区域或次区域组织发布联合声明，对接各方支持"一带一路"倡议的相关政策规划。

（二）打下坚实基础实现设施联通

1. 编织沟通欧亚非的经贸和交通网络

"一带一路"倡议联通了欧亚非的交通网络和经贸合作，尤其是基础设施联通对六大经济走廊的支撑，已经对沿线国家的发展产生了很大的作用。由铁路、公路、海空航线构成的立体交通网络和输电网络、通信网络以及油气管网一起，共同组成了一个复合的基础设施互联互通网络，成为了"六大经济走廊"的物质基础。如表 1-2 所示。

表 1-2 "一带一路"倡议的经贸合作六大经济走廊

经贸网络	联结、辐射
新亚欧大陆桥	东亚地区与发达的欧洲经济圈
中蒙俄经济走廊	
中国—中亚—西亚经济走廊	
中巴经济走廊	南亚、东南亚和印度洋地区
中国—中南半岛经济走廊	
孟中印缅经济走廊	

2. 形成标准化对接路径

"一带一路"各个标准对接协商会议和相关论坛,初步形成了与沿线国家标准对接路径。2015 年 10 月 22 日,《标准联通"一带一路"行动计划(2015—2017)》正式发布,明确了 10 个发展方向,旨在探索形成"一带一路"沿线国家认可的标准互认程序与工作机制,加快推进标准互认工作。我国与"一带一路"沿线的国家所制定的顶层标准体系对接方案,涵盖了各个领域,如基础设施建设投资、贸易、能源、金融、产业、物流运输、标准及认证、环境保护、农业、人文、信息、智库合作和地方合作 13 个重点领域。

3. 不断实现交通、能源、信息的联通

自"一带一路"倡议推进以来,首先中国不断完善"一带一路"沿线国家的基础设施建设,主要是以交通基础设施为代表的关键通道和节点的建设、港口合作的建设等。其次加快完善了中国与沿线国家之间的能源基础设施建设,同时中国企业与沿线国家签署和建设输电、输油、输气等相关的能源项目。另外,中国与沿线国家通过中国联通、中国电信企业逐步推进信息畅通。由中国主导的 TD-LTE 技术国际化已取得初步成效,在中国发起并主导的 TD-LTE 全球倡议组织(GTI)中,GTI 已拥有 116 家运营商及 97 家设备商,包括中国、美国、日本、印度、沙特阿拉伯、俄罗斯、澳大利亚等在内的 30 个国家已开通共计 52 个 TD-LTE 商用网络,另有 55 个国家的 83 个 TD-LTE 商用网计划正在部署中。空中信息合作方面,中国共与 15 个国家签署了航天合作谅解备忘录,还与法国进行了海洋卫星和 SVOM 卫星合作,与委内瑞拉有关单位共同承担"委遥二号"卫星的设计、制造、总装、测试、发射和应用处理任务。[①]

(三)贸易取得显著成就

1. 贸易通关便利化

首先,"一带一路"建设促进了双边自贸协定的稳步推进。对外自贸协定签署 14 个,涉及 22 个沿线国家和地区,推进自贸区谈判和双边自由贸易体制建设,并在推进过程中不断完善。其次,我国积极尝试国际贸易"单一窗口"试点,尝试实现海关区域通关一体化,大大提升了通关一体化水平,与部分国家签署了"经认证的经营者(AEO)互认"安排,为企业营造和争取了更加便利的通关环境。

---

① 《"一带一路"年度报告》总结三年来"五通"发展成就[EB/OL]. http://news. jschina, 2017-03-31.

2. 投资、税收便利化

"一带一路"建设提升了贸易和产业发展的投资便利化水平,加快推进了双边投资保护协定的谈判,已经与 104 个沿线国家成功签署了双边投资协定,建立了经贸联委会机制和投资合作促进机制。在此背景下,我国与"一带一路"沿线国家投资合作稳步推进,增长潜力巨大。同时,加强了避免双重征税协定的磋商力度,与 53 个沿线国家签署了税收协定,初步形成覆盖主要投资来源地和对外投资目的地的税收协定网络,强化消除投资壁垒功能。

3. 共建合作平台

首先,"一带一路"建设已经为贸易与产业转移构建了合作平台,如沿边国家级口岸、边境经济合作区、跨境经济合作区等,充分发挥陆上经济走廊和海上合作支点的重要作用,目前已在沿边地区开发开放了一批试验区。其次,经贸合作区的建设也逐步推进,形成了一批功能健全、设施完备、较为成熟的产业园区。如表 1-3 所示。

表 1-3　经贸合作平台建设

平台类型	代表内容	数目
重点开发开放试验区	广西东兴重点开发开放试验区、云南勐腊(磨憨)重点开发开放试验区、瑞丽重点开发开放试验区,内蒙古二连浩特重点开发开放试验区、满洲里重点开发开放试验区	5
边境经济合作区	内蒙古(2个)、辽宁(1个)、吉林(2个)、黑龙江(2个)、广西(2个)、云南(4个)、新疆(4个)	17
境外经贸合作区	中白工业园、泰中罗勇工业园、中印尼综合产业园区	52

(四) 资金融通形成合作网络

1. 金融合作

"一带一路"跨境金融合作包含多个层次和参与主体,其中国际开发性多边金融机构是金融合作的重要先导。首先,亚洲基础设施投资银行促进亚洲区域建设的互联互通化和经济一体化进程,"一带一路"的相关项目是亚投行重点的投资方向之一。其次,丝路基金也在"一带一路"发展中为投资主体提供了投融资服务。再次,新开发银行是金融危机后金砖国家建立的专注于第三世界国家经济发展的开发性金融机构,侧重于基础设施投资,并计划构筑金融安全网,可在下一次金融危机时借助资金池兑换一部分外汇应急。此外,国内政策性金融机构、国内商业银行是金融合作的有力支撑和后续跟进力量。最后，上合组织银行联合体和中国—东盟银行联合体等跨国银行合作机制也为"一带一路"倡议的开展提供了金融便利。

2. 人民币区域化与国际化

人民币跨境贸易和投资使用加速拓展，中国与"一带一路"沿线国家和地区经常项下的跨境人民币结算金额大幅增长。中国人民银行与其他国家央行货币合作深化，人民币跨境支付、结算和清算体系加速建立。人民币离岸市场相继建立，目前，除了中国香港、中国台湾、新加坡是最主要的离岸人民币存贷款市场之外，部分欧洲主要国家，如英国、德国等也在加速推进离岸人民币市场的发展。欧洲将成为亚洲之外最重要的离岸人民币市场。

3. 金融监管合作

中国人民银行积极参与金融稳定理事会、巴塞尔银行监管委员会等国际组织的相关工作。继续在东亚及太平洋中央银行行长会议组织机制下加强区域经济金融监测，不断完善危机管理和处置框架。此外，中国保监会加强与国际保险监管管理协会的联系，积极推动建立了在"一带一路"沿线国家的保险监管合作。亚洲保险监督论坛决定秘书处常设中国，以加强亚洲地区保险监管的交流合作。

(五) 民心相通实现稳步推进

1. 科教文卫全方位合作

随着"一带一路"建设的推进，中国与"一带一路"沿线国家在科技、教育、文化、卫生医疗等领域合作深化，激活发展潜力。在科技合作方面，推进"互联网+"战略在亚欧大陆上落地生根，"中亚第一长隧"启动通车，《一带一路空间观测国际合作北京宣言》发表，中国与"一带一路"相关国家间的科技合作越发成熟。在教育方面，中国政府每年增设奖学金为来华学习的留学生提供赞助。

2. 多层次合作

首先，推进了民间合作的深化，其广度和深度都在逐年增加。文化传媒方面则受邀参加了包括"一带一路"倡仪中外媒体高峰论坛等35项重要会议；在公益环保和减贫开放方面，中国先后与沿线国家合作开展高级别对话、青少年和平友好国际联盟、中国—东盟社会发展与减贫论坛等活动，合作体系全面丰富。① 其次，加强沿线国家政党、议会等政治组织的友好往来，对于增进友谊、巩固发展成果具有重要意义。中国共产党历来重视与国外政党的友好交往，已建立了一批

---

① 王小霞."民心相通"成效显著［N］.中国经济时报，2017-04-27.

包括亚洲政党丝绸之路专题会议、中欧政党高层论坛经贸对话会在内的政党交流机制。通过密切政党交往，推进沿线国家政党互信和政治互信，促进沿线国家民心相通。在议会交往方面，在亚洲议会大会框架下，全国人民代表大会委员会已先后与超过 42 个国家的议会在"一带一路"方面展开交流，这对于稳固推进国家关系、增进地区间人民相互了解、推动"一带一路"向长远发展具有重要意义。

三、"一带一路"倡议符合国内外产业转移的趋势

（一）国际产业转移的新趋势

当代国际产业转移兴起于 20 世纪 90 年代。伴随着信息通信技术的迅猛发展和经济全球化的日益深入，进入 21 世纪以来，发达国家对产业结构进行了新一轮的大调整，国际产业转移进入新的阶段，又呈现出新的趋势和特点。[①]

1. 国际产业转移的方式呈现多样化

近年来，国际产业转移已突破单一的直接投资和单一股权安排，逐步形成了多元化投资和产业转移方式并举的格局，包括合资、独资、兼并、收购和非股权安排等投资方式，跨国并购和证券投资所占的比例日渐提升。项目外包尤其是非股权参与的外包，成为国际产业转移的新兴方式。

2. 国际产业转移注重产业集聚效应

从国际范围来看，由于受国家或区域经济利益、产业关联关系、文化背景乃至政治利益的左右，产业转移中的区域集群特征越发明显，有竞争力的产业大都采取产业集聚这一空间组织形式。在当今国际分工体系中，产业之间的横向和纵向联系越来越广泛，国际产业转移中出现了产业供应链整体、组团式移动的趋势。随着世界经济区域集团化的迅速发展，区域内投资和贸易自由化，资本流动和产业转移在区域内迅速展开。

3. 国际产业转移速度加快

进入 21 世纪以来，国际产业转移在国际竞争和经济全球化的驱动下，不再受特定流向和区位的限制，而是在全球范围内寻找最佳的投资区位。产业转移的速度进一步加快，规模也随之扩大。国际产业转移在这种情况下出现了跳跃

---

① 龚仰军. 产业结构研究 [M]. 上海：上海财经大学出版社，2010.

式、多方向的发展态势，产业转移已由过去的发达国家向发展中国家单向转移转变为多向转移，还出现了发展中国家向发达国家或欠发达国家转移等情况。

4. 产业转移的主体日益多元化

跨国公司一直是发达国家国际产业转移的主体，跨国公司的国际化程度不断提高，已发展成为国际产业转移、国际贸易和投资的主要承担者。随着近年来经济全球化进程的加快，中小企业也成为国际产业转移的新生力量，在加工、外包、贸易等领域逐渐深入，体现其在国际价值链上的地位逐步提升。

5. 国际产业转移结构趋向高级化

随着西方发达国家从工业经济向信息经济过渡，以及知识经济的发展，发达国家产业结构知识化、高度化发展速度加快，国际产业转移的结构也呈现出高度化趋势。国际产业转移重心开始由初级产品工业向高附加值工业、由原材料向加工工业、由传统工业向新兴工业、由制造业向服务业转移。发达国家制造业向发展中国家转移的过程已接近尾声，服务业逐渐成为产业转移的新热点。

6. 国际产业转移区域分布不平衡

从区域来看，东亚、东南亚、拉美国家是承接的主体。发展中国家和地区承接国际产业转移分布并不平衡。从单个国家来看，中国是国际产业转移的最大承接国。随着新兴经济体和新兴市场的蓬勃发展，其引力正在超过传统视角中的转移目的地，主要的新兴经济体变为承接的主力。另外，区域内的产业转移和资本流动增长迅速，已超过区域间的产业流动和区域转移。

(二) 我国的产业结构变迁

1. 转轨时期的产业结构变化

十一届三中全会标志着我国的体制改革和经济转轨，中国传统经济体制的重心是重工业优先发展战略。由于重工业资本密集的特征与中国当时资本稀缺的资源禀赋状况形成矛盾，不可能依靠市场机制配置资源而推动重工业优先发展，因此就需要政府压低利率、汇率、能源和原材料价格、工资和生活必需品价格，以降低重工业发展的成本。在这种扭曲要素和产品价格的宏观政策环境中，资源就要通过高度集中的计划渠道进行配置，从而导致了高度集中的资源配置制度。为了控制企业剩余的使用和在农村进行统购统销的需要，又分别实行了工业国有化和农业人民公社化，形成了与宏观政策环境和资源配置制度相配套的微观经营机制。① 这种三位一体的传统经济体制推进了工业体系的建设，

---

① 臧旭恒，孙文祥. 中国转轨时期产业结构演变的实证分析与政策选择 [J]. 东岳论丛，2001 (2).

在空间布局上也相对协调统一，但是造成了产业结构扭曲和劳动激励不足，抑制了经济发展，阻碍了人民生活水平的提高。事实上，20 世纪 80 年代，经济转轨初期我国已经具有比较完整的工业布局，基本上不依赖外围资本、资源和市场。转轨时期产业结构调整的主要任务是缩小重工业比例，扩大加工业、轻工业、服务业的比例，实现从业人员由农业向工业和服务业的转移。

伴随着经济转轨的是全国经济的持续、稳定增长，我国三次产业的结构发生了变化，第一产业比重有逐步缩小的趋势，而第二和第三产业所占比重近年来有所增加，从业人员主要从第一产业向第二和第三产业转移。①

2. 21 世纪的产业结构变迁

21 世纪以来，我国无论是 GDP 还是各部分产业都呈强势增长态势。国内生产总值从 2001 年的 109655.2 亿元逐步上升至 2016 年的 744127.2 亿元，第一、第二、第三产业的生产总值也都有了很大的增加，均保持较快发展态势。2001～2017 年，第一产业年均增长 9.9%，第二产业年均增长 12.9%，第三产业年均增长 15.6%；第一产业生产值从 2001 年的 15781.3 亿元增加到 2016 年的 63670.7 亿元，第二产业生产值从 2001 年的 49512.3 亿元增加到 2016 年的 334623 亿元，第三产业生产值从 2001 年的 44361.6 亿元增加到 2016 年的 384220.5 亿元。如图 1-1、图 1-2 所示。

图 1-1　2001～2016 年我国三次产业情况

---

① 臧旭恒，孙文祥. 中国转轨时期产业结构演变的实证分析与政策选择 [J]. 东岳论丛，2001（2）.

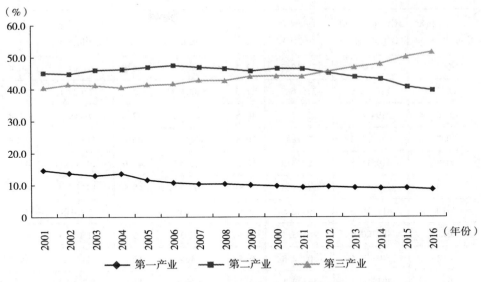

图 1-2 2001~2016 年我国三次产业占比情况

　　同时，由于第一产业、第二产业、第三产业的增长速度不同，所占比重也发生了变化，因此三次产业结构也发生了转变。第一产业增加值占国内生产总值比重从 2001 年的 14.4% 下降到 2016 年的 8.6%；第二产业增加值占国内生产总值比重从 2001 年的 45.2% 下降到 2016 年的 39.8%；第三产业增加值占国内生产总值比重从 2001 年的 40.5% 提高到 2016 年的 51.6%（见表 1-4）。2000~2012 年，我国经济增长的主要动力仍然来自第二产业，但第三产业的增速明显高于第一产业、第二产业。2013 年，第三产业生产值首次超过第二产业，产业结构由"二、三、一"转变为"三、二、一"。2015 年，第三产业占比首次突破 50%，成为经济的"半壁江山"。

表 1-4 2001~2016 年我国国内生产总值及产业增长历程

时间 \ 指标	国内生产总值（亿元）	第一产业（亿元）	占比（%）	第二产业（亿元）	占比（%）	第三产业（亿元）	占比（%）
2001	109655.2	15781.3	14.4	49512.3	45.2	44361.6	40.5
2002	120332.7	16537	13.7	53896.8	44.8	49898.9	41.5
2003	135822.8	17381.7	12.8	62436.3	46.0	56004.7	41.2

续表

时间 \ 指标	国内生产总值（亿元）	第一产业（亿元）	占比（%）	第二产业（亿元）	占比（%）	第三产业（亿元）	占比（%）
2004	159878.3	21412.7	13.4	73904.3	46.2	64561.3	40.4
2005	187318.9	21806.7	11.6	88084.4	47.0	77427.8	41.3
2006	219438.5	23317	10.6	104362	47.6	91759.7	41.8
2007	270232.3	27788	10.3	126634	46.9	115810.7	42.9
2008	319515.5	32753.2	10.3	149957	46.9	136805.8	42.8
2009	349081.4	34161.8	9.8	160172	45.9	154747.9	44.3
2010	413030.3	39362.6	9.5	191630	46.4	182038	44.1
2011	489300.6	46163.1	9.4	227039	46.4	216098.6	44.2
2012	540367.4	50902.3	9.4	244643	45.3	244821.9	45.3
2013	595244.4	55329.1	9.3	261956	44.0	277959.3	46.7
2014	643974	58343.5	9.1	277572	43.1	308058.6	47.8
2015	685505.8	60870.5	8.9	280560	40.9	344075	50.2
2016	744127.2	63670.7	8.6	296236	39.8	384220.5	51.6

资料来源：国研网：http://government.drcnet.com.cn/www/governmentnew/。

3. 我国产业结构变迁的特点

随着经济的发展，服务业从第一、第二产业吸收更多的从业人员。但我国第一产业占比下降缓慢，第二产业在 2001~2012 年长期处于主导地位，第三产业较国际同水平其他国家发展滞后，从 2013 年开始第三产业成为拉动经济的主力军，占据主导地位。2015 年第三产业首次占据国内生产总值的 50% 以上，第三产业对经济的拉动作用开始逐步凸显。

由于我国农业产业薄弱，加上长期以来形成的小农意识，农业多以一家一户作业方式为主，种植种类单一，农业很难形成产业集聚。导致农业收益低，农民收入增加缓慢，农村购买力低下。在过去的十几年里，我国居民对住房的需求增加，导致房地产业迅速发展，同时带动了基础设施建设的相关行业发展，如钢铁水泥、板材加工、五金等行业的发展。所以，在三次产业的演变过程中，我国第二产业很长一段时间成为经济发展的主力军，在国民经济中的比重较大。第三产业在一国经济和谐稳定中起着至关重要的作用，随着经济的发展各产业均有服务化的趋势，并在 2013 年以后显现出对经济发展的强大拉力。

基于以上分析，我国三次产业结构虽有所偏差，但基本符合国际三次产业结构的演变规律。由于我国市场经济体制不完善，所处的社会环境及改革开放长期留下的发展问题，如经济结构、产业结构、国际贸易结构不合理等问题，我国第一产业占比下降缓慢，而且在国民经济的占比过大；第二产业技术创新尚不足，产业重复同构现象严重，一方面基础设施不足，另一方面又重复建设，这种现象正是第二产业对 GDP 强大的拉动作用的体现；第三产业尚未充分吸收更多的从业人员，发展速度也较发达国家缓慢。[1]

(三) 国内外产业转移的进程

1. 国内外产业转移的进程

国际产业转移促进生产要素在全球范围内重新组合和优化配置，加快全球产业结构调整和经济全球化[2]。从 20 世纪 50 年代以来，大致经历了三轮产业转移：第一轮是 20 世纪 50 年代，美国将钢铁、纺织等传统产业向日本、联邦德国等国实转移，集中力量发展半导体、通信、电子计算机等新兴技术密集型产业；第二轮是 20 世纪 60~70 年代，日本、联邦德国等国家转向发展集成电路、精密机械、精细化工、家用电器、汽车等耗能耗材少、附加值高的技术密集型产业，新兴工业化国家和地区如"亚洲四小龙"等获得了扩大劳动密集型产品出口的良机，实现了由进口替代型向出口导向型经济的转变；第三轮是 20 世纪 80 年代以后，全球产业结构进入了以信息技术为核心，新技术广泛应用为特征的结构调整期，出现了美国、日本和欧洲发达国家发展知识密集型产业，新兴工业化国家和地区发展技术密集型产业，劳动密集型产业和一般技术密集型产业向发展中国家转移的趋势，特别是世界加工制造中心和世界电子信息产品的制造向中国转移的趋势。通过这几次大的国际产业转移，全球产业和经济格局发生了巨大变化。发达国家已经完成了从结构提升阶段向要素优化阶段的转变，处于拥有现代知识经济和全球化经济主导型要素的阶段，以中国为代表的发展中国家也进入了承接重化工业转移阶段。

2. 我国承接国际产业转移历经三个阶段

我国承接国际产业转移已历经三个阶段：第一次是 20 世纪 80 年代，我国

---

① 王楠. 东北经济区产业转移研究 [D]. 东北师范大学博士学位论文，2009.
② 国家统计局国际统计信息中心课题组. 国际产业转移的动向及我国的选择 [J]. 统计研究，2004 (4).

抓住国际上以轻纺产品为代表的劳动密集型产业向发展中国家转移的历史机遇，加快了轻纺产业升级换代步伐。第二次是 20 世纪 90 年代，我国抓住国际产业结构调整和转移的难得机遇，极大地促进了机电产业发展和出口。第三次是世纪之交，我国抓住加入 WTO 带来的新机遇，新一轮以信息产业为代表的高科技产业生产制造环节大规模向我国转移，长江三角洲、珠江三角洲、环渤海湾、福建沿海地区初步形成了各具特色的信息产业基础。经过多年来的改革开放和发展，我国在全球生产要素优化重组和产业转移中的地位越来越重要，已成为东亚区域产业循环中梯度转移的主要承接者，并通过日益扩大的国际产业转移承接规模，向世界"制造中心"迈进。

3. 东部沿海地区率先承接产业转移

改革开放以来，我国东部地区利用率先开放和得天独厚的区位优势，抓住发达国家和港澳台地区产业转移的机遇，承接了大量以劳动密集型产业为主的加工工业，不仅有力地推动了当地经济发展，而且成为拉动我国经济增长的重要力量。经过多年的快速发展，东部地区资本相对饱和，本地市场已难以满足资本增值的需要，加之土地、劳动力、能源等生产要素供给趋紧，产业升级压力增大，企业商务成本居高不下，资源环境约束矛盾日益突出等问题，产业结构调整优化和升级成为必然。东部沿海地区已经越过初级工业化（轻纺工业化）阶段，开始迈入高级工业化（重化工业化）阶段，需要完成从规模扩张向结构提升的转变，加工工业和低端的劳动密集型产业向中西部欠发达地区转移的趋势日益明显[①]。

4. 东部产业向中西部欠发达地区转移

东部产业向中西部欠发达地区转移，以长三角、珠三角、闽三角为主要来源地，以区位优势较明显、交通等基础条件较好的中西部欠发达省区为承接地。目前，东部产业向中西部欠发达地区转移已经渐成气候，在今后相当长的时间里，这种趋势还会继续加强。转移的产业主要以加工制造业为主，尤其是劳动密集型加工工业；对资源能源依赖较强的上游产业转移趋势明显。今后的产业转移将有以下几个特点：一是产业转移的层次逐步提高，产业转移的重点由以前的劳动密集型产品向资本密集型产业、技术密集型产业转化。二是生产能力转移不再是个别企业的孤立行为，产业转移从原来的单个项目、单个企业，或者说是单个产业，转变为包括产业的整体性转移。不同产业之间的相互整合，也从单纯的制造业向制造业、服务业和研发业转移，转移的领域更宽、更大。三是产业转移的主导角色转变，从政府的主导作用向企业主导作用转变，企业

---

① 戴宏伟，王云平. 产业转移与区域产业结构调整的关系分析 [J]. 当代财经，2008 (2).

主导作用越来越强。四是产业转移既给中西部欠发达地区、东南亚地区的经济发展创造了机遇,也提出了挑战。①

四、"一带一路"倡议与国内外产业转移的关联

(一)"一带一路"倡议为国内外产业转移带来机遇

"一带一路"倡议将沿线国家发展战略对接在了一起,为地区和跨地区发展规划奠定了基础。"一带一路"建设是通过"六大经济走廊"编织沟通欧亚非的经贸和交通网络:新亚欧大陆桥、中蒙俄经济走廊和中国—中亚—西亚经济走廊,不仅把最具经济活力的东亚地区与发达的欧洲经济圈联系在了一起,而且畅通了连接波斯湾和地中海的经贸之路,为亚欧大陆腹地国家的发展提供了契机;中巴经济走廊、中国—中南半岛经济走廊和孟中印缅经济走廊则将欧亚走廊的经济效应辐射到了南亚、东南亚和印度洋地区,发展潜力巨大。由铁路、公路、海空航线构成的立体交通网络和输电网络、通信网络以及油气管网一起,共同组成了一个综合的基础设施互联互通网络,成为了"六大经济走廊"的物质基础。"一带一路"的建设为国内外产业转移带来了前所未有的发展机遇。②

1. 开放合作拓展产业转移空间

"一带一路"倡议拓展了产业转移的空间。沿线发展中国家单一的经济合作模式将走向更加全面和更深层次的合作模式。从合作内容上来看,通过在传统模式上增加新的内容和内涵,建立以推动"一带一路"沿路发展中国家的经济现代化为重要目标的新型合作模式。即通过推动国家之间在政策、资金、贸易、基础设施、设备及民心等多领域的关联和融合,促进沿线国家的经贸往来与人文交流。"一带一路"倡议推动的基础设施建设以及交通、金融等基础产业发展必将促进沿线国家的经济往来和文化交流,使沿线国家形成利益共同体和命运共同体。

---

① 王楠. 东北经济区产业转移研究 [D]. 东北师范大学博士学位论文, 2009.
② 王文. 共赢与发展 [J]. 中国报道, 2016 (11).

"一带一路"倡议为航运、装备制造业等产业转移提供新契机。在与沿线国家"共建"基础设施和扩大贸易的同时，我国航运产业也得到发展机会。此外，我国装备制造业产业在实施"一带一路"过程中，也可以寻求国际产业转移的机会，通过对外直接投资，整合国内外资源，促进产业升级。目前，我国一些装备制造业企业在参与国际分工合作、"走出去"方面已经有了成功的案例。①

2. 政策沟通提供产业转移导向

（1）政策导向。中国与沿线国家通过政策沟通，不断引导和落实各个项目的落地，有效的政策沟通和战略共识为产业转移提供了导向和依据，创造了包容有效的发展环境，促进了沿线国家合作共赢和可持续发展。

（2）多边合作。随着"一带一路"的推进，中国与"一带一路"沿线国家不断推进合作，推进双边合作、多边合作、高层互访，通过各个层次的合作，实现了"一带一路"倡议各个项目的有效对接，提高了产业转移的有效性与成功率。

3. 设施联通奠定产业转移支撑

"一带一路"的建设优先推进基础设施领域，中国逐步实现与沿线国家和地区在基础设施网络联通、交通基础设施联通、能源基础设施联通，逐步实现了交通贯通、能源联通、信息畅通，为国内外产业转移与合作提供了坚实的支撑。

4. 贸易深化创优产业转移环境

"一带一路"倡议深化了贸易合作，通过双边自贸协定的稳步推进、大通关建设、贸易领域与结构的不断优化、双边投资保护协定的推进，实现了贸易便利化、通关一体化、贸易的转型升级和投资便利化，贸易的深化为产业转移营造了更加有利的发展环境。

5. 资金融通助力产业转移推进

资金融通是保证"一带一路"建设顺利进行的重要支撑。伴随着中国与沿线国家金融机构展开跨境金融合作、推进人民币的区域化与国际化，通过金融合作、丝路基金、金砖国家新开发银行等合作，为产业转移助力。

6. 民心相通增添产业转移活力

"一带一路"倡议还带来了中国与沿线国家更加密切友好的民间往来。通过文化教育、旅游合作、科技信息、卫生医疗、青年交流等方面的民间交流合作，促进了中国与周边国家的民心相通，为产业增添了更凝聚民心、更加和谐

① 梅琳. 经济全球化与国际产业转移［J］. 当代经济管理，2011（3）.

的活力要素，促进了产业转移更加和谐友好地发展。

（二）"一带一路"倡议中的国内外产业转移面临诸多挑战

"一带一路"是贸易之路又是经济发展之路，而经济的持续发展需要有稳定的政治环境和文化环境作为支撑。在这样复杂的背景下，我国实施国际产业转移将面临经济、政治、文化等方面的挑战。

1. "一带一路"沿线国家经济发展不平衡使产业转移决策更复杂

"一带一路"沿线由于涉及的国家众多，这些国家的经济发展水平又存在不同程度的差异。"一带一路"沿线的东南亚国家如柬埔寨、老挝经济发展不发达，而一些沿线的欧洲国家如德国、法国、荷兰的经济发展水平则比较高。国内外产业转移要根据不同国家的资源禀赋、经济发展水平确定各自的相对优势产业，基于"一带一路"经济带建设沿线涉及的国家数量、发展情况和基础，经济发展水平差异悬殊，且各自的发展基础情况也比较复杂，因此，如何准确地判定这些国家与我国可转移的相对优势产业并实现共赢是"一带一路"建设下国内外产业转移面临的挑战，也是核心问题。在"一带一路"建设下，要通过我国与沿线国家的产业转移，实现产业发展与过剩产能转移的双重目标，并实现沿线国家的互利共赢。

2. "一带一路"沿线国家的政治性风险阻碍产业转移

首先，"一带一路"经济带建设沿线，亚非拉的发展中国家虽然资源丰富，产业转移发展潜力较大，相对于我国制造业来说，是非常优选的制造业国际产业转移目标国。但不少国家存在社会动荡、存在较多不安定因素等不利于产业转移，甚至阻碍产业转移。其次，我国与"21世纪海上丝绸之路"的部分南亚、东南亚国家尚有领土争端问题，这也加大了产业转移的风险。

3. "一带一路"沿线国家文化环境复杂多样

"一带一路"经济带沿线近70多个国家，在漫长的发展历史中形成了各自的语言、文化、习俗、宗教信仰，有着深厚的历史根基和深远的社会影响。各个国家的文化差异较大，这些文化影响决定着这些区域人民的理念和行为，进而影响产业转移过程中双方的交流和融合，所以"一带一路"沿线国家错综复杂的文化环境也成为产业转移的挑战。因此，在产业转移过程中，我国不仅要注重经济合作，同时也要尊重和加强与其他国家的文化交流，加强语言互通，通过开展多层次、大范围的文化、教育、卫生等方面的民间交流活动，夯实民意基础，为进一步顺利开展国家间的产能合作与产业转移奠定坚实的基础。

（三）依托产业转移推进"一带一路"的建设

1. 产业转移是"一带一路"建设的重要内容

经济建设是"一带一路"建设的重要内容之一，国内外产业转移作为经济发展的重要形式也自然成为了"一带一路"建设的重要内容。国内外产业转移是促进"一带一路"沿线国家共同发展的核心载体，通过产业转移进一步推进"一带一路"沿线国家的交流合作、促进互联互通以及基础设施、金融、文化等的交流合作。产业转移是"一带一路"建设的重要内容和牵引力。

2. 产业转移是"一带一路"沿线国家共赢发展的方式

产业转移是"一带一路"沿线国家实现共赢发展的重要方式。沿线国家根据自身条件和其他国家的产业发展状况，准确判定自身的相对优势产业，向外转移自身具有相对优势的产业，接受其他国家具有相对优势的产业转移进来，实现各个国家产业发展的细化分工，从而实现经济发展的互利共赢。

3. 产业转移需要"一带一路"沿线国家积极参与

世界已经历了三次全球性的产业转移，并使得全球经济格局和发展水平大大提升，产业从高梯度区域转向低梯度区域符合发展规律。但是，要使产业在空间顺利移动，尚有大量障碍需要突破、大量困难需要解决，比如，各国的发展愿景不同，发展政策不同，产业引进和外移的动机不同，各地的产业体系和服务能力不同。通常，那些拥有较好的产业规划方向、配套的政策、适宜的地方生产服务体系、产业配套能力的区域更容易吸引产业的进入，因此产业转移需要国家层面的理解和支持。只有沿线各国积极参与，找到适合自己的产业位置，在国际分工中才能产生良性推动作用并促进自身发展。

本章小结

"一带一路"倡议从提出至今，已经在政策沟通、设施联通、贸易畅通、资金融通、民心相通等方面做了大量的工作并取得丰厚的成果。"一带一路"倡议是当今跨国多区域合作的一个重要平台，产业合作是经济建设的重要构成部分，产业转移有助于推动经贸合作，推进区域分工与合作。当然，在"一带一路"倡议建设中的产业转移还面临诸如经济发展不平衡、政治不稳定、沿线国家文化复杂等一系列的挑战。但是,沿线国家也深刻认识到融入"一带一路"倡议和加强合作的重要性,认识到促进产业移动、推进产业移出和承接产业的重要性。可以明确,产业转移是有效实现"一带一路"建设目标的重要路径。

第二章
国内外产业转移的理论及"一带一路"建设的机理分析

国内外对产业转移的研究较多，对产业转移的界定仍有分歧，狭义的产业转移观点认为是一种产业在空间移动和重新布局的过程，广义的观点则认为所有的产业及产业内的产品扩展迁移都是产业转移。基于不同的观点，研究的视角也有一定的差异，本书对已有理论进行梳理、分析和研究，发掘产业转移的内在规律，并于"一带一路"经济带建设的背景下研究这一范围中产业转移的机理，以便有序地遵循规律。

一、国内外产业转移的理论研究

（一）产业转移的相关概念

学界大多赞同的概念是，产业转移是在区域经济发展不平衡规律的作用下，某些产业在一系列约束条件发生变化的情况下，为了追求自身利润最大化，从一个区域转移到另一个区域的空间动态过程。由此可知，产业转移是在市场经济规律下的一种追求利润最大化的自然现象，任何外在力量的强制都不能算是严格意义上的产业转移。产业转移是生产力发展和区域分工的必然结果，是市场逐渐发育成熟的一种具体表现形式。产业转移是市场经济条件下企业的一种自发行为，是由于资源供给或产品需求条件发生变化后，某些生产同类产品或提供类似服务的一群经营单位（即企业）从某一国家或地区转移到另一个国家或地区的经济行为和过程。产业本身不可能自行实现空间上的位置移动，产业转移是大量企业在不同区域直接投资的后果，具有质的规定性。通过企业直接投资实现资本、技术、劳动力等生产要素的跨地区流动并重新组合，形成新的生产能力和产业规模，最终导致产业的空间转移。企业通过跨区域直接投资，自身可以获得一种"生产函数改变后的比较优势"以消除资源供给或产品需求条件变化的影响，并通过"一揽子"投资转移引起产品需求的转移使得转入地获得产业转移效应，相应地，企业的直接投资要求转入地具有与之相适应的吸收能力结构。①

研究者在产业转移含义的认识上仍有分歧，大致可归纳为广义观点和狭义观点两种。

1. 广义观点

广义观点将产业单纯的产品市场扩张或迁移也视为产业转移。陈建军（2002）认为，产业转移是由于资源供给或产品需求条件发生变化后某些产业从某一地区或国家转移到另一地区或国家的一种经济过程。产业转移常常以相关国家或地区间的投资、贸易以及技术转移活动等形式表现出来，因此，很难将产业转移和国际间或地区间的投资和贸易及技术转移活动截然区分开来。②

2. 狭义观点

狭义观点下的产业转移着重指产业生产设施的空间扩张或迁移。在狭义观点中，第一类观点比较宽泛，其产业转移概念既涵盖了成长产业的空间转移，又涵盖了衰退产业的空间转移，并不对两者作明确区分。绝大多数学者持此观点，例如，魏后凯（2003）认为，产业转移的实质是企业空间扩张过程，也是企业的再区位和区位调整的过程。第二类观点认为，产业转移仅指产业衰退中的空间转移。典型的如王先庆（1998）、陈计旺（2007）、郑燕伟（2008）的观点：产业转移是衰退产业实现退出的一种重要方式；产业转移是经济发展过程中区域间比较优势转化的必然结果，是发达地区向落后地区不断转移已经丧失优势的产业；产业转移是发达区域的部分企业顺应区域比较优势的变化，通过跨区域的直接投资，把部分产业的生产转移到发展中区域进行，从而在产业的空间分布上表现出该产业由发达区域向发展中区域转移的现象。第三类观点，产业转移概念涵盖内容与第一类观点相同，但对成长产业和衰退产业的空间转移做了明确区分。例如，根据产业转移主体的性质和动机的差别，产业转移可分为扩张性转移和撤退性转移，前者是区域成长性产业出于占领外部市场、扩大产业规模的动机而主动实施的；后者是区域衰退产业迫于结构调整的压力，出于优势再生的目的而被迫实施的。

综上所述，产业转移的概念可以分别从宏观角度和微观角度两个方面进行

① 杨俊生. 产业转移、能力结构与东西部区域经济协调发展 [J]. 经济问题探索，2010（5）.
② 陈刚，刘珊珊. 产业转移理论研究：现状与展望 [J]. 当代财经，2006（10）.

描述：从宏观角度上看，产业转移不仅是空间和时间维度的动态过程，还是一个生产要素流动以达到优化配置的过程；从微观角度上看，则是企业因为地区优势发生变化而使生产地点发生改变的表现。

（二）产业转移的理论源泉

产业转移的理论源泉可以追溯到古典经济学家所倡导的分工论，可以归纳为分工论和梯度转移论两大类。前者是产业转移的基础，没有分工就无法形成产品的差异，就无法以互换产品来增加社会福利；后者是产业转移的客观条件，没有经济条件的梯度差异，就不能形成产业转移的动力，当然也就不会出现转移。①

以劳动价值论为依据，亚当·斯密和大卫·李嘉图建立了基于成本优势的分工论。亚当·斯密认为，各国在不同产品生产上具有某种优势，一国生产具有绝对成本优势的产品并以之交换其他产品，有利于各国经济增长和福利的改进，但其不能解释无任何优势的国家参与到分工中来的现象。李嘉图不同意斯密的观点，在其看来，各国应集中生产优势较大或者劣势较小的产品，这些产品具有比较优势，即具有绝对成本优势的国家生产优势最大的产品，具有绝对劣势成本的国家生产劣势最小的产品。②

进入 20 世纪后，新古典理论扩展到国际贸易领域。对于产业转移理论的研究主要是从日本经济学家赤松要在 30 年代提出的"雁行模式"理论开始的。瑞典经济学家俄林认为，各地区的生产要素的丰度差异决定了生产要素相对价格和劳动生产率的差异，各国根据要素配置的不同进行生产，即要素禀赋说，其很好地解释了不同要素禀赋结构的国家或地区进行贸易的必然性。第二次世界大战后，尤其是 20 世纪 50 年代中期后，随着发达国家的经济复苏，世界经济一体化趋势更加显著，国家贸易进一步发展，国际间及地区间分工进一步深化，国家及地区间的产业转移现象渐露端倪并获得快速的发展。

20 世纪 60 年代，美国哈佛大学教授雷蒙德·弗农（Raymond Vernon），从发达国家角度提出了产业在国家间梯度转移的"产品生命周期"理论。弗农将产品的生命周期划分为新产品阶段、成熟产品阶段和标准化阶段三个阶段，发达国家向发展中国家转移产业是企业为适应产品生命周期变化的需要。在新产品阶段，新技术产品一般不出口；在产品成熟期，新产品、新技术基本实现标

①② 李国政.比较优势、产业转移及经济发展——兼论四川承接产业转移问题研究 [J]. 华东经济管理，2011，25（2）：36-40.

准化，国内市场趋于饱和而国际市场需求不断扩大，这就开始进行技术转移；在标准化阶段，新技术模仿国的生产规模不断扩大，国际竞争主要依靠成本和价格，发展中国家可以依靠其成本优势开始向国外出口产品，而发明国的生产和出口受到重大挑战。

20 世纪 70 年代，日本学者小岛清将新古典经济学理论引入产业转移分析，将赤松要的"雁行模式"理论和弗农的"产品生命周期"理论结合起来，提出了"追赶型产业周期论"，其核心是边际产业扩张。小岛清认为，投资国企业将资源从本国已经丧失了比较优势的产业（边际产业）中撤出，转移到其他国家具有潜在比较优势的产业中，对投资转出国和转入国都是一种福利最大化的选择。虽然说小岛清是从发达国家的角度说明了产业在国际间转移的理论基础，但这也为我们阐释了区域间产业转移的最基本的理论前提。①

同一时期，英国经济学家邓宁综合垄断优势理论、内部化理论、区位理论等，提出一个更为一般化的"国际生产折衷"理论。邓宁给出三个决定跨国公司对外直接投资的基本因素：所有权优势、内部化优势和区位优势，即 OLI 模式。邓宁的理论从微观领域讨论了企业的跨国、跨区经营问题。

（三）国内外产业转移的主要理论

1. 国外产业转移理论

（1）边际产业扩张论。1977 年，日本经济学家小岛清（Kiyoshi Kojima）在其著作 Direct Foreign Investment: A Japanese Model of Multinational Business Operation 中系统地提出了日本对外投资的理论——边际产业扩张论（Theory of Marginal Industry Expand）。他认为，对外直接投资应该从投资国已经处于或者将要陷于劣势的产业开始依次进行投资。这种产业可称为边际产业，这也是移入国家具有明显优势的或潜在优势的产业，边际产业的概念可以扩大为边际性生产，包括边际产业、边际企业、边际部门等。② 认为发达国家对发展中国家工业的投资要按照比较成本及其变动依次进行，有次序地从技术差距小、容易转移的技术开始转移③。

（2）劳动力部门转移论。1954 年 5 月，美国经济学家威廉·阿瑟·刘易斯

---

① 郭丽. 产业区域转移及其对后发区域经济发展的影响 [J]. 当代经济研究，2008（10）.

② 张萌发. 安徽承接产业转移中自主创新体系构建研究 [D]. 合肥工业大学硕士学位论文，2010.

③ Kojima Kiyoshi. Direct Foreign Investment: A Japanese Model of Multinational Business Operation [M]. London: Croom Helm, 1978.

（William Arthur Lewis）在英国《曼彻斯特大学学报》发表了其经典之作——*Economic Development with Unlimited Supplies of Labor*，该文提出了著名的二元经济结构理论，在发展经济学领域产生了深远的影响。他认为，发达国家在 20 世纪 60 年代由于人口增长率的下降，非熟练劳动力不足，导致劳动力成本上升，开始失去部分劳动密集型产业的优势，因此发达国家将部分劳动密集型产业转移到发展中国家，然后从发展中国家进口劳动密集型产品，同时加快国内产业结构升级。[1]

（3）雁行模式。雁行模式（Flying Geese Pattern）源于日本经济学家赤松要（Kaname Akamatsu）在 20 世纪 30 年代提出的"雁行产业发展形态论"（Flying-geese Paradigm）。他在研究明治维新后日本的棉纺织工业发展时，发现了其经历了"进口—进口替代—出口—重新进口"四个阶段，这四个阶段在图表上呈倒"V"形，似大雁展翅飞翔，故得此名。该研究随后从棉纺品行业推广到纺织机械、组装器具等工业行业。战后通过国际产业转移快速实现工业化的日本把成熟的比较劣势产业（一般为劳动密集型产业）逐渐转向东亚邻国，后者在发展成熟后再将该产业转移到东亚其他国家，形成梯形的发展模式，日本则一直处于经济领头雁的位置，该发展模式随后在描述战后东亚地区国际分工体系和经济发展过程时被称为"雁行模式"。[2]

赤松要认为，按照该模式，一国的产业结构升级依次分为劳动和资源密集型、资本密集型和技术密集型三个梯度。随着外资的进入及该国工业化的发展，某一产业会逐渐衰落，并将转移到低一个梯度的国家和地区，出现产业替代，导致产业结构升级。[3]

（4）产品生命周期理论。20 世纪 60 年代，美国哈佛大学商学院教授雷蒙德·弗农（Raymond Vernon）的著作 *International Investment and International Trade in the Product Cycle*，在总结国际贸易程度非常高的美国工业结构转型影响的基础上，通过分析产品的国际流通，以产品属性的变化来描述国际产业转移的现象，提出了产品生命周期理论（Theory of Product Life Cycle，PLC）。他把产品的生命周期分为新产品时期、成熟产品时期和标准化产品时期，产品特性在不同时期内存在巨大的差异。弗农认为，随着产品由新产品时期向成熟产品时期和标准化产品时期转换，产品的特性也会相应地发生变化，将由知识和技

① William Arthur Lewis. Economic Development with Unlimited Supplies of Labor ［J］. Manchester School of Economic and Social Studies, 1954（6）: 401-404.
② 车维汉. "雁行形态"理论及实证研究综述 ［J］. 经济学动态, 2004（11）.
③ 张萌发. 安徽承接产业转移中自主创新体系构建研究 ［D］. 合肥工业大学硕士学位论文, 2010.

术密集型向资本密集型或劳动密集型转换。相应地，在产品生产的不同时期，对生产要素要求的重点将会发生变化，这导致了产品的生产地点将从生产要素缺乏的国家（地区）转移到生产要素丰富的国家（地区）。①②

2. 国际产业转移的主要方式

国际产业转移从 20 世纪下半叶产生发展至今，其实现产业转移的方式已从国际贸易发展到国际投资、国际协作、战略联盟和服务外包等。

（1）国际贸易。主要是发达国家的技术、高级消费品、中间产品、工业品、农产品与发展中国家的劳动密集型产品、初级产品进行交换。

（2）国际投资。主要是直接投资，跨国公司通过对外直接投资将本国的边际产业或较高水平的产业转移到发展水平低的发展中国家，在此过程中通常会有较先进的技术输出，从而带动和促进发展中国家的产业结构优化和升级。

（3）国际协作。能够包含所有生产要素，各类产业能够在不同国家互为生产环节，一个国家可以在协作过程中参与自己最具优势的环节生产，这些产业从而在世界范围内形成生产链。

（4）战略联盟。通过交叉控股等股权投资方式或者交叉许可证交易、交叉分销和联合开发等非股权方式，使得跨国公司之间从研发到最终产品分销价值链的各个环节实现了资源创新与销售渠道的共享，相互之间产业关联加强，从而在跨国公司之间建立产业转移尤其是研发资源的资产整合的平台。

（5）服务外包。可能通过外包合同以非股权方式或者通过生产资本的直接投资，将业务分解或把非核心业务转移，跨国公司只承担价值链中的高利润环节，从而浓缩经营范围，把有限的资源配置到企业的强势领域，从而降低企业的运营成本，使得企业的竞争优势突出。

（四）国内外产业转移的研究现状

1. 国内产业转移研究

国内对产业转移的研究起步较晚，大约开始于 20 世纪 90 年代中后期，目前尚处于初始阶段，主要有以下相关理论。

（1）产业转移的类型研究。魏后凯（2003）认为，产业转移按照其特点的不同可以划分为不同的类型。可以根据转移主体的性质，对转移的内在机理进

---

① Raymond Vernon. International Investment and International Trade in the Product Cycle [J]. Quarterly Journal of Economics, 1966 (5): 190-207.

② 张萌发. 安徽承接产业转移中自主创新体系构建研究 [D]. 合肥工业大学硕士学位论文, 2010.

行分类；也可以根据转移的客体进行分类，因为转移的空间流动方式和地域范围不同，也可进行相应的分类。如表 2-1 所示。

表 2-1　产业转移的分类依据及类型

分类依据	分类类型
转移主体的性质、转移的内在机理	市场扩张型 成本节约型
转移的客体	劳动密集型 资源密集型 资本密集型 技术密集型
转移的空间流动方式	水平转移 垂直转移
转移涉及的地域范围	国际产业转移 区际产业转移 城乡产业转移

资料来源：魏后凯. 产业转移的发展趋势及其对竞争力的影响 ［J］. 福建论坛（经济社会版），2003（4）.

　　唐运舒等（2014）认为，不同的产业转移类型对于承接地环境要求的侧重点不同，对成本推动型产业转移而言，转移企业主要看中承接地资源廉价、劳动力丰富等构成的较低综合商务成本，产业转移地区与承接地区间应存在明显的区域梯度差异。而资源推动型产业转移，依赖市场配置资源的程度要高于成本推动型产业转移，发生资源推动型产业转移的关键条件是承接地要具有良好的自然资源禀赋，转移产业在转移地和承接地不一定需要存在显著的梯度差异。对市场推动型产业转移而言，转移企业看中的是目标市场的前景，承接地则看中承接产业对当地的经济拉动作用，因此转移产业应与承接地产业存在较高的产业关联度。[①]

　　郭元晞（2010）认为，依据演进过程中产业在空间和时间维度上的变动差

---

　　① 唐运舒，冯南平，高登榜，杨善林. 产业转移类型与承接地环境的耦合分析——基于泛长三角制造业的经验证据 ［J］. 产经评论，2014，5（6）：72-81.

异（见图 2-1）可将产业转移分为淘汰型转移、产能型转移、扩张型转移、配套型转移和延伸型转移五类。①

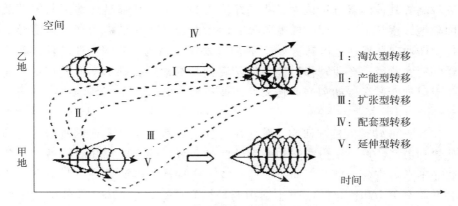

图 2-1 产业演进过程变动差异类型

（2）产业转移的机理研究。王先庆（1998）认为，由于不同经济—空间上存在的"成长差"与不同区域产业主体之间的相关"利益差"共同构成"产业差"是产业转移的基础，因为"利益差"的存在，各种产业总是朝着能获得最大利益的区域进行转移②。邹篮等（2000）指出，由于东部和西部之间的地区差距所造成的势差，给区域间的产业转移创造了有利的条件，而因为在工资、房租、地租、原材料价格、公用事业费用等方面存在着差距，产业主动或被迫地从高成本地区向低成本地区流动，来控制成本的上升③。陈刚等（2001）认为，在撤退产业转移中，发达区域的衰退性产业是主体，而区域产业竞争优势的消长转换则是衰退性产业进行产业转移的根本原因和根本动力④。陈建军（2002）认为，地区之间发生产业转移最基本的条件是两地区之间具有较为密切的经济联系，这种经济联系的主要纽带是产品和要素的流动⑤。魏后凯（2003）从产业转移微观主体（企业）的角度，认为企业是否决定转移不仅取决于来自现有区域的推力和来自目标市场区位的拉力的大小，还取决于一些促使企业在现有区域的阻力因素，这些因素主要涉及企业迁移所造成的固定资本

① 郭元晞，常晓鸣. 产业转移类型与中西部地区产业承接方式转变 [J]. 社会科学研究，2010（4）：33-37.

② 王先庆. 产业扩张 [M]. 广州：广东经济出版社，1998.

③ 邹篮，王永庆. 产业转移：东西部合作方式和政策研究 [J]. 特区理论与实践，2000（3）.

④ 陈刚，张解放. 区际产业转移的效应分析及相应政策建议 [J]. 华东经济管理，2001（2）.

⑤ 陈建军. 区域产业转移与东扩西进战略 [M]. 北京：中华书局，2002.

和可变资本的损失，为维持现有劳动就业关系来自地方政府的压力以及管理者旅行成本增加等。① 李小建（2004）、张萌发（2010）从区域基础、国家政策、发展战略等其他因素分析认为，我国经济发展水平从东部沿海地区向中部及西部内陆地区逐步降低，存在梯度差异，而东部地区产业结构的高级化将导致一些传统产业向欠发达地区转移②③。张旭（2016）认为，我国产业转移创新要素流动的三大路径：产业转移过程中伴随着创新要素的流动、产业转移—产业集聚—吸引创新要素流动和产业转移—产业集聚—区域自主创新能力—创新要素流动④。

（3）产业转移的模式研究。陈建军（2002）根据浙江和西部省份各自的资源优势和市场特点，认为浙江和西部地区产业分工的主要模式应该是水平分工模式而不是垂直分工模式，通过产业转移，合理地进行产业分工与协作，达到提升产业竞争力和优化区域产业结构的目标⑤。马海霞（2001）分别从区域传递的空间指向特征、地域变化特征出发，提出了区域传递的梯度推进模式与中心辐射模式两种主要的区域传递空间模式，梯度推进模式强调传递的梯度指向，中心辐射模式则强调传递的空间邻近性，认为将"点—轴"模式融于其内的中心辐射模式与梯度推进模式相结合，通过小范围多中心辐射实现大范围梯度推进的空间模式，是我国当前区域传递空间模式的选择方向⑥。毛蕴诗、汪建成（2002）通过对广东49家大型重点企业的问卷调查，分析了大企业集团的扩展路径，认为不同的扩展维度，其选择的拓展路径不同：资金运作维度以银行贷款、内部积累为主；空间维度以国内市场为主、积极开拓国际市场；组建方式维度以创建、合资控股、参股为主；业务活动维度以横向一体化和相关多元化为主⑦。

2. 国际产业转移研究

（1）国际产业转移的趋势研究。原小能（2004）认为，国际产业转移出现了新特点和新趋势：第三产业投资成为国际产业转移中的热点；国际产业转移出现了跳跃性；生产外包成为国际产业转移的新兴主流方式；国际产业转移出

① 魏后凯. 产业转移的发展趋势及其对竞争力的影响 [J]. 福建论坛（社会经济版），2003（4）.
② 李小建. 我国产业转移与中原经济崛起 [J]. 中州学刊，2004（5）.
③ 张萌发. 安徽承接产业转移中自主创新体系构建研究 [D]. 合肥工业大学硕士学位论文，2010.
④ 张旭. 产业转移与创新要素流动互动机理研究 [D]. 合肥工业大学硕士学位论文，2016.
⑤ 陈建军. 中国现阶段的产业区域转移及其动力机制 [J]. 中国工业经济，2002（8）.
⑥ 马海霞. 区域传递的两种空间模式比较分析——兼谈中国当前区域传递空间模式的选择方向 [J]. 甘肃社会科学，2001（1）.
⑦ 毛蕴诗，汪建成. 大企业集团扩展路径的实证研究——对广东40家大型重点企业的问卷调查 [J]. 学术研究，2002（8）.

现产业供给链整体搬迁趋势；国际产业转移由产业结构的梯度转移逐步演变为增值环节的梯度转移[①]。赵莹（2017）认为，2008年金融危机以后国际产业转移有两大新趋势：一是发达国家"再工业化"战略；二是其他发展中国家和低收入国家具有成本及贸易优势[②]。

（2）国际产业转移动因研究。对于国际产业转移的动因分析，国内外学者主要从国家产业层面的宏观视角和企业扩张或转移等微观视角进行分析，目前研究主要集中在宏观层面，包括成本上升理论、产品生命周期理论等，微观层面分析相对较少，主要包含国际生产综合理论（即国际生产折衷理论）和集成经济论等。

国内学者中，夏禹农、刘吉、冯之浚等（1983）对梯度理论和地区经济发展进行了论述，指出由于自然条件及社会发展程度差异导致各国经济发展程度与潜在能力呈梯度排列现象，经济发展应遵循客观规律优先发展经济水平发展较高、更具潜力的地区[③]。卢根鑫（1994）提出了重合产业论，认为发达国家与发展中国家重合产业是产业转移的重要动因，而重合产业具备价值不同但技术较为相似的特点促使国家间出现产业生产的比较优势，因此成本较高的产地丧失生产动力，生产逐渐向低成本产地转移[④]。石奇（2004）提出了集成经济论，认为市场的发展需要集成经济，集成经济来源于企业充分使用具有差异的边际生产要素，而企业可通过产业转移途径实现集成[⑤]。魏建萍（2007）认为，除了成本与要素原因，国家的宏观政策也是产业转移的重要驱动因素，优惠的政策环境是影响跨国企业的区位选择[⑥]。

国外学者中，阿瑟·刘易斯（Arthur Lewwis）（1978，1984）提出了成本上升论，最早对产业转移问题进行了研究，通过分析劳动密集型产业的空间转移得出结论，认为发达国家劳动力成本的上升与人口自然增长率的下降有关，使得发达国家劳动密集型产业的发展丧失了比较优势，最终产业逐渐向次发达国

---

① 原小能. 国际产业转移规律和趋势分析 [J]. 上海经济研究，2004（2）：29-33.

② 赵莹. 国际产业转移新趋势对我国制造业发展影响及对策分析 [D]. 华东师范大学硕士学位论文，2017.

③ 夏禹龙，刘吉，冯之浚等. 梯度理论和区域经济 [J]. 科学学与科学技术管理，1983（2）：5-6.

④ 卢根鑫. 试论国际产业转移的经济动因及其效应 [J]. 上海社会科学院学术季刊，1994（4）：33-42.

⑤ 石奇. 集成经济原理与产业转移 [J]. 中国工业经济，2004（10）：5-12.

⑥ 魏建萍. 外商在华直接投资的区位选择问题 [J]. 黑龙江对外经贸，2007（1）：14-16，19.

家和发展中国家转移[1][2]。劳尔·普雷维什（Raul Prebisch）（1990）提出了移入需求理论，认为产业转移根源在于发展中国家面临发展经济的压力，从而实行进口替代战略[3]。J. H. Thompson（1996）、Vernon（1966）以及 Dumais、Ellison 和 Glaeser（1997）分别提出了区域生命周期理论、产品生命周期理论和工厂生命周期理论。Thompson 认为，产业区进入成熟期后区际竞争激烈，比较优势的丧失将推动区域企业进行多区域化布局；R. Vernon 认为，企业因为产品生命周期（创新、成熟和标准化）的变化而进行空间移动的行为是产业转移形成的原因；而 Dumais 等认为，产业集聚与工厂生命周期有着密切的关系，随着工厂生命周期的变化，工厂会因周期的不同而选择不同的区位，产业转移因此产生。[4][5][6]

（3）国际产业转移模式研究。对于国际产业转移模式的探索从整体上来看并没有形成完整的体系，国内外学者整体理论研究水平较浅，模式分类并不严格，主要可分为产业转移过程及特征模式、方向模式、规模及程度模式和具体方法及途径四大分类模式研究。理论上主要包含三种模式，即雁行转移、梯度转移及逆梯度转移。

国内学者中，周起业等（1989）、胡宇辰（2005）明确提出了产业梯度转移模式，认为技术梯度存在于区域经济体之间，新的产品技术和制度等主要发生在高梯度区域，在向低梯度区域转移时依照产品的循环周期。[7][8] 郭凡生（1985）对产业逆梯度转移理论进行了阐述，认为可利用现代科技发展的跳跃性和当地资源的丰富性，欠发达地区实行赶超战略，通过对新科技吸收和创新等实现产业飞速发展，实现"逆梯度"——向发达区域转移产业。[9] 蒋文军、孙宏军（2001）提出产业转移模式分为整体和部分两种，整体产业转移即企业

① Lewis W. A. The Evolution of the International Economic Order［M］. New Jersey：Princeton University Press，1978.

② 阿瑟·刘易斯. 国际经济秩序的演变［M］. 北京：商务印书馆，1984.

③ 劳尔·普雷维什. 外围资本主义：危机与改造［M］. 北京：商务印书馆，1990.

④ J. H. Thompson. Some Theoretical Consideration for Manufacturing Geography［J］. Economic Geography，1996（3）：127-145.

⑤ R. Vernon. International Investment and International Trade in the Product Cycle［J］. Quarterly Jounal of Economics，1966，80（2）：190-207.

⑥ Dumais，Ellison and Glaeser. Geographic Concentration as Adynamicprocess［J］. NBER Working Paper，1997，No. 6270.

⑦ 周起业，刘再兴，祝诚，张可女. 区域经济学［M］. 北京：中国人民大学出版社，1989.

⑧ 胡宇辰. 产业集群的相关理论分析［M］. 北京：经济管理出版社，2005.

⑨ 郭凡生. 发展战略概论［M］. 北京：科学管理出版社，1985.

随着行业生产中的迁移而获得新的发展；而部分迁移包含众多方式，如商品和资本向外输出、产业相互联系和人才联合培养等①。

国外学者中，Akamatsu K. (1962) 及牛丸元 (1999) 提出产业转移"雁行模型"，归纳总结出产业转移分为"产品进口、国内生产和产品出口"三个阶段②③，Ozawa T. (1993) 则通过利用数据对日本钢铁产业和汽车产业等进行实证分析，证明了日本多项产业符合雁行发展模式④。R. Vernon (1996) 提出产业循环发展模式，指出产品的循环发展带动产业升级，即工业结构逐渐向资金技术密集型转变⑤。Watts (1980)、Taylar (1975)、Hakanson (1979) 和 Dicken (1994) 提出产业转移采取横向兼并或者横向一体化模式，从微观即企业的角度解释扩张性产业转移，通过分析企业的成长空间得出企业扩张遵循产品扩张到销售部口扩张再到生产部口扩张的规律。

3. 研究综述评价

目前，理论界关于产业转移理论的研究很多，可谓不胜枚举。整体来说，基本呈现出以下特点：

(1) 产业转移理论的研究已取得的成果。

第一，研究的内容、研究的主题日益丰富，几乎涉及有关产业转移问题的各个方面。

第二，研究的问题具有极强的理论意义与现实意义。产业转移的基础理论已经相当成熟。在结合现实的研究中，理论研究顺应了时代发展与现实需要，顺应了世界产业转移的热潮，使得研究具有了更强的现实性与针对性。

第三，研究的视角有了新的突破。打破了传统的就事论事，仅从产业发展、区域发展的角度孤立地研究问题，发展到能够从不同的视角多角度、多方位研究产业转移问题。

(2) 产业转移理论期待新的突破。当然，理论研究永无止境，没有终极的理论，也没有穷尽的方法，面对新的实践、新的现实，有必要提出更新更高的

---

① 蒋文军，孙宏军. 策应产业转移——欠发达地区中小企业快速发展的重要举措 [J]. 经营管理者，2001 (7)：15-16.

② Akamatsu K. A Historical Patteen of Economic Growth in Developing Countries [J]. Developing Economies，1962，1 (9)：3-25.

③ 牛丸元. 日本企业的国际经营行动 [M]. 北京：同文馆，1999.

④ Ozawa T. Foreign Direct Investment and Structural Transformation：Japan as a Recycler of Market and Industry [J]. Business and Contemporary World，1993 (2).

⑤ R. Vernon. International Investment and International Trade in the Product Cycle [J]. Quartely Journal of Economics，1996 (80).

要求，期待新的理论突破。

第一，在研究的内容上仍需进一步拓宽。需要放开视野，去触及一些尚未发掘的领域。例如，进一步剖析产业转移的机理。

第二，研究的问题要更加系统化，而不是细枝末节，要尽可能涉及产业转移问题的各个重要且必要的方面，使研究更系统、更深入。

第三，在机制和体制上理清思路，为制定合适的政策提出指导。

第四，在研究的方式、方法上，虽然已有一些定量分析的成果，但为数不多，还需进一步增强，且所得结果必须具有现实可操作性。

二、国内外产业转移的动因与模式

（一）国内外产业转移动因的主要观点

不同地区的经济梯度是客观存在的，产业能否发生转移是由多种条件制约的，如转出地的成本、环境压力，转入地巨大的市场潜力、良好的投资环境，这里关键在于发达地区的"推力"和欠发达地区的"拉力"的合力，尤其是后者。一般来说，发达地区的产业到了成熟期，由于资源约束和需求结构的变化，要面临许多新技术产业的强力挑战，其自身的产业结构升级也势在必行，客观上有向欠发达地区转移产业的冲动。

1. 成本上升论

阿瑟·刘易斯最早探讨了产业转移动因问题。他分析了劳动密集型产业空间转移现象并认为：发达国家由于人口自然增长率下降、非熟练劳动力不足，劳动力成本趋于上升；这种成本的变化导致劳动密集型产业比较优势逐步丧失，并最终使之向发展中国家转移。可见，在阿瑟·刘易斯看来，劳动力成本上升是产业转移的根本原因[1]。

2. 移入需求论

劳尔·普雷维什以发展中国家为视角考察产业转移。他认为，发展中国家迫于发展的压力而实行的进口替代战略，是产业转移发生的根源。因为正是进口替代战略为发达国家产业向发展中国家转移打开了大门。在此，普雷维什强

---

① 陈刚，刘珊珊. 产业转移理论研究：现状与展望 [J]. 当代财经，2006（10）：91-96.

调发展中国家被迫性的产业移入需求对产业转移的重要作用。

3. 生命周期论

生命周期论分为区域生命周期理论、产品生命周期理论、工厂生命周期理论和产业区位生命周期理论四种理论。其共同点是以特定主体的生命周期为出发点解释企业或产业的空间转移现象。

4. 梯度转移论

梯度转移理论是区域经济学家在区域生命周期理论和产品生命周期理论基础上提出来的。该理论认为,区域经济的盛衰主要决定于区域产业结构的优势,后者又取决于区域主导部门在生命周期中所处的阶段。如果主导部门处于创新和发展阶段前期,则该区域为高梯度地区。高梯度地区是产业创新活动集中的区域,并随着时间的流逝和主导部门生命周期阶段的变化,区域主导部门趋于衰退并逐步由高梯度地区向低梯度地区转移。

5. 产业成长演化论

有学者从产业演化的空间形态角度考察产业转移,认为产业转移有扩张性转移和撤退性转移之分,前者是区域成长性产业出于占领外部市场、扩大产业规模的动机而进行的主动的空间移动,后者是区域衰退性产业迫于外部竞争与内部调整压力而进行的战略性的空间迁移。从产业发展角度看,产业转移是区域间产业竞争优势消长转换而导致的产业区位重新选择的结果,是产业发展过程在空间上的表现形式,即产业演化的空间形态。

6. 国际生产折衷论

国际生产折衷论的原意在于解释企业跨国直接投资的动因。实际上,企业跨国直接投资行为的宏观化就是产业的跨国转移。因此,该理论可以认为是从企业跨区域投资的角度考察产业转移问题,是产业转移的微观解释。其基本观点是,产业组织决定的所有权优势、交易成本决定的内部化优势和区域要素禀赋结构决定的区位优势是决定企业对外直接投资和跨国经营的主要原因。

7. 企业成长的空间扩张论

企业成长的空间扩张论指的是经济地理学中四个企业空间扩张模式:沃茨的市场区扩大模式、泰勒的组织变形及区域演化模式、哈坎逊的全球扩张模式和迪肯的全球转移模式。四个模式各有侧重,但都是企业成长的空间扩张理论模型,其共同观点是:市场占领是企业从单一区位向多区位的空间扩张的根本动因;企业扩张一般遵循产品扩张(市场区位扩张)—销售部门空间扩张(销售区位扩张)—生产部门的空间扩张(生产区位扩张)的顺序进行。应该说,四个模式都是从企业成长的微观角度解释扩张性产业转移,实际上都潜在地认为,产业转移是企业成长的空间表现。

8. 企业盈利空间界限论

史密斯的企业盈利空间界限理论从企业区位迁移的微观角度探讨了产业转移的动因。该理论认为，位于既定区位的企业有一个盈利的空间界限。该界限由企业的空间收入状况和空间成本状况所共同决定，处于盈利的空间界限之内则企业盈利，反之则亏损。随着外部环境和企业发展条件的变化，企业的空间收入和空间成本状况会发生变化，造成企业盈利空间的改变；后者导致企业的最优区位也发生相应变化，为了提高盈利水平和竞争力，企业将随之实施空间迁移。

9. 集成经济论

石奇用集成经济的原理解释了产业转移的微观机理。他认为，产业转移是企业实现市场集成的手段。所谓集成经济，是指企业通过市场重组和集成的方式对产业链中不同价值环节的最优利用而实现的经济。从微观层面上看，产业转移服务于企业寻求集成经济的目的，所以，这一过程以产业中较少要求人力资本要素的生产职能转移、分销职能转移以及物流服务职能转移为主，并且总是从加工装配开始，经过资本、技术、管理经验等的积累，最终过渡到零部件和原材料的本地化生产并实现产业转移。因此，产业转移是企业在技术手段之外通过对市场的重组和集成实现经济性的结果。

国际产业转移一般包括产业选择、技术路径和投资方式三方面的内容，国内外理论界对国际产业转移问题的研究一般也是从这三个方面展开的。

（二）国内外产业转移动因的宏微观视角

1. 微观视角

企业是国际产业转移的主体和承载者，是国际产业转移的实施者。从微观角度来看，企业追求的利润最大化、谋求生存和发展是国际产业转移的主要动因。产业转移的承载者和实施者——企业尤其指一些规模较大的跨国公司，它们往往通过国际直接投资来完成自身产业的转移，从而实现产业在国际之间的转移。而一些小型的公司由于其具备比较灵活的资产结构，多数选择撤资转投别的行业来实现新的选择和发展。

（1）企业解决发展瓶颈。一个地区的产业发展到一定阶段时，企业会面临一定的发展压力甚至是发展瓶颈。一个地区产业发展到足够成熟时，将面临产业内企业间的激烈竞争，企业难免会通过降低利润空间来争取竞争，越来越小的利润空间和激烈的竞争使得企业面临生存与发展的选择。部分企业会通过区际间甚至是国际间的产业转移从新的市场获取生存和发展的机会，从而化解企业生存与发展的瓶颈。因此，企业面临产业成熟市场的激烈竞争，选择产业转移来解决发展瓶颈是产业转移的微观视角动因之一。

（2）企业拓展发展空间。当一个地区的某方面产业容量已经无法满足企业的发展需求，即企业发展的扩张需求与地区产业承载容量产生冲突时，企业将面临开拓市场和发展空间的选择。为了自身更好地发展，企业会寻求更加广阔的发展空间和市场，从而实现更大的利润空间，成为产业空间转移的另一个微观视角动因。

（3）企业降低成本。企业追求最大利润的一个重要途径就是降低企业发展成本。当某一个地区某一产业发展高度集中且经济发展水平达到一定程度时，这一区域也会成为城镇化快速发展和国民收入高速增长的区域，这同时也造成了企业发展成本的提高，如人力资源成本、自然资源成本和土地成本的提高。企业面临的成本压力大大增加，这就不得不需要重组产业结构来实现投资利润的最大化。因此，企业通过降低成本来实现利润最大化也成为产业转移微观视角的动因之一。

2. 宏观视角

（1）国家利益驱动。产业战略在国家战略中的重要作用和意义之大是毫无疑问的，甚至影响到各国在国际政治舞台上催生出的世界市场经贸框架，由于这一经贸框架是各国企业、跨国公司进行投资和贸易所遵循的，因而国际产业转移涉及国家的利益，在产业转移过程中，经济和政治是广泛互动的。因此，国家利益的驱动是国际产业转移的动因之一。

（2）工业化程度不同。全球国家各自不同的历史和地理条件，使其工业化的起步时间与发展速度也不同，导致不同国家之间的产业演进阶段也有所不同，这恰恰成为不同国家对产业进行国际垂直产业分工和水平产业分工的前提。当该国或该地区的产业演进阶段进入新的水平时，其主导产业的变化就是国际产业转移的动因之一。区域对产业的自主选择有可能造成产业演进过程的加快或减慢，从而为国际产业转移提供动力。

（3）宏观政策环境变化。国家根据自身实际情况制定的产业政策，对本国的产业发展和布局有着宏观的指导和部署，科学有效的产业政策会引导产业合理布局、产业结构调整，引导本国企业向本国优势资源和优势产业的方向发展。一方面，一国的货币、外贸和税收等宏观环境会影响国际产业分工布局，该国企业在利润的驱使下会对自身再次进行区位选择。另一方面，产业发展给一个地区带来的环保压力逐渐增加时，该国的环保政策也会随之更加严厉，这也促使企业向环保压力较小的区域转移。因此，有效的宏观政策环境也会成为产业转移的宏观动因。

3. 产业视角

（1）产业发展要素变化。产业生命周期表明：某一产业的发展会经历由新兴产业到夕阳产业的阶段过程，新兴产业的诞生一般伴随着大规模技术投入并且一般出现在资本充足、技术先进的发达国家。当这一产业经过发展进入成熟阶段时，该产业的聚集区会转移到资本密集和劳动密集的地区，此时这些地区对于该产业的起始国具有比较优势。随着产业规模的不断扩大，该产业的技术已经充分运作于产品的生产体系之中，产业进入了统一的标准化生产阶段，技术在其中的作用已经无足轻重，取而代之的重要因素是劳动要素，因此劳动要素成为比较优势的主要因素。最终，产业会因劳动力为主导因素而转移到劳动力丰富廉价的发展中国家。

（2）产业发展阶段变化。一个产业在某一聚集区的生命周期必然会迈向边际产业的阶段，在该产业即将进入边际产业阶段之时，在其他国家和地区会出现与之相同的重合产业，而重合产业正是国际产业转移的基础条件①。此时就开始了国际产业转移转出国和承接国的产业传递。随着产业生命周期的不断前进，承接国会对转出国表现出越来越大的优势，最终推动该产业的完全转移。

（3）产业链价值分配。随着产业的逐步成熟，产业发展也逐步精细化与标准化，从而为国际垂直分工提供了前提和可实现的条件。产业垂直分工直接决定一国在整个产业价值链中的利益分配，在国家产业政策和跨国公司区位选择的引导下，该国在产业链条的位置变化也是国际产业转移的一个重要动因。1992年，宏碁集团创办人施振荣提出了著名的"微笑曲线"理论，成为各种产业中长期发展策略的方向。如图2-2所示。

"微笑曲线"理论认为，产业链价值从低到高，对应产品的不同价值的生产过程，一个国家承接其他国家的产业通常是从"微笑曲线"的底端，即产业价值链的低端开始的，对应的是产品生产过程中制造与组装的过程。当该产业发展到一定水平后，开始向高附加值的两端移动，尽可能在产业链中获得更高的附加价值。"微笑曲线"揭示了同一生产链条中产业转移的基本动因，这种产业垂直分工体系所处位置的变化引发的产业转移也是和产品的生命周期密切联系的。

（4）全要素生产率驱动。全要素生产率是指全部生产要素（包括资本、劳动、土地，但通常分析时都略去土地不计）的投入量都不变时，而生产量仍能增加的部分，指各要素投入之外的技术进步和能力实现等导致的产出增加是由技术进步而产生的。全要素生产率的增长率往往伴随科技进步的指标体现，其

---

① 郑直. 国际产业转移与我国的产业政策研究［D］.西南财经大学硕士学位论文，2014.

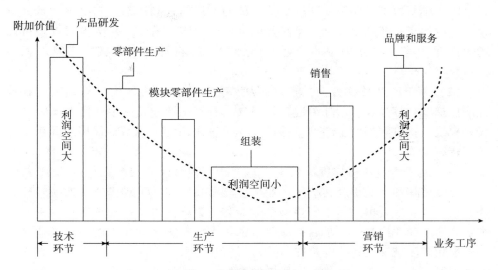

图 2-2 "微笑曲线"理论示意图

增长动力来自技术进步、专业化程度的提高、组织创新以及生产创新等①。一般情况下，欠发达国家和地区的全要素生产率较低，经济主要依靠传统要素（包括资本、土地、劳动）的不断投入实现增长，具有一定经济增长的后发优势；而发达国家和地区的全要素生产率通常较高。

我国经济已由传统要素投入带来的高速增长阶段转向高质量发展阶段，要实现从依靠传统的要素投入增长（如人口红利、资本积累等）转向适应和引领经济新常态的提高全要素生产率的增长模式。在全要素生产率的驱动下，我国产业将朝着创新型、更优质的方向促进产业的承接转移，实现发展方式的转变和优化调整。

（三）国内外产业转移的模式

1. 基于产业转移视角的模式

（1）基于产业转移的过程特征或形态的模式。雁行转移模式是日本经济学家赤松要从产业转移的过程特征或形态的角度归纳出来的著名模式。赤松要以发展中国家为视角分析了发达国家和日本之间的产业空间转移现象，他考察了

---

① 陶长琪，李翠，王春晨. 创新价值链、全要素生产率及其空间溢出效应——基于 SLM 模型的实证［J］. 数量经济研究，2017，8（2）：15-28.

日本明治维新以来棉纺织业通过承接转移的发展历程和形态，归纳出"产品进口、国内生产、产品出口"三个阶段的雁行产业转移模式，并认为后进国可以通过产业转移学习先进国的产业发展经验，吸收其资本和技术，发展相应产业。

（2）基于产业转移方向的模式。从该角度提出的主要模式有梯度转移模式、逆梯度转移模式、边际渗透转移模式、垂直型产业转移模式和水平型产业转移模式、垂直顺梯度工序型转移模式、垂直逆梯度工序型转移模式和水平工序型转移模式。

（3）基于产业转移梯度的模式。基于产业转移梯度的模式包含两个方面：产业梯度转移和区域梯度转移。产业梯度转移指首先从劳动密集型产业转移作为开始，随着发展再向资本密集型产业转移，最终向电子、通信等技术密集型产业转移。产业梯度转移是以产业要素密集类型作为演化焦点的一种产业转移梯度模式。区域梯度转移则是以产业发展转移区域为聚焦视角，指产业首先于发达国家或地区起源，经过一定发展向次发达地区转移，最后从次发达地区向欠发达地区转移。

（4）基于产业转移的具体途径或方式的模式。从该角度提出的主要模式有横向兼并或横向一体化；区际直接投资转移模式，包括直接设厂（对外建立生产加工点）转移模式、收购兼并转移模式、委托生产或生产外包转移模式；OEM 转移模式，对外建立销售网点等。

2. 基于产业转移程度的模式

（1）整体移入模式。整体移入模式是基于整体视角将产业要素全部由发达区域或发达国家转移到欠发达地区，包括该转移产业的技术、设备、人才管理等，移入欠发达地区后又重新组成新的产业生产基地。整体移入模式的产业转移还会带来先进的技术、充裕的资金、高效的管理模式等，有助于在短时间内实现移入区域的产业成长，实现经济的快速增长。

（2）内部化转移模式。通过要素嫁接来实现存量激活，整合各生产协作企业，将其并入同一公司，变外部生产协作为内部化分工协作，以节省市场交易费用，提高整体效率。内部化产业转移模式主要表现为高梯度的大企业、大集团甚至跨国公司通过购买低梯度地区的股票、收购或兼并企业，将技术、资金、装备、管理、人才等要素转移嫁接到低梯度地区中缺乏活力、已停产倒闭或濒临倒闭的企业，对其进行改造，将其救活并做强做大，进而带动承接产业转移区域的经济发展。

（3）集群转移模式。产业集群的整体性转移是一整条产业链的转移，包括龙头企业、产业链的核心增值部分和产业链的配套环节，所以也可以称为整条产业链转移模式，它是承接产业转移的最高层次。引进一条完整的产业链对一个地区的产业与经济发展至关重要，已成为一个地区核心竞争力的集中体现。因为培育一条完整的产业链，不仅增强了龙头企业的牵引与拉动的能力，也为产业链意义上的产业园区的打造奠定了坚实的基础。在集群区域内的各产业和企业，因为地理靠近、业务关联、分工协作、相互依存、互为条件，共同形成一个区域生产网络，带来承接区域的经济迅速繁荣。在这种模式中，工业园区是最有可能发展集群经济的形式，因而成为承接集群式产业转移的最佳平台①。

（4）完整价值链转移模式。价值链的概念由波特于1985年首次提出，他认为企业的价值创造过程主要由生产、营销、运输和售后服务等基本活动和原材料供应、技术、人力资源等环节构成，每个环节的增值是不同的。完整价值链转移模式深入分析产业的价值构成、价值来源、价值分布，了解价值链中各环节的进入壁垒和产业链管制状况，对比本区域中的企业在产业链中的定位和获利现状，研究企业目前价值的获取特点；然后结合自身优势，以及本区域特色，挖掘和吸引价值增加潜力较大的核心环节②。实践中包括完整价值链垂直型转移、完整价值链水平型转移；工序型产业转移模式、产业链核心转移模式等。其中，产业链核心转移模式尤其受到重视，即注重产业链中的核心部分的转移，承接产业链中增值最大部分的转移。

（5）承接配套产业模式。承接配套产业模式就是基于承接产业配套环节，注重培育本地核心企业，整合本地资源，力图在承接产业的基础上再造一条产业链。通常来说，产业链的核心部分是增值最大的环节，抓住了这些环节，就抓住了整条产业链，但这些环节一般都被发达地区所控制，欠发达地区很难有机会承接到产业链的核心部分。常见的现象是，发达地区将产业链中的非核心部分，也就是增值较少的环节转移出来，而自己仍然控制着核心环节。承接产业链的非核心部分虽然不能带来较大增值，但仍然能够有所作为。一方面，产业链的非核心部分一般属于产业配套环节，附加值比较低，一般都属于劳动密集型产业，但引进这些环节能够扩大引入区域的就业率，促进本地区剩余劳动力实现本地转移，增加本地居民的收入。另一方面，一些配套环节也进行一定的制造加工活动，本地的工人熟悉这些加工制造工艺后，能够为将来的产业升级做好准备。因此，这种产业转移的模式，其根本目的不是仅仅进行加工制造等低端工作，而在于打下坚实的基础，下一步的工作就是要注重培育本地核心

---

① 陈秋华. 承接产业转移模式——广西北部湾经济区的选择 [N]. 广西日报，2007-06-19.
② 曹鑫. 产业链整合与北部湾经济区承接产业转移的思路 [J]. 沿海企业与科技，2010（10）.

企业，整合本地资源，在承接产业的基础上再造一条产业链。

三、"一带一路"建设下国内外产业转移的机理分析

（一）国际产业转移与国内产业演进

1. 产业转移过程和产业演进

"一带一路"建设下，国际产业转移主要是根据各国相对优势产业来决定产业的转移。各国发展阶段的不同为产业转移提供了可能的路径，只有当两国的发展阶段不同时才会显示出不同的比较优势形成产业转移的基础。当每个国家或者地区相对独立地按照自己的规律和速度进行产业演进的时候，文化、地理、历史和政治制度的差异导致产业演进阶段相互交错，这种时间上的纵向交错恰恰在区位的横向上形成了空间的差异进而引发产业转移。所以，各国自身产业演进过程的不同是产业转移的基本条件，也是产业转移过程与产业演进过程相似的原因。如图2-3所示。

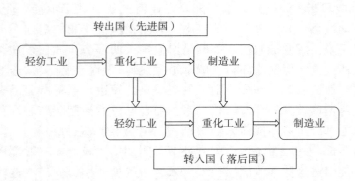

图2-3 国际产业转移规律示意图

2. 产品生命周期与技术垄断

技术是控制产品周期的关键因素，技术投入比重也是控制一个产业走向该地区边际产业的重要因素。当一个产品完成其周期时，这个产业也进入边际产业阶段，能否完成技术创新决定了这个地区是否能进入下一个产品生命周期。新古典增长理论将技术视作公共物品，但实际情况却与之相去甚远，尤其是一

些关键技术被发达国家及跨国公司牢牢掌控着，这就使后发国家在产业演进的过程中难以在发展初期实现技术跨越，只能接受在产业链条中处于低端的生产位置。但是，随着时间的推移，当后发国家逐渐追赶先进国家并累积到一定程度时，后发国家依然能利用前期积累的资本和技术进行技术创新，但这有赖于政府的政策支持。

3. 经济发展水平与比较优势的变化

地区之间经济发展水平的不同会造成其比较优势的不同，这就提供了产业布局可优化的空间。一个地区的产业演进水平通常和这个地区的城镇化水平紧密相连，当产业演进过程与城镇化相互影响，如人力成本优势、基础设施水平和配套能力等因素开始表现出明显的区域差异、两个地区开始出现重合产业时，比较优势的差异便会促成这个产业的转移。

（二）"一带一路"建设下国内外产业转移的影响因素

1. 市场发育程度

在"一带一路"沿线的国家普遍存在市场观念、企业经营理念都相对比较落后的情况，政府的公共服务建设还不够完善，因此这些国家的市场发育程度相对较低。虽然发展中国家有较大的市场潜力，但是市场潜力转化为发展实力受到市场发育程度的影响，与这些国家居民收入水平低、消费水平低等紧密相关。

2. 人力资源质量

经济欠发达国家的劳动力由于受教育水平较低、劳动技能欠缺等因素的影响与发达国家相比，极大缺乏竞争力。"一带一路"沿线地区中，东南亚、南亚、中亚和西亚等多数国家总体教育程度低，导致人力资本存量少，对发达国家和地区先进的观念和技术接受困难，适应时间长、学习和追赶能力有限，劳动生产率的提高较为艰难，从而影响了产业的承接能力。

3. 工业发展的长效机制

"一带一路"沿线多数经济较为发达的国家虽然有一定经济基础和相当的发展空间，但总体处于产业链的中端或末端，创新开拓能力不足，企业的盈利能力有限，产业结构升级缓慢。随着产业升级，企业经营成本压力加大，对承接高层次产业能力显得不足。

4. 产业集群

产业集群通常在发展水平较高、具有完整产业链的地区产生和发展，"一带一路"沿线国家产业发展滞后，产业关联度低，缺乏有效整合，累积循环效应差，多数地区和产业未能形成集群，已有的产业集群竞争能力弱。同时，高新技术产业占比较低，企业自主创新能力不足，科技研发水平较低，研发投入不足，科技创新差距大，消化能力弱，与发达国家相比还有很大差距。

5. 生产要素

从生产要素方面来看，"一带一路"沿线国家仍处于基础设施和基础服务较为薄弱的状态，天然气、煤炭、电力、柴油等要素供应不畅，拉闸限电以及由此带来的生产影响非常突出，交通条件和运输能力也很弱，基础设施严重约束生产的快速增长。此外，石油、铁矿石、棉花等大宗商品价格起伏不定，价格震荡也导致欠发达地区原材料购进价格指数和工业品出厂价格指数呈现先涨—后跌—再涨的态势，企业对需求预期的调整严重加剧，在很大程度上影响着企业正常生产经营。

6. 市场需求与承接产业偏差

市场需求的拉动是产业转移的一个重要动因，企业发展需要市场需求规模的支持。当产业在先发国家发展瓶颈或者贸易壁垒等障碍时，很难通过简单的市场扩张来突破发展瓶颈，从而采取产业转移来打破僵局。这种基于跨区域扩张市场产业转移在很大程度上受到产业承接国家市场需求规模的影响，即受到市场规模、购买力水平等因素的影响。"一带一路"沿线虽然国家众多、人口密集，但总体经济发展滞后，购买能力低，约束市场发展，对移入产业的正常扩张相当不利，很多产业需要较长的时间积累和拓展，转移速度受限。

四、研究方法与主要内容

（一）研究方法

1. 基础研究和应用研究相结合

本书首先涉及基础研究。在"一带一路"建设与国内外产业转移的相关理论基础上，依托云南在"一带一路"建设中的现实经验与路径探索，补充、丰富和发展了产业转移的理论，对国内外产业转移理论有了一定程度综合性的提升。

本书在实现一定基础研究的前提下，重点进行了具有现实意义的应用研究。第三章、第四章、第六章、第七章都是以云南现实为例，聚焦云南承接产业转移，云南向南亚、东南亚产业转移，瑞丽重点开发开放试验区与河口口岸产业的转移等现实问题，分析"一带一路"建设实践中面临的现实重大问题，对推动"一带一路"建设与推动国内外产业转移提出了具体可操作的对策建议，应用研究较为深入，实现了基础研究与应用研究相结合的综合研究方法。

2. 定性研究与定量研究相结合

首先，本书采用了定性研究方法。一是通过对国内外的产业转移理论及相关资料的梳理，归纳总结了产业转移的动因及几种模式，为"一带一路"建设中云南的产业承接和转移明确了理论基础和方向。二是通过定性分析云南及周边国家在"一带一路"中的优势和面临的挑战，总结云南在承接产业和向南亚、东南亚转移产业方面的经验做法，并针对现实问题提出有方向性的对策建议。三是选取具有代表性的瑞丽重点开发开放试验区和河口口岸，通过观察、调研等途径获取了第一手资料，并进行分析研究。

其次，本书采取了定量研究。一方面，对于云南承接产业的情况，向南亚、东南亚产业转移情况进行了大量数据收集分析，并作为云南在"一带一路"建设中产业承接与转移分析的重要数据支撑，通过定量研究使得研究观点与结论更具准确性与科学性。另一方面，课题第五章运用了引力模型对云南产业承接转移情况进行了定量研究，第七章对河口产业承接转移与地区经济之间采用定量研究方法进行了相关性分析。因此，本书采用了定性研究与定量研究相结合的研究方法。

（1）引力模型。引力模型（Gravity Model）是应用广泛的空间相互作用能力模型，即用来分析和预测空间相互作用能力的数学模型。该模型已经被广泛应用到各种学科领域中，其中比较常见的是国际贸易学说。在国际贸易学说中，引力模型是指两个国家之间的单项贸易流量与其各自的经济规模（GDP）成正比，与两个国家之间的距离成反比。

（2）相关性分析。本书对河口产业转移的相关因素进行相关性的分析，确定当前影响河口产业转移的最主要因素是什么。应用引力模型假设，一个国家或地区吸引的外部资金主要受经济规模、市场规模、空间距离还有一定政府行为的影响，所以自变量主要选择河口 GDP 总量（代表经济规模）、消费品零售总额（代表市场规模）、地方公共财政支出（代表政府行为），通过计量分析得出，河口当前在产业转移中地方政府财政支出有较明显的作用，而代表经济规模的 GDP 和代表市场规模的消费品零售总额影响都不显著。

3. 理论研究和实证研究相结合

本书主要采用了理论研究与实证研究相结合的方法。一方面，通过文献分析法以及对云南国内外产业承接转移的现实问题研究，丰富了产业转移的相关理论。另一方面，更多采用实证研究方法，以云南在"一带一路"建设过程中产业承接和转移为研究对象，具体分析云南承接产业和向南亚、东南亚产业转移过程中面临的问题，同时选取具有典型代表的瑞丽重点开发开放试验区和河口口岸进行实证研究，在一定程度上丰富和发展了产业转移理论，同时也为云南在"一带一路"建设中产业的成功转移与承接提供了具有现实意义、可操作性强的对策建议。

（二）主要内容

本书内容共七章专题。第一章主要论述了"一带一路"倡议与国内外产业转移的关联影响，可以明确，产业转移是有效实现"一带一路"倡议目标的重要路径。第二章对国内外产业转移的理论进行了梳理，并对"一带一路"建设进行了机理分析，把握产业转移的理论并遵循产业转移的规律，结合"一带一路"沿线国家所处的发展阶段、生产能力和市场需求，建立良好的沟通联系，有助于产业转移并带动经济发展。第三章重点研究"一带一路"建设中云南承接产业转移问题，目前云南省承接产业转移居于产业链的中低端，与全国其他省份相比，经济基础和技术条件比较差，承接产业转移面临着竞争，或提供能源、资源、原材料或以加工制造为主，在国际分工中不占优势。因此，云南省承接产业转移既有促进产业结构优化和产业升级、优化出口结构、促进技术进步等正面经济效应；也有价值增值低、技术依赖严重、环境污染严重等负面消极效应。应认真分析、定位，采取措施积极发挥正面效应，规避负面效应。第四章主要聚焦"一带一路"建设中产业向东南亚、南亚转移研究，云南产业向东南亚、南亚转移需要一大批拥有境外投资实力企业的成长，需要不断增强企业的国际化经营能力。这就要求多方支持和助推云南企业以多种方式走进东南亚、南亚国家市场。第五章应用产业转移的引力模型对云南产业转移进行实证研究，云南要加大产业承接能力，改善和提升交通通达条件是最重要的方向，产业转入转出地之间的经济距离对产业转移引力影响较大。第六章主要对瑞丽重点开发开放试验区的产业转移情况进行研究，近五年来，瑞丽在承接国内劳动密集型产业、制造业，面向缅甸和孟加拉湾地区开展经贸合作等方面取得了重要突破。第七章主要对云南河口口岸产业转移情况进行实证研究，河口口岸在产业转移中，要结合自身特点，发挥比较优势，不完全模仿东部沿海地区走过的老路，可以在一定程度上探索新的发展模式。河口产业转移中要注重向外转移的重要性；在园区发展导向上，可以适时增加资源进口，利用先行先试尝试建立进口加工区；在引进外部资金上，应以吸引内资为突破口，打破资金恶性循环，积极承接东部的产业转移；在发展外向型经济中，可以改变评价标准。最后，本书总结了主要研究结论并提出了思路和对策建议。如图 2-4 所示。

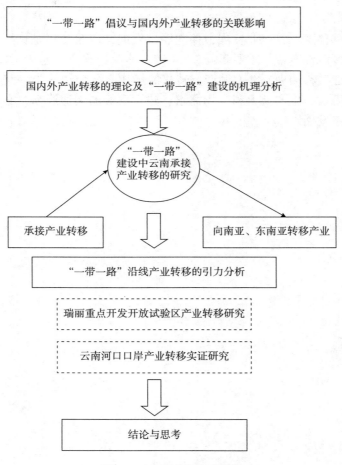

图 2-4　主要研究内容框架

本章小结

产业转移伴随世界产业发展，伴随经济发展，产业转移是长期的，对转出区域和转入区域都会带来重要影响。"一带一路"建设必然也伴随着产业转移。分析把握产业转移的理论并遵循产业转移的规律，结合"一带一路"沿线国家所处的发展阶段、生产能力和市场需求，建立良好的沟通联系，有助于产业转移并带动经济发展。

第三章
"一带一路"建设中云南承接
产业转移的研究

建设连接沿线各国的经济带,促进区域内外要素资源流动,这是"一带一路"区域合作的主要作用之一。在沿线地区,我国的许多企业具有技术、品牌和市场营销优势,有利于充分利用当地的劳动力等资源优势,形成跨境生产网络,提升跨境整合要素资源的能力和国际化经营水平。"一带一路"建设也是国内区域经济结构调整的大战略,它可以让省际间优势互补,相互促进,释放更大潜力。

过去十年,中国经济的高速增长主要来自两大红利的驱动。从供给端看,较多的人口和丰富的廉价劳动力形成了人口红利,加之对储蓄的偏好共同推升了储蓄率和潜在的经济增速。从需求端看,经济全球化带来了外需的爆炸式增长和对外开放引发外资的大量涌入,依靠外向型增长模式获得长足发展。目前来看,内外两大红利正在加速衰退,这势必导致中国经济从高速增长向中高速增长换挡,结构优化成为新一轮改革的主导方向。发达地区企业面临着高劳动力成本及国际竞争的压力,"一带一路"倡议的提出,为发达地区产业转移提供了很好的渠道。

当前,随着云南省被纳入"一带一路"、沿边开放、沿边金融综合改革实验区等,滇中新区落地和把云南建设成为面向南亚、东南亚辐射中心等一系列国家级战略规划,云南紧紧把握机遇,加大对两种资源、两个市场的利用,努力融入区域经济一体化和全球化,跟国际产业分工接轨,在新的价值链体系中找到自身定位。同时,以此轮产业转移为契机,也将加速推进云南省工业化进程。因此,承接有利于云南经济社会环境发展的东中部产业转移,对外探索沿边开放的有效路径,是云南省主动融入"一带一路"经济带建设迫切需要研究解决的问题。

一、"一带一路"建设中云南承接产业转移的优势

2013 年以来，云南省抢抓"一带一路"建设的机遇，顺应大开放、大发展的大趋势，主动扩大开放程度，积极参与国际分工，主动承接产业转移，提升国际发展要素集聚力。当前，从云南承接东部产业转移的吸引力、选择力、支撑力和发展力等方面来分析，云南具有以下比较优势。

（一）区位优势

云南地处"一带一路"建设的前沿，具有"东连黔桂通沿海，北经川渝进中原，南下越老达泰柬，西接缅甸连印孟"的独特区位优势，云南是"一带一路"沿线国内区域中具有突出地缘优势的省份之一。近三十多年来，云南与南亚、东南亚不少国家存在双边的、多边的、区域的合作机制，如大湄公河次区域合作、中国—东盟自由贸易区、孟中印缅经济走廊、中国—中南半岛走廊等，早有互通的概念，基础很好。"一带一路"建设正在把已经形成的亚太经济合作推向更高的层次，云南这样的省份也由一个国家内部的"边缘区"转化为新区域范畴中具有发展潜力的"核心区"，达到双方或多方共赢的目标。当前，随着云南"五网"基础设施加快建设，国际大通道、跨国大通路的逐步成型，云南的区位优势进一步凸显，对于打通中国面向印度洋的出海口，扩大与中亚、欧洲、非洲的经贸往来和人员交流，给推动"中国—中南半岛经济走廊"和"孟中印缅经济走廊"建设，促进区域经济可持续增长，带来了设施联通、贸易畅通的机遇。云南作为连接国内与国际两个市场的中枢，在中国与南亚、东南亚产业相互转移过程中可以发挥巨大作用。

（二）资源优势

云南是中国资源最富集的省份之一，资源总量居中国各省区市第六位。云南素有"有色金属王国"之称，有色、黑色、稀贵金属和非金属矿产资源有142 种，资源储量居全国前 10 位；生物资源是云南最具特色、最具优势的资源，拥有全国 63% 的高等植物、70% 的中药材、59% 的脊椎动物等物种资源；拥有约 1 亿千瓦的水能资源，居全国第 2 位，可开发装机容量 9570 万千瓦，居

全国首位①。风能、太阳能、生物质能等一批新型能源也具有创造产业全国领先优势、赶上国际产业发展步伐的良好条件。这些都是产业发展正常运行必不可少以及产业扩张的紧缺资源。近几年来，云南已经培育出多个自主产业，支柱产业如烟草、水电、生物、旅游产业进一步巩固提升，新兴产业如信息技术、先进装备制造、新材料与冶金中不少技术保持了国内外领先水平，为云南省经济新支撑带的产业梯度转移提供了良好的基础和有利的条件。

（三）发展潜力优势

2013 年以来，云南生产总值（GDP）均高于全国平均值。经济发展势头良好，仍有很大的上升空间。同时，云南也面临着产业的转型升级，有资金、技术、人才提升的需求，也需要来自发达地区参与本省经济建设的需求。另外，"一带一路"沿线经济有着较大的发展潜力，诸多经济增长指标好于全球，如经济增长率、贸易增长率和投资增长率。缅甸、老挝、越南已成为云南境外投资的最大对象国。云南今后将以南亚、东南亚周边国家为重点，以促进产业转型升级和新兴产业培育为核心，推进国与国之间互惠互利，合作的空间很大。近几年来，云南进出口贸易额大幅提升，跨境经济合作区、开放开发实验区相继建立，对发达省份和外资也具有很大的吸引力。

（四）成本优势

相对于沿海发达地区，云南具有一定的成本优势。虽然劳动力成本在不断上升，但工资水平相对偏低，仍然具有一定的劳动力优势。根据国家统计局公布，全国 31 个省份 2017 年居民人均可支配收入情况，共有 10 个省份居民人均可支配收入超过全国平均水平（25974 元），其中 7 个省份人均可支配收入超过 3 万元大关，全部位于沿海地区；京沪两大直辖市的人均可支配收入已超过 5.7 万元，迈向 6 万元大关。有 7 个省份的居民人均可支配收入低于 2 万元，均位于西部地区，云南是其中之一，可支配收入为 18348.34 元。在用地成本方面，云南省政府支持投资高新技术、基础设施建设、生物资源开发、矿产资源开发、旅游资源开发以及高创汇、高税收的项目，云南省将按国家法定最低标准收取征用土地的各项费用；投资能源、交通、环保、水利、教育及社会公益事业建设的外来投资企业，将以行政划拨方式供给土地，征用土地的补偿费也按法定

---

① 郑维川，王兴明. 云南省情 [M]. 昆明：云南人民出版社，2009.

的最低标准收取。为减轻外来投资企业的投资成本，云南省政府还对土地出让金采取有利于投资企业的处置办法。如外来投资企业如果一次性缴纳土地出让金有困难，可以分期付款，首期付款 25%，余款可在五年内付清。对属于政府鼓励投资的产业，将土地出让金的地方政府应得部分按一定比例返还给外来投资企业，或者折成地方政府股金，参与投资经营等。

（五）开放合作优势

从国内合作来看，云南参与泛珠三角区域合作已有多年，效果显著。2016年，云南省政府印发《关于贯彻落实国务院深化泛珠三角区域合作文件的实施意见》提出，云南省要加快完善与周边国家和周边省（区、市）的产业分工协作体系，依托高铁经济带优化区域空间布局，培育先进产业集群，推动产业转移和产能合作，搭建统一市场，实现泛珠三角区域间资源共享；沪滇合作也有多年的基础，2018 年，云南省招商局出台《沪滇经济合作行动计划》，结合"行动计划"中提出的进一步加强沪滇经济合作的工作思路目标和重点举措，尤其是产业转承长效合作机制、建设沪滇产业互补转移示范区、共建产业扶贫合作示范区、共建沪滇产业园区等事项，促进上海产业向云南省转移，助推云南省产业结构转型升级。从国际合作来看，云南作为参与 GMS 合作的最前沿和主要省份之一、积极参与孟中印缅经济走廊建设、积极参与打造中国—东盟自由贸易区升级版等一系列行动，稳步提升了云南与周边国家双边、多边合作的水平，也为产业转移打下了深厚的区域合作基础。

二、当前云南省经济发展情况与承接产业转移的主要成效

（一）当前云南省经济发展情况

2017 年，云南省国民经济稳中有进。全省生产总值（GDP）为 16531.34亿元，比 2016 年增长 9.5%，高于全国 2.6 个百分点。其中，第一产业完成增加值 2310.73 亿元，增长 6.0%；第二产业完成增加值 6387.53 亿元，增长10.7%；第三产业完成增加值 7833.08 亿元，增长 9.5%。三次产业结构由 2016

年的 14.8∶38.5∶46.7 调整为 14.0∶38.6∶47.4。全省人均生产总值达 34545 元，比 2016 年增长 8.8%。非公经济增加值实现 7798.15 亿元，占全省生产总值的比重达 47.2%，比 2016 年提高 0.4 个百分点。[①]

经济运行主要呈现农业生产稳定，产业规模和产品质量提升；工业经济平稳增加，工业结构向新能源、绿色食品、加工业等方向发展，大中型企业生产加快。投资保持快速增长，第一产业和第三产业投入增加，对就业支持也较大。

（二）承接产业转移的主要成效

近年来，云南省主动服务和融入国家"一带一路"建设，积极推进辐射中心建设，不断优化产业发展环境，精准把握沿海地区产业转移的空间"拐点"和时间"节点"，积极承接产业梯度转移，立足重点产业发展需求，制定云南与重点区域产业合作和承接产业转移方案，主动出击，加强资本引进、渠道建设及市场对接，深度开展资本和产业合作，形成互动开放、产业融合、优势叠加的良好格局。最主要的成效就是在承接产业转移中逐步推进产业结构调整和升级。通过引进国内知名龙头企业，对推动云南相关产业升级和发展起到了重要的作用。在承接产业转移项目中，由早期的以劳动密集型、资源开发型为主，发展到目前以劳动密集型、资源开发型、资金密集型、技术密集型并存的格局；产业领域也不断拓宽，在引进产业的同时，也引进了先进技术、先进的管理经验，促进了当地思想观念更新。

1. 引进省外资金五年翻番

2013~2017 年到位省外资金分别为 3932.6 亿元、5486.5 亿元、6488.5 亿元、7415.5 亿元、8486.6 亿元。每年引资总量都有所增长，五年中已经翻番（见图 3-1）。2017 年，第一、第二、第三产业省外到位资金的占比为 13∶35∶52，与 2016 年同期相比，第三产业省外到位资金比重继续保持上升趋势，同比增长 81.2%，全省引资结构不断优化。主要引资产业前五位，共到位 5745.7 亿元，占全省省外到位资金总额的 67.7%。

制造业，房地产业，农林牧渔业，水利、环境和公共设施管理业，交通运输、仓储和邮政业，卫生和社会工作，居民社区服务、维修等其他服务业，信息传输、软件和信息技术服务业，体育、娱乐业为主的文化行业等都得到了外来投资的重视。省外到位资金同比增幅超过 25%；传统优势产业到位省外资金 4282.7 亿元，同比增长 16.3%；工业、文化产业分别到位省外资金 2734.1 亿元

[①]　数据来源于《云南省 2017 年国民经济和社会发展统计公报》。

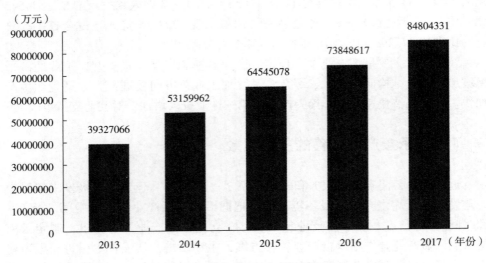

图 3-1　云南近五年引资情况

和 658.7 亿元，同比分别增长 2.9% 和 78.6%。①

2. 引进资金集中投向二三产业

2017 年，云南省实际利用外资 9.63 亿美元，同比增长 11.1%，对外实际投资 18.2 亿美元，增长 13%。进出口总额完成 1578.66 亿元，与东盟贸易额 884.7 亿元，占全省外贸额的 56%，其中，缅甸、越南、老挝是云南与东盟的前三大贸易国。第二产业成为外商投资的重点领域，制造业，电力、燃气及水的生产及供应业分别排名第一、第二，高原特色农业引进外资进一步增强，现代物流业引进外资增长较快，全省外商投资产业结构进一步优化。香港地区是外资的主要来源地，此外，亚洲及欧洲国家投资的比重也比较大。

3. 各州市引资能力提升

2017 年，引资额前五位的州市共到位省外资金 4525.4 亿元，分别为昆明、曲靖、临沧、红河、玉溪，占全省省外到位资金总额的 53.3%，省会昆明发挥了全省利用外资的带动作用，到位省外资金 1225.6 亿元，占全省省外到位资金总额的 14.4%；新批外商投资企业 115 户，实际利用外资 8.01 亿美元，同比增长 8.29%，占全省实际利用外资总额的 83.18%；昆明成为云南省承接产业转移的核心区域，"一带一路"沿线有 6 个国家在昆明投资，新设企业 19 户，同比增长 72.73%。曲靖和临沧省外到位资金额均超过 800 亿元，红河和玉溪省外到

① 数据来源于云南省招商局。

位资金额均超过 700 亿元。从省外到位资金同比增幅来看，增长 20% 以上的有楚雄、保山、玉溪、临沧 4 州市；增长 15%～20% 的有丽江、文山、昭通 3 州市；增长 11%～15% 的有普洱、西双版纳、红河、德宏、曲靖、怒江、昆明 7 州市。① 如图 3-2 所示。

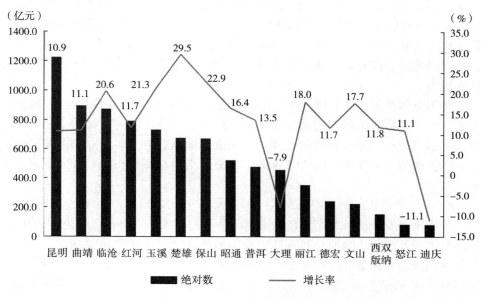

图 3-2　2017 年云南各州市引资情况

4. 承接产业来源广泛

云南省持续加大与重点区域经济合作交流及招商引资力度。根据招商部门统计材料：2017 年，泛珠三角内地 8 省区、长三角和京津冀来滇投资继续保持稳定增长势头，分别到位资金 3909.3 亿元、1435 亿元和 1595.8 亿元，较 2016 年同期分别增长了 17.1%、11.7% 和 2%。北京（含央企）、四川、广东、浙江、福建位居外省份来滇投资到位资金前 5 位，共计位 4942.2 亿元，占省外到位资金总额的 58.2%。沪滇经济合作更趋活跃，上海在滇实际到位资金 367.3 亿元，同比增长 86%。陕西、广西、湖北、山东、安徽、江西、湖南、河北等 18 个省份的到位资金同比增幅超过 30%。②

5. 承接产业重点突出

近年来，云南省制定了稳增长政策持续支持加工贸易企业发展，打造了良

①② 　数据来源于云南省招商局。

好的营商环境,在土地供应、厂房租金、物流及融资担保等方面大力扶持可带动全省加工贸易提质增效的大项目,推出了"一企一策""放水养鱼"等多项举措,主动承接沿海地区产业转移,尤其是针对本地市场需求的贵金属加工、珠宝加工,针对周边市场需求的服装、箱包、玩具、电子消费类等,取得积极成效。据海关统计,2017年全省加工贸易进出口197.4亿元,较2016年增长了73.4%。与此同时,全省各部门多渠道、多方式开展加工贸易产业转移招商引资工作,各州市强化平台建设,积极协调重点企业开展加工贸易,鼓励企业扩大进出口贸易。随着新签项目逐步落地,全省加工贸易还将有进一步发展的空间和潜力。

作为全国西部省区首批加工贸易梯度转移重点承接地,昆明市早在2009年就出台了《昆明市人民政府关于加快承接沿海加工贸易产业转移的实施意见》,就园区承接转移、加强基础设施建设、探索新的监管方式、建立国际采购配送中心等方面的集中发力。昆明完成加工贸易进出口总额约占全省加工贸易总额的58%。

6. 八大产业在承接中率先发展

云南重点发展的八大产业包括生物医药和大健康、新材料、先进装备制造、食品与消费品制造、高原特色现代农业、旅游文化、电子信息及物流,其中新材料及先进装备制造业的发展比较瞩目。统计显示,2017年,云南省规模以上原材料企业1366户,总资产6487亿元,主营业务收入5425亿元,实现增加值965亿元,是全省除烟草、能源外的第三大支柱产业。2016年,云南省新材料规模达501.5亿元,已成为云南省最有发展潜力的战略性新兴产业之一。目前,云南省新材料产业基本形成了以昆明为核心的贵金属产业集群、锗产业集群、光电子产业集群;以滇中新区为中心的钛产业集群、锡产业集群;以曲靖宣威市为核心的液态金属产业基地。基本形成了新材料标准体系、新材料企业产品认定、新材料测试认证、新材料首批次应用保险试点等较为完备的新材料产业发展保障体系。2016年,云南省规模以上先进制造业企业410户,实现主营业务收入832.63亿元,比全省规模以上工业增速高34个百分点,完成投资210.5亿元,同比增长20.6%。新能源汽车、发电及输变电设备、数控机床等对东南亚地区形成了比较优势。大型铁路养护机械、自动化物流装备、红外及微光夜视系统、远程医疗设备等少数高端装备和电子产品在国内外处于领先地位。装备制造业正加快进入云南工业支柱产业行列。

2016年,云南省级督办的268个重大招商引资活动签约项目中,有162个为八大重点产业项目,占60.4%。其中,生物医药和大健康产业18个,旅游文化产业50个,信息产业8个,现代物流产业18个,高原特色现代农业43个,新材料产业 9 个，先进装备制造业 10 个，食品与消费品制造业 6 个。总投资 10 亿元以上项目 91 个，占项目总数的 40%。①

7. 承接产业的数量及质量同步升级

2017 年，云南省正在实施的投资额亿元以上招商项目有 4611 个。随着一批重点产业项目的落地，招商引资对全省结构调整的支撑作用更加凸显。美国 GE 医疗集团、德国费森尤斯公司等 10 家世界 500 强企业相继布局云南；复星集团、宝能集团、保利集团、康美药业、西安隆基等一大批中国企业 500 强及行业龙头企业与云南省的合作有效推进；北汽集团、新华集团、同程旅游、普洛斯公司等在滇投资项目取得进展；比亚迪集团、华强方特集团、首旅集团、宜家家居、丰树集团、颐高集团、汇源集团、中丝集团、京东方等纷纷签约落户；亿利资源、正威集团、物产中大、浙江农发、杭州新天地、法国迪卡侬集团等引进步伐加快，招商引资的质量不断提升，推动产业向中高端转变，调高产业配套水平，形成经济发展新动力，实现了招商引资与云南省产业转型升级的深度融合。

8. 承接产业的区域从滇中扩展至沿边县市

从跨境区域合作及沿边开放情况看，经过多年的努力，云南已形成了大湄公河次区域、孟中印缅次区域两大合作机制，建立了云南—越北、云南—老北、云南—泰北等合作机制。建设了瑞丽重点开发开放试验区、临沧边境经济合作区、红河保税区、云南沿边金融综合改革试验区等平台，吸引各类企业到沿边地区投资建设矿产品、生物资源开发、农产品深加工项目及汽车摩托车组装、轻纺加工、医药产业、饮料生产、机电装配、五金家电、电子产品等出口加工项目。支持有实力的国内外企业在沿边地区发展主要依托国外资源、能源、市场等"多头在外"的化工、矿产、有色金属、新材料等清洁载能产业。支持外来资本投资建设资源在外、市场在内的珠宝玉石、木材、农产品、海产品、橡胶深加工等产业。如 2013~2016 年瑞丽重点开发开放试验区新增入驻企业 1814 户，主要涉及制造业、金融、批发零售及现代服务等行业，累计减免企业所得税地方分享部分 9017 万元。以"两车一机一电"为主打的装备制造业从无到有，新兴装备产业年产 20 万台的液晶面板、10 万部智能手机等项目先后建成投产。已经在本土建成拥有航空、汽车、摩托车、农机、电视、手机等现代工业装备制造业及家电、生物、旅游、贸易为一体的相对完备的现代产业体系，产业基地建设卓有成效；云南临沧国家级边境经济合作区入驻边合区企业达到

---

① 2017 年云南重点产业招商强势推进 ［EB/OL］. 云南网络广播电视台，http：//news. yntv. cn/content，2017-03-07.

268 户，其中外贸进出口企业 30 户。

三、"一带一路"建设中云南承接产业转移的经验

在"一带一路"倡议的建设中，云南不断加大基础设施建设，加快构建开放型经济新体制，不断加强"五通"，在招商引资、全面提升开放合作水平、国际经济走廊建设、国际产能合作等方面进一步彰显"云南元素"，创造了承接产业转移的可借鉴、可复制的云南经验。

（一）创新承接模式——引进企业

近几年来，云南省在招商引资方面下足了功夫，不断创新招商方式。

1. 以商招商

鼓励异地商会在云南建立驻所，引导异地商会及其原籍省企业加大对云南省园区、县域和民营经济的投资力度。当前已发展外省驻滇商会 31 家，商会会员企业达 7000 余家，成为云南省与其他省（区、市）加强经济联系、促进投资合作的重要平台。2017 年民企投资成效较为突出，省外民营企业对云南投资继续保持稳定增长势头，投资领域日益拓宽，逐步从冶金、采矿、旅游等传统产业，转向生物医药、现代物流、先进装备制造等新兴产业。民企全年共在滇实施合作项目 8572 个，实际到位 6502.3 亿元，同比增长 21.3%，占全省省外到位资金总额的 76.6%。另外，央企和省外国有控股企业在滇分别实施合作项目 285 个和 354 个，实际到位资金分别为 825 亿元和 1047.6 亿元，分别占全省省外到位资金总额的 9.7% 和 12.3%。[①]

2. 园区平台

云南省一直把园区作为承接产业转移的主阵地、项目建设的主战场，把重点项目、重要资源、重点产业优先向重点园区倾斜，近几年来，各个园区不断改善招商引资的软硬环境，资源和产业优势得以体现，园区管委会普遍实行"一条龙服务，一个窗口对外，一枚公章审批"，以及重点项目领导联系制、跟踪服务制等，园区正在成为吸引项目多、产业集聚快、发展环境好、营运成本低、竞争能力强、就业容量大的经济增长群。

---

① 数据来源于云南省招商局。

3. 产业链接

从强化重点产业引资激励机制、加强对重点产业项目投资的资金倾斜、强化政策引导和要素保障、完善重大招商项目督导机制四个方面，以外资外企、民资民企、央企和创新型企业为重点，并整合引进领军企业、关联企业、配套企业和研发机构，聚焦新型工业、高原特色农业、金融、新能源、养老健康服务等产业，加强对产业链招商的分析研究和重大项目的组织推动，加速项目引进和产业聚集。2017年省外到位资金在第一、第二、第三产业的分布比例为13：35：52，制造业，房地产业，农林牧渔业，水利、环境和公共设施管理业，交通运输、仓储和邮政业位居行业引资前五位，共到位5745.7亿元，占全省省外到位资金总额的67.7%。

4. 实地推介

通过"走出去"的方式组成招商团，带着明确的项目，利用国内外知名展会、举办专项推介会等形式与发达地区进行对接，相互交流，介绍云南承接产业转移的优势，吸引省外企业到云南投资，实行精准承接。通过这种形式，进一步扩大了云南资源优势影响力，精准对接了拓展合作领域，推动了合作项目的实质性进展。

5. 沿边中转

"一带一路"规划、"沿边金融"开放等国家战略规划与实施，为沿边州市加快推进招商引资创造了条件。近几年来，云南省不断加大政策力度支持沿边州（市）优化投资环境，扩大投资领域，加速特色优势产业聚集，打造沿边开放新高地。2014年以来，先后建成临沧边境经济合作区、云南河口口岸产业园区等，这些区域成为东部产业对外转移的中转区。

6. 互联网解析

创新"大数据+招商引资""互联网+招商引资"工作模式，做好"云南省招商大数据公共服务平台"建设，该平台包含全省重点产业项目、全球重点企业、科研机构、金融机构等数据内容，通过数据的采集、分析、计算等丰富招商引资数据内容，实现数据寻商、数据引商、数据助商，达到"为项目寻找投资商、为投资商寻找项目"的目标，形成全省招商引资工作的"一盘棋、一张网、一体化"格局。

7. 驻外沟通

云南省驻国（境）外商务机构结合自身职责做好引进外资工作，强化与国（境）外商会、行业协会和咨询机构的合作交流，拓宽与世界500强企业对接渠道，推介重点产业招商引资项目，组织境外企业来滇考察洽谈，增强重点产业引进外资成效。

（二）强化园区建设——留住企业

产业园区是承接产业转移的主阵地。经过多年的建设，云南省产业园区已经进入高速发展阶段。云南依托区域内国家级、省级开发区，建设承接产业转移示范区和加工贸易梯度转移承接地，积极承接国际和国内中东部地区资源加工型、技术密集型和出口导向型工业转移，构建面向周边市场的出口加工基地，打造外向型特色优势工业体系。以省会昆明为中心，昆明经济技术开发区、昆明高新技术产业园区、云南嵩明杨林经济开发区、昆明综合保税区等成为云南省承接东部地区产业转移的重点园区。2016 年 10 月，昆明在云南省率先推行外商投资普遍备案、有限核准的管理制度，外商投资便利化程度明显提升，直接投资逐步从传统领域向新型制造业、现代服务业、公共设施、高原优势产业发展。州市各园区也成为产业转移的主要平台。

——昆明经济技术开发区：集聚了以装备制造、电子信息、生物医药、食品饮料和烟草加工及配套等为主导的产业集群，是云南省唯一集国家级经济技术开发区、国家出口加工区、国家科技兴贸创新基地和省级高新技术产业开发区于一体的多功能、综合性产业园区，在西部国家级经济技术开发区中已经跃居上游水平。

——昆明高新技术产业区：集中发展生物医药、IT 及现代服务业和新材料及先进装备制造业三大产业集群，园区产业呈现集群式、专业化、特色型发展的态势。2017 年，昆明高新区重点招商引资 8 个项目，总投资 146 亿元。这些项目主要集中在生物制药、健康管理、疫苗生产、健康特色小镇、现代食品加工、创新服务体系等生物医药大健康产业细分领域。

——云南嵩明杨林经济开发区：是云南省政府全力打造的 10 个销售收入超千亿元的园区之一。园区按照"1+4"的产业布局，以汽车制造及零部件配套产业为核心支柱，以装备制造、食品饮料、新材料、信息化四大产业为引导，先后引进了重庆长安汽车、台湾康师傅食品、沈阳机床、王老吉等一批大企业集团入驻发展。目前入园企业达 231 户，其中世界 500 强企业 8 户，中国 500强企业 11 户，规模以上企业 84 户，亿元以上投资企业达 75 户。

——昆明综合保税区：作为云南省外向型经济发展的重要平台，拥有完备的交通运输网络，坐拥国家第四大门户枢纽机场——昆明长水国际机场，与珠三角、长三角、京津冀等地区以及南亚、东南亚国家人员及货物往来便利，是云南省建设面向南亚、东南亚辐射中心的"助推器"和"辐射源"。园区集保税区、出口加工区、保税物流区、港口等功能于一体，大力发展国际中转、配送、采购、转口贸易和出口加工等业务。

——蒙自经济技术开发区：位于云南省南部、红河州中部，处于祖国西南和东南亚国家两大"扇面"的交汇点和昆河国际经济走廊的中心节点，是我国第一批外贸转型升级示范基地和云南省第一批重点工业园区，也是中国面向东盟开放桥头堡建设中最大最近的开发区，是云南省10个千亿元园区之一。"十二五"期间，通过承接一批东部转移产业，引进了一批全国乃至世界500强企业，促进了经开区产业的升级转型。2016年6月，经国家发展和改革委员会确认为长江经济带国家级转型升级示范开发区。园区坚持产业集群化发展路径，钢铁、冶金、能源化工、生物资源、建材、机电六大支柱产业培育已基本形成，同时，新能源新材料、装备制造、纺织服装、现代物流等产业正在加快推进。蒙自经济技术开发区还开创了"园中园"建园新模式，昆钢红河产业园、云锡产业园等园中园建设项目已初具规模，科技孵化园、电子信息产业园等正在推进。云南省第一家综合保税区——红河综合保税区便坐落在蒙自经开区冶金材料加工区，其功能定位为西南地区面向东南亚和走向亚太的口岸物流中心、保税物流基地、保税加工园区和生产性服务贸易平台。目的就是吸引优质资源、承接东部产业转移、推动产业转型升级、辐射周边国家和地区。除享有综保监管、税收、外汇管理优惠外，另推出进出口奖励机制吸引投资。集保税物流、国际贸易、加工制造、研发检测四大功能于一体，可开展国际采购分销和配送、国际转口贸易、国际中转、商品展示、检测和售后维修服务、研发加工制造、存储进出口货物和其他未办结海关手续的货物等各项业务，是全国功能最全的综保之一。

——曲靖经开区：重点发展生物医药、电子信息、纺织服装、新能源汽车及配套四大产业。一大批国内外有影响力的龙头企业入驻园区，如康恩贝、博浩生物、家乐福、红星美凯龙、王老吉等。致力于打造成为全球特色生物资源产业化示范区，西南地区电子产品生产贸易基地，面向东南亚、南亚纺织服装产业出口加工基地，绿色低碳新能源汽车及配套产业基地。

——保山工贸园区：保山工贸园区成立于2012年，总体规划面积60平方千米，遵循"产城融合、产业引领、创智创新、错位发展"的理念，以点轴带动、多元复合、低碳永续为目标，重点布局轻纺、电子信息及大数据两大支柱产业和新材料（硅基产业）及装备制造、生物资源加工等五大产业。2016年以来，为破解工业发展要素保障的瓶颈，突破行政区域划分对产业发展的束缚，推动优势产业集群集约、快速协调发展，保山工贸园区与隆阳区、腾冲市、施甸县、龙陵县、昌宁县共建"园中园"，该"园中园"模式解决了经济指标和税收的地方归属问题，极大提高了区域内产业集聚的可能性，并通过专业化分工，推进园区的集群式发展。经过近年来的快速发展，园区完成开发面积 10 平方千米，入驻企业 133 户，规模以上企业 53 户，直接或间接解决就业 8000 余人。目前，园区已被列入全国纺织产业转移试点和示范园区、云南省第一批省级小企业创业示范基地、云南省高新技术产业开发区、国家知识产权试点园区，同时，被列为重点打造的"千亿产业园区"之一。

——砚山工业园区：将园区划分为承接产业转移加工区、生物资源加工区、三星坝新型产业区、循环经济产业区，并以园区承接产业转移加工区建设为重点平台，主动承接以深圳为代表的东部地区产业转移，提供 3 年免租的符合转移企业要求的标准厂房、提供给企业技术骨干补助，由最初的承接玩具、服装等劳动密集型产业过渡到现在承接汽车导航电子产品等技术性产业，并规划了汽车整车厂配套、全国最大车载终端数据平台产业承接目标。以期形成优势互补、错位发展、上中下游有效连接的产业链。

（三）完善政策措施——助力企业

近几年来，云南省不断深化招商引资政策措施，提升招商引资质量。总目标为紧盯世界 500 强、中国企业 500 强、民营企业 500 强，每年确定 100 个年度重点产业招商项目，每个重点产业每年要促成 6~10 个重点招商项目签约，推进 3~5 个重点招商项目开工建设。实行一个项目、一个推进方案、一个配套政策、一个推进小组的"四个一"机制推进。省招商委出台了《关于加强和改进招商引资关键领域工作的意见》《云南省招商引资考核办法》《云南省省级重大招商引资项目推进工作办法》，优化对全省招商引资的评价考核和对省级重大招商引资项目的推进。2017 年，云南省政府决定从招商引资专项资金中安排 2000 万元用于招商引资的奖励；对在云南新设投资项目且实际到位注册资本金不低于 2000 万美元的世界 500 强企业，给予一次性补助。

2016 年 4 月，昆明出台了《滇中新区招商引资优惠政策》。10 月，为加快转变经济发展方式，吸引国内外大型企业来昆设立企业总部，加快总部经济发展，推动产业结构优化升级和城市功能提升，昆明市出台了《昆明市加快总部经济发展支持政策（试行）》，提出了对总部企业在昆明落地给予奖励。目前，全市已认定总部企业 237 户，年缴纳税金 220 亿元；保有税收千万元楼宇 42 幢，入驻企业 1300 多户，缴纳税收 50 多亿元。2018 年 4 月，为加快昆明综合保税区建设，昆明市人民政府出台了《关于支持昆明综合保税区发展的若干政策（试行）》，拟对入驻综保区的企业实行生产性扶持奖励、租赁补贴、跨境电商扶持、绿色审批绿色通道等优惠扶持政策。

为深化与周边国家和地区的合作，2016年10月，云南省人民政府出台了《关于支持沿边重点地区开发开放若干政策措施的实施意见》，从提高基础设施保障水平、促进要素流通便利化、加大税收优惠力度、实行有差别的产业政策、增加省财政转移支付规模、强化专项资金支持等方面对沿边重点地区鼓励发展的内外资投资项目给予支持。

此外，云南省各州市也相应出台了一系列鼓励承接产业转移的优惠政策措施。

四、"一带一路"建设中云南承接产业转移存在的问题

承接产业转移一般受到经济发展水平、市场吸引力、技术创新能力、人力资本、集聚效应、成本因素、对外开放度、产业配套能力、产业结构水平及交通区位条件等因素的影响。从当前云南的承接产业转移实际情况看，仍然存在一系列问题。

（一）承接产业转移缺乏统筹规划

从目前云南省各地承接产业转移的情况看，缺乏整体的统筹规划。针对承接产业转移，特别是在当前"一带一路"建设中，云南被定位为面向南亚、东南亚的辐射中心，要主动积极融入和服务国家战略。急需全省做到一盘棋规划建设，推进区域分工与合作，有序实现产业升级，然而，没有一个全省的整体规划或实施细则准确指导各地推进产业承接。仅有昆明市人民政府于2012年出台了《昆明市人民政府关于加快承接沿海加工贸易产业转移的实施意见》。其他能够找到一些指导依据的多是宏观性指导，如《云南省产业发展规划》（2016—2020年）里提到承接产业转移应围绕云南省的八大重点产业来进行；《云南省沿边地区开发开放规划》（2016—2020年）指出，应立足沿边资源禀赋优势和地缘特色，大力发展旅游文化、现代物流、加工制造、现代农业、电子商务、对外贸易，拓展开放合作领域，支持沿边重点地区承接国内外产业转移，增强沿边地区开放型产业支撑；《云南金沙江开放合作经济带发展规划》（2016—2020年）提到，要使产业转移承接和转型升级取得重大突破，建成国家重要的清洁能源带、战略资源创新开发示范区和云南省重要的特色农产品深加工基地、养生休闲度假旅游目的地。上述规划只是附带性地从各自角度对承

接产业转移的重点、方向、目标进行了说明。

由于缺乏规划,从目前各个地区承接的产业方向来看,没有相应的侧重点,大多集中在文化旅游、特色农业、加工制造等方面,这就导致了当前各地承接产业转移的同质化或无序化。为了争夺外来企业,各州市之间竞相出手恶性竞争,不顾是否符合当地的承接能力及产业发展需要,盲目引进,往往造成落地企业的不适应乃至夭折,更导致引入的一些企业仅是为了抢占资源和圈地,给当地造成了不良影响。

(二) 承接产业转移的内外环境尚需改善

从外部条件看,区域竞争更加激烈,发达国家"再工业化"进程加快,云南省周边成本优势突出的国家和地区也在大力吸引和发展中低端产业,国内产业转移也呈现出就近转移的趋势,云南省产业发展面临极大的外部竞争。如四川在农牧业、种植业、水电业和旅游业方面优于云南,贵州在制造业、食品工业等领先于云南,广西在商业贸易、制造业、服装等方面也强于云南。云南与周边省区虽然有一定的比较优势,但承接技术型,特别是高技术支撑型产业不多,可竞争的商品很少,高新技术拉动本地经济的作用弱小。从内部发展看,支持经济增长的传统产业发展动力减弱,新动能新产业还在形成之中,产业创新能力弱,缺乏成长性好、产业链长、带动性强的新兴产业,经济抗风险能力弱;部分地区资源开发超环境容量,产业结构升级面临的环境压力越来越大;土地、劳动力等生产要素价格持续上升,为劳动密集型产业转移带来了不利影响;电力价格偏高,制约了清洁能源优势的发挥;金融体系不发达,使得融资成本过高。这些都是实体经济发展面临的普遍问题。

投资者是否到某地投资,很重要的一个方面是看当地的产业发展环境如何。尽管近几年来云南外来投资总量持续增长,但增速明显放缓,引资规模和质量与周边省区的差距逐步拉大。不少外商在考察云南投资环境后都放弃投资计划,理由是行政效率较低、服务意识不强、政府有失诚信、文化环境较差、基础设施建设滞后、经济实力薄弱以及贫困问题突出。这些"短板"已成为影响云南省承接产业转移竞争力的直接障碍。

(三) 各地区承接产业转移的差异较大

由于云南省各地的经济发展不平衡,在承接产业转移过程中,各州市招商引资占比呈现很大的差别。经济基础发展好、人力资本比较集中、对外开放度较高的地区，吸引外资的优势比较突出，承接产业转移比较多，如昆明、曲靖、玉溪、红河、临沧等地，近3年的省外到位资金占比每年都超过50%，承接产业呈现出多样性，并以承接技术型产业为主；其余12个州市由于经济发展水平低、交通等基础设施条件不好等各种因素制约，吸引外资的能力较弱，承接产业转移比较少。如怒江、迪庆等地近3年的省外到位资金每年不足百亿元，与引资能力强的地区达到5倍以上甚至最高达10倍的差距。这些地区承接的产业多以劳动密集型为主，且存在为了追求一时经济发展而盲目提供优惠政策，引导一些资源浪费和环境污染高的产业在本地安家落户。这种承接产业在地区间的不平衡，更加剧了地区间的发展差距。即省内较发达地区由于引进了先进的技术，产业转型升级较快，跨越式发展的动力较足；省内相对落后地区由于各种因素的制约叠加，承接产业转移未给当地经济发展带来实质性推进。

（四）沿边开放地区承接产业成效不明显

2014年，云南省人民政府把保山、红河、文山、普洱、西双版纳、德宏、怒江、临沧8个州市确定为沿边开发开放地区。为推进"一带一路"建设，也同时把这些地区作为国内产业转移的主要承接基地，发展外向型经济。按照对缅甸、老挝、越南开放三个战略方向，依托滇中城市群，推动滇中与沿边地区优势互补、资源共享、产业对接。从现实发展情况看，除红河、德宏、临沧三个地区边境口岸经济发展较快外，其余地区由于经济发展水平比较弱，对沿边开放支撑不足，无论是边境合作区还是跨境经济合作区，入驻企业少、留不住企业的现象比较普遍。主要的制约因素：一是这些地区物流基本是以公路运输为主，成本较高，难以吸引发达地区产业落地。二是当地配套产业能力弱，承接产业转移无法实现产业链的延伸，在一定程度上影响了产业落地。三是金融支撑不足，一些边境县除了农业银行和农村信用社外，再无其他金融机构。四是商务、边防、海关和检验检疫多部门的条块分割导致通关的便利化不够，影响了投资环境。

（五）未形成有影响力的产业集群

现代化的城市群和功能齐全的产业园区是承接产业转移的主要载体。但云南的城市化水平较低，缺乏足够的商业功能和具有现代化商业格局的城市群，高端产业园区数量少，产业园区建设落后，城市对产业的承接能力仍然有限。城市之间的联系及功能配套不尽合理，滇中城市群辐射带动作用目前也尚未显现。在产业园区发展上，云南省除了部分重点开发区和特色园区有所建树外，多数开发区现状不能令人满意，产业园区无土地作为承接产业转移的载体，区内基础设施还不健全，园内企业集群趋势不很明显，对外来企业的吸引力不是很强。尽管近几年来云南省在招商引资方面狠下功夫，引进了一批实力较强的企业。但都处于比较分散的状态，每个地区虽有一定代表性的企业，但数量少，难以产生集群效应。

集群效应可以降低成本，共享资源，提高生产效率，对产业转移具有正向作用。但目前许多转移企业在当地找不到合适的配套企业，一些当地的产品或原料又常常达不到转移企业的要求。企业所需的零配件仍需要到东部地区采购，这必然会增加企业的生产成本，从而抵消云南在劳动力及土地等成本方面的优势。

（六）承接产业转移的水平有待提高

引资工作是政府吸引产业转移推动地方经济发展的重要途径。当前，云南省大多数招商活动的主办单位都是各级政府及其主管部门，而那些具有直接评判资质能力和选择权的企业，真正拥有招商项目却无法参与其中。部分地方政府在招商引资过程中，对项目的可行性、前瞻性论证不足，存在着决策失当的现象；一些地方仅仅注重招商引资的当前数据，没有做好招商引资的后续保障工作，没有对引进的项目进行跟踪服务和评估，最后成为烂尾工程或是投资方不满投资环境而撤资；一些地方还出现了过度优惠招商，压低地价让税让利，使地方经济受损，产业规划成为纸上谈兵，园区引进的企业之间缺少在技术上和产业上的关联性，导致园区发展单纯依靠企业数量，无法通过产业的优化和结构的调整来实现跨越式发展。当前，多数州市仍是强化"主要领导亲自抓、分管领导具体抓、其他领导分口抓"的招商引资工作机制，这跟州市缺乏专业化招商人才有关。

五、积极投入"一带一路"建设　加强承接产业转移

产业承接应该是巩固优势的产业承接、技术互补的承接、可持续发展的承接。有学者分析：中国东部、云南和云南周边国家，三者之间有 10 年左右的经济梯度差，东部沿海省份比云南发达 10 多年，云南又比周边国家发达 10 多年，

云南应该在"一带一路"经济带建设中,积极利用东部的产业转移,加强与东盟国家之间的经贸合作。因此,云南可以通过承接和转移,链接和延伸特色优势产业形态,形成以云南为中心的产业集群和集聚,按照"做强滇中、搞活沿边"的产业布局,促进产业转型升级和跨越发展。

(一) 明确定位并做好规划

目前的产业转移更多的是在政府宏观战略布局下,由政府引导规划,企业积极参与的整体行为。因此,在行业发展的宏观层面,更需要产业转移承接地因地制宜地对自己的产业发展优势进行细致分析和规划,有的放矢地开展产业集群建设。因此,需要从现实角度出发优化顶层设计,合理引导产业转移和市场资源空间配置优化。

一是注意产业转移应与产业规划同步。围绕云南省重点产业的发展,合理规划产业园,采用提供配套资源的方式进行产业招商,以此实现产业化带动区域经济的发展。一个档次高、功能全、环境好的产业园区,不仅是一个地方承接产业转移的重要载体,更是展示一个地方优惠政策、优质服务、优越条件的平台和对外交往的"名片"。应出台《云南省产业转移重点园区重点产业布局规划》及相关配套政策,推动园区发展有序化。应高要求、高起点、高标准编制园区总体规划,突出超前性、科学性和可操作性。规划既要立足园区,着眼于内部建设,又要对接全局,与城镇规划、交通规划、土地利用规划、环境保护规划等相结合。既要强调节能节地、合理布局,又要着眼长远、预留适量的拓展用地,为后续发展留有余地。

二是注意区域协调问题。可以把产业转移按照云南省各州市的经济发展水平分为三个层级。一般来说,高新技术等产业转移,项目落地需要承接地具备较高的协同配套能力,这类产业的承接地应为经济发展水平较高的地区,如昆明、玉溪、曲靖、红河等地。资源密集型的产业转移,对原材料、市场空间、人力资本以及物流条件等有一定的要求,可以布局在经济发展水平中等的地区,如楚雄、大理、保山、临沧、普洱等地。劳动密集型的产业转移,对产业发展的要素禀赋要求不高,可以布局在经济发展水平较差的地区,如昭通、丽江、文山、德宏、西双版纳、怒江、迪庆等地。以此解决承接产业转移在地区分布的同质化和无序化的问题。

（二）优化加工贸易产业结构和空间布局

加工贸易是当前云南省承接产业转移的主导方向，应加大力度，在规模和质量上进行提升。依托全省产业布局，整合现有加工贸易主导产业和贸易资源，有效整合传统产业和新兴产业，引导产业集聚发展，加快形成以电子信息、特色化工、生物医药、高原特色农产品、新材料、装备制造、食品与消费品等产业为主，上下游产业配套、链条集群式发展的产业格局。

积极与内陆发达及沿海省份建立省际加工贸易产业转移协调机制，重点协调解决信息不对称、配套服务不完善、人才不充裕等问题，加大招商引资力度，加快推动项目落地。积极探索与沿海地区共建产业合作园区，按照"优势互补、共同出资、联合开发、利益共享"的原则，开展产业对接。培育和建设一批加工贸易梯度转移重点承接地和示范地。

以滇中城市群为中心，以昆保芒瑞、昆磨、昆河3个对外开放走廊重要城市为节点，科学规划、合理布局加工贸易产业。大力支持重点开发开放试验区、边境经济合作区、跨境经济合作区、综合保税区等开放型平台承接东部加工贸易转移。注重引导出口加工和保税业务充分的项目入驻海关特殊监管区，重点发展橡胶和茶叶精深加工、轻工制造、矿产开发、木材加工、机电设备、家用电器、服装服饰、汽配组装等产业。支持依托边境口岸、机场口岸建设保税监管仓库、出口监管仓库、保税物流中心等海关特殊监管场所，大力发展口岸保税物流，为做大做强加工贸易提供支撑。

鼓励金融机构按照商业可持续和风险可控原则创新金融产品和服务，对承接产业转移提供信贷支持，为加工贸易企业转型升级提供多样化融资服务。通过差别化利率、再贷款等政策，引导金融机构加大对加工贸易企业的支持。加强银贸合作，鼓励和支持金融机构进一步扩大出口信用保险保单融资和出口退税账户质押融资规模。扩大出口信用保险规模和覆盖面，进一步降低短期出口信用保险费率。引导融资担保机构加强对中小型加工贸易企业的服务。

（三）整合优势建立区域合作体系

云南具有边境线长、口岸多、与多国接壤的特点，应整合外事、商务、海关、旅游等相关部门，依托全面深化改革领导小组设立云南对外开放委员会，深入研究周边地区和国家的优劣势，变竞争局势为合作态势。

依托高速公路、铁路和机场，发展临港经济、临轨经济和路域经济，积极对接东部沿海地区的珠三角经济圈，积极对接成渝经济圈、关中经济圈，并融入新亚欧大陆桥，打造整体带动云南全局的东西向和南北向两条经济走廊。积极融入中国—东盟自由贸易区，提升大湄公河次区域合作和孟中印缅地区经济合作，办好昆交会、南亚国家商品展、积极创办中国—南亚博览会等各种会展和论坛，借助国家外交、商务、发展资源提升云南对外交往能力。

建设一批对外开放的产业基地。采取政府推动和市场化运作的方式，建设一批符合国际标准，面向国际市场的花卉、水果、蔬菜、茶叶、咖啡等农产品生产和加工基地。建设一批有国际竞争力的烟草及配套、能源、有色金属、磷化工、煤化工、林浆纸、云药等优势资源开发基地。建设一批具有国际水准的装备制造、光电子、新材料产品生产基地。结合物流业发展，在区域中心城市和交通节点、口岸附近，建设一批出口加工基地。

大力开拓与发达国家和地区在医疗卫生、会展、教育、特许、专利等新兴领域的服务贸易。积极承接信息管理、数据处理、财会核算、技术研发、工业设计等国际服务外包业务。依托现代新昆明建设云南国际商务港，构筑全省服务贸易示范区。

（四）集中承接突出产业集群效应

滇中地区是国家"十二五"规划《纲要》《全国主体功能区规划》确定的国家重点开发区域之一。该区域内以昆明为中心，包括曲靖、玉溪和楚雄的滇中城市经济圈是核心区域。该区域区位优势明显、资源条件较为优越、能源保证条件较好，经过多年的发展，初步建成了高端装备制造、新材料、生物医药、绿色食品加工、钢铁、化工、建材、能源等产业基地，培育了一批外向型、特色鲜明、竞争力强的企业，应以此为核心，集中承接东部地区的产业转移。

滇中地区应积极引进国际、国内高端人才和研发机构，构建以干细胞应用为主的生命科学研发运用中心、以纳米技术为主的新材料研发运用中心、以3D打印为主的新型制造业研发运用中心。探索以商建园、以园招商、以商兴业的现代开放合作招商引资模式，引进大集团、大企业，发展现代生物、汽车及配套、高原特色农业与现代食品、航空配套、电子信息、新材料、节能环保、石油化工、家电轻纺、现代物流等产业功能区，打造服务云南的技术创新和成果转化基地、承接国际国内产业转移的示范基地、国家传统产业转型升级示范基地和面向东南亚、南亚的出口加工基地，形成特色鲜明、具有较强国际竞争力和影响力的现代产业体系。各个基地内重点部署专业型科技企业孵化器，中试转化平台和检验检测平台，承接研究开发区的重大科技成果，并进行转化和产业化。

（五）探索沿边开放新模式

统筹好沿边地区与滇中城市经济圈等区域的关系，突出沿边 8 个州、市各自区位和资源优势，科学规划，合理布局，实现沿边地区错位竞争，促进全省开发开放协同发展。把握开发开放节奏和次序，分步推进开发开放平台建设。以中老磨憨—磨丁经济合作区为突破口，发挥瑞丽、勐腊（磨憨）重点开发开放试验区示范带动作用，依托瑞丽、河口、磨憨重点口岸，加快建设瑞丽、畹町、河口、临沧国家级边境经济合作区，稳步发展腾冲（猴桥）、麻栗坡（天保）、孟连（勐阿）、泸水（片马）、勐腊（磨憨）省级边境经济合作区，为构建滇缅、滇老、滇越国际经济合作圈提供强有力的支撑。立足沿边资源禀赋优势和地缘特色，大力发展优势产业，拓展开放合作领域，支持沿边重点地区承接国内外产业转移，增强沿边地区开放型产业支撑。

以瑞丽重点开发开放试验区为引领，以瑞丽、腾冲为核心，以耿马、孟连、泸水为带动区，加快昆保芒瑞经济带建设，重点面向缅甸开放合作，积极参与孟中印缅经济走廊陆路通道建设，重点在瑞丽开展国际产能和装备制造合作，有序推进现代服务业开放发展，建设中缅边境经济贸易中心、向西南开放的重要国际陆港、国际文化交流窗口、沿边统筹城乡发展先行区和睦邻安邻富邻模范区，把滇缅国际经济合作圈打造成为云南参与孟中印缅经济走廊建设的重要战略支点。

以中老磨憨—磨丁经济合作区为引领，以勐腊（磨憨）重点开发开放试验区为核心，以景洪、江城、孟连为带动区，重点面向老挝、泰国的开放合作，积极推进泛亚铁路中线、昆曼大通道及澜沧江—湄公河黄金水道建设，重点在中老磨憨—磨丁经济合作区探索试验双多边合作政策和自由贸易规则，建设中老友好合作先行区、昆曼大通道重要枢纽以及面向东南亚区域性进出口加工基地、商贸服务基地、物流配送基地、文化旅游胜地，把滇老国际经济合作圈打造成为澜沧江—湄公河对外开放经济带的重要战略支点。

以河口边境经济合作区为引领，以河口为核心，以麻栗坡、金平为带动区，重点面向越南开放合作，联动红河综合保税区，依托泛亚铁路东线，重点在河口加快发展跨境物流及保税相关产业，建设昆河经济走廊重要的口岸物流中心、保税物流基地、保税加工园区、生产性服务贸易基地，把滇越国际经济合作圈打造成为云南对接"两廊一圈"的重要战略支点。

（六）加强专业化承接队伍建设

实践证明，专业承接队伍具有专业性、持续性、实效性的优势。专业性就是专业招商人员可以集中精力抓产业转移，无须分担其他工作任务，从社会分工上来看属于职业招商；持续性就是招商工作的每一个环节能够连贯进行，环环紧扣，不受时间、空间限制，已有的招商线索不易中断和搁浅；实效性就是能够集中优势兵力，集中有限财力，进行重点突破，收到更好效果。招商引资不仅是投资软硬环境的较量，而且还是人才智力的比拼。

增强产业转移的针对性和成功率，要坚持高起点、高标准，有计划地引进、选拔一批精通外语、掌握相关产业知识、熟悉国际招商惯例和项目谈判业务，并具有良好社会关系的、综合能力较强的专门人才，着力打造一支"专业、专职、专人、专注"的队伍。政府作为职能部门退出竞争性招商，发挥中介组织的招商引资作用。

承接产业转移涉及的产业门类非常多，而当前国内外产业调整很快，需要围绕产业定位和发展方向分别成立专业小组或产业分局，在产业转移重点地区开展精准引进，主攻各产业链核心企业、延伸和完善产业链。

2017年，云南省在省级层面专业化招商工作有所改进，组建了八大重点产业招商引资工作组，组建了由有关产业专家学者、行业领军人才、知名企业骨干人员、优秀招商工作者等参与的产业招商引资智库，围绕重点产业开展研究、重大项目咨询评估论证、重点招商项目引资谈判、重大项目信息互通和引资引智等工作。应该说承接产业转移的定位已经比较清晰，加强专业化招商成为共识。

本章小结

伴随着经济全球化的逐步深化，传统国际分工格局逐步深化为以产品内分工为主的新型国际分工格局。发达国家主要争夺知识经济和高技术产业的制高点，经济结构日趋高技术化和服务化。目前云南省承接产业转移居于产业链的中低端，与全国其他省份相比，经济基础和技术条件比较差，承接产业转移面临着竞争，或提供能源、资源、原材料或以加工制造为主，在国际分工中不占优势。因此，云南省承接产业转移既有促进产业结构优化和产业升级、优化出口结构、促进技术进步等正面经济效应，也有价值增值低、技术依赖严重、环境污染严重等负面消极效应。应认真分析、定位，采取措施积极发挥正面效应，规避负面效应。

从未来趋势看，新能源产业将成为主要经济体竞争的主要领域。云南有发展新能源的天然优势，减少或拒绝承接高耗能产业转移，大力发展资源节约型、能源节约型产业体系，特别是要减少在加工制造环节消耗能源和资源的比重。在"一带一路"建设中，云南省应利用好沿边优势，鼓励企业"走出去"，大力发展外向型经济，既做好承接产业又做好产业转移，利用外来技术，加强研发投入，培育自主品牌，推进云南经济跨越式发展。

第四章
"一带一路"建设中云南产业向 东南亚、南亚转移的研究

我国在"一带一路"倡议的建设中,强调要坚持"引进来"和"走出去"并重,推动形成陆海内外联动、东西双向互济的开放格局。因此,我国"将充分发挥国内各地区比较优势,实行更加积极主动的开放战略,加强东中西互动合作,全面提升开放型经济水平"。对于云南来说,就是要"发挥云南区位优势,推进与周边国家的国际运输通道建设,打造大湄公河次区域经济合作新高地,建设成为面向南亚、东南亚的辐射中心"。随着辐射中心建设的推进,东南亚已经成为云南企业"走出去"的重要目标市场,南亚也成为对云南企业产业转移具有较大吸引力的目标市场。

一、东南亚、南亚的投资环境分析

云南产业向东南亚、南亚转移,必须要对东南亚、南亚的综合投资环境进行全面了解,分析研究,以更好地把握机遇,应对挑战,提高投资效益。

(一) 自然环境

东南亚位于亚洲东南部,包括中南半岛和马来群岛两大部分,面积约 243 万平方千米。东南亚是世界上自然资源最丰富的地区之一,所处的地理因素决定了其热量和水分充足,具有发展农业生产的有利条件,很多热带雨林地区的农作物随时可以播种,四季都有收获。东南亚是世界上橡胶、油棕、椰子和蕉麻等热带经济作物的最大产区,其他农作物包括水稻、甘蔗、胡椒、奎宁、木棉、茶叶等。东南亚蕴藏石油、天然气、煤、铜、金、镍、铝、锡、钛等丰富的矿产资源。南亚位于喜马拉雅山脉以南的地域,东濒孟加拉湾,西滨阿拉伯

海，总面积达 448 万平方千米。南亚盛产水稻、小麦、甘蔗、黄麻、油菜籽、棉花、茶叶等农经作物，蕴藏着煤、铁、锰、云母、金等矿藏资源。东南亚、南亚拥有丰富的自然景观、独特的风土人情、众多的名胜古迹等旅游资源，是当今世界经济发展最有活力和潜力的地区之一。

（二）区位环境

东南亚、南亚陆地总面积 690 多万平方千米，超过 18 亿的人口规模，拥有丰富的石油、天然气等重要矿产资源和农林渔资源、旅游资源，市场成长性好，发展潜力巨大，合作空间广阔。云南省位于我国与东南亚、南亚的接合部，自古就是我国通往"两亚"的陆上走廊，有 8 个边境州市的 25 个县（市）与缅甸、老挝、越南三国接壤，边境线长达 4060 千米；有 18 个国家一类口岸（空港口岸 4 个、水港口岸 2 个、铁路口岸 1 个、公路口岸 11 个）和 7 个国家二类口岸、94 个双边认可的通道、110 多个边民互市点，在我国与周边国家交往中发挥着重要的作用。加强与东南亚、南亚市场的联系，使云南与东南亚、南亚国家在资源结构、产业结构、市场结构和消费结构等方面优势互补，有利于促进整个区域经济的发展。

（三）政治环境

政治环境的稳定性是企业海外投资必须考虑的重要安全因素。从东南亚国家来看，除泰国、菲律宾等国家以外，其他各国政局相对稳定，政治环境相对宽松、自由，总体有利于境外企业的投资发展。在"中国—东盟自由贸易区"建设框架下，双边在货物贸易、服务贸易、投资等方面取得了可喜的进展，中国与东盟国家之间的经济贸易合作正在走向升级版。

从南亚国家来看，矛盾主要来自印度方面，受历史遗留问题影响，印度虽不会拒绝在"一带一路"倡议下的经济合作，但对中国企业的投资仍然有许多方面的限制，开放度有限。与巴基斯坦有较为密切的政治关系，在"中国—巴基斯坦自由贸易协定"框架下，中国经贸合作不断深化。孟加拉国主张实行市场经济，改善投资环境，大力吸引外国投资，积极创建出口加工区，优先发展农业等。

（四） 法律环境

1. 政策环境趋向宽松

东南亚各国对来自境外的投资制定了相关的准入条款，明确了鼓励、允许、禁止和限制的行业领域及项目，对于鼓励境外资本进入的行业或领域，大都在企业所得税、土地房屋使用政策、外方利润的汇出等方面提供优惠政策待遇，总体趋向于以优惠政策措施吸引外来投资促进本国经济发展。如欢迎及鼓励外国各经济组织或个人向越南投入资本及技术，越南政府保障其所有权及其他权利，外资企业不被国有化，并在所得税、外方利润汇出等方面提供优惠，特别是在鼓励投资领域有更大力度的优惠；新加坡对生产和研发的设备实行减税政策，并且实行低税赋政策，包括个人所得税和企业所得税等。

从南亚国家来看，不断加快市场化改革进程，规范法律法规，改善投资环境，提高政府效率，完善外商投资政策、简化外资程序，提高外资占比，加快基础设施建设，完善税务结构，修改复杂的征地法规，大大增加了国内外资本的投资，有力地推动了经济发展。如印度在 2016 年 6 月 20 日出台了《2016 年印度全面改革外资直接投资规定改革法案》，向外资完全开放国防和民用航空领域。对零售、食品、农业、医药、广播和有线电视媒体等领域的投资限制大幅度放松。在税制改革方面，完善税收制度，通过税改法案，统一增值税，将商品与服务税税率确定为 5%、12%、18% 和 28% 的 4 层结构，服务税税率提高到 15%~18%①等，大力度鼓励外国企业直接投资，逐步放宽企业投资限制。

2. 营商环境有所改善

营商环境也就是营商便利度，是一个国家或地区有效开展国际经济贸易活动、参与国际竞争的重要依托，是一个国家或地区经济软实力的重要体现，营商环境就是生产力。良好的营商环境会使投资率增长，GDP 增长。世界银行经过十几年的探索、整理和归纳，建立起了一整套衡量各国营商环境的指标体系，包括 10 个指标评价体系，分别是开办企业、申请建筑许可、获得电力供应、注册财产、获得信贷、投资者保护、缴纳税款、跨境贸易、合同执行和办理破产。世界银行营商环境的指标体系是世界上较为完善和被广泛认可的一套衡量标准，也应该是我国"走出去"政策制定者、企业家和投资者的重要参考。如表 4-1 所示。

---

① 印政府敲定 GST 税率 [EB/OL]. http：//in, mofcom. gov. cn/article/jmxw/20161 1/20161 101599165. shtml，2016-11-04.

表 4-1 2013~2017 年东南亚、南亚国家营商环境情况

国家	2013~2014 年		2014~2015 年		2015~2016 年		2016~2017 年	
	综合分值	全球排名（位）	综合分值	全球排名（位）	综合分值	全球排名（位）	综合分值	全球排名（位）
新加坡	88.27	1	87.34	1	85.05	2	84.57	2
马来西亚	78.83	18	79.13	18	78.11	23	78.43	24
泰国	75.27	26	71.42	49	72.53	46	77.44	26
文莱	61.26	101	62.93	84	65.51	72	70.60	56
越南	64.42	78	62.10	90	63.83	82	67.93	68
印度尼西亚	59.15	114	58.12	109	61.52	91	66.47	72
不丹	57.47	125	65.21	71	65.37	73	66.27	75
印度	53.97	142	54.68	130	55.27	130	60.76	100
尼泊尔	60.33	108	60.41	99	58.88	107	59.95	105
斯里兰卡	61.36	99	58.96	107	58.79	110	58.86	111
菲律宾	62.08	95	60.07	103	60.40	99	58.74	113
柬埔寨	55.33	135	55.22	127	54.79	131	54.47	135
马尔代夫	58.73	116	55.04	128	53.94	135	54.42	136
老挝	51.45	148	53.77	134	53.29	139	53.01	141
巴基斯坦	56.64	128	51.69	138	51.77	144	51.65	147
缅甸	43.55	177	45.27	167	44.56	170	44.21	171
孟加拉国	46.84	173	43.10	174	40.84	176	40.99	177
中国	62.58	90	62.93	84	64.28	78	65.29	78

资料来源：根据 2015~2018 年世界银行发布《营商环境报告》整理。

总体来看，东南亚、南亚地区的营商环境，东南亚国家总体要优于南亚国家；东南亚国家中，老东盟成员国要优于新东盟成员国；部分国家的营商环境依然比较严苛。在全球 190 个经济体中，营商环境改善进步最大的是印度，排名较 2015~2016 年跃升 30 位，至第 100 位。15 年前印度开办企业平均耗时 50 天以上，现在只要 17 天[①]。其次是文莱和泰国，也在提高营商便利度前十的经

① 《营商环境报告》记录过去 15 年全球实施营商环境改革近 3200 项 [EB/OL]. http：//www. shihang. org/zh/news/press-release/2017/10/31/doing-business-records-nearly-3200-reforms-in-15-years-to-improve-business-climate-worldwide.

济体之列。

（五）经济环境

1. 经济增长保持较高水平

从南亚国家来看，2013~2017 年保持了持续稳定的较快经济增长，主要得益于基础设施投资需求增加，吸引了大量境外投资的进入，再加之国际油气价格较低、安全环境有所改善、公共和私人消费也不断增加等因素，成为推动南亚经济增长的重要动力。如表 4-2 所示。

表 4-2　2013~2017 年南亚各国经济增长情况　　　　　单位：%

国家＼年份	2013	2014	2015	2016	2017
印度	6.39	7.41	8.00	8.17	7.17
巴基斯坦	4.40	4.67	4.73	5.53	5.55
孟加拉国	6.01	6.06	6.55	7.11	7.28
尼泊尔	4.13	5.99	3.32	0.59	8.22
不丹	2.14	5.75	6.64	8.02	4.63
斯里兰卡	3.40	4.96	5.01	4.49	3.42
马尔代夫	7.28	7.33	2.88	6.34	6.80

资料来源：根据世界银行历年公布数据整理。

东南亚一直保持着持续增长的良好态势，特别是老挝、缅甸、柬埔寨、越南四个新东盟成员国的增长速度更是引人注目。从国别的情况看，文莱的表现最差。油气产业支撑着文莱一半以上的 GDP，国际石油天然气价格持续低迷，使文莱的油气产业备受打击。面对严峻的挑战，文莱提出了以清真食品、科技与创意产业、商业服务、旅游业以及下游石油和天然气为五大优先发展领域的"经济多元化"发展的战略。在"一带一路"框架下，文莱与我国的合作范围不断扩展，涵盖农业、渔业、能源、基础设施建设、产业园开发、清真食品等诸多领域的务实合作不断加强。另一个石油输出国马来西亚，逐步摆脱了对石油和天然气的过度依赖，经济增长有了较好的表现。在老东盟成员国中，经济增长较差的是泰国，因其政局长期动荡，影响了境外投资者的信心，境外投资逐年减少。如表 4-3 所示。

表 4-3 2013~2017 年东南亚各国经济增长情况　　　　　单位：%

国家 ＼ 年份	2013	2014	2015	2016	2017
东盟十国	5.20	4.70	4.70	4.50	4.60
越南	5.42	5.98	6.68	6.21	6.81
老挝	8.03	7.61	7.27	7.02	6.89
柬埔寨	7.36	7.14	7.04	7.03	7.02
缅甸	8.43	7.99	6.99	5.86	6.76
泰国	2.69	0.98	3.31	3.36	4.02
马来西亚	4.69	6.01	5.09	4.45	5.74
新加坡	4.82	3.90	2.89	2.96	3.70
印度尼西亚	5.56	5.01	4.88	5.03	5.07
文莱	-2.13	-2.35	-0.57	-2.47	1.33
菲律宾	7.06	6.15	6.07	6.88	6.68

资料来源：东盟秘书处数据库资料、世界银行历年公布数据。

2. 基础设施建设等多领域对境外资本开放

东南亚、南亚国家保持着良好的经济增长势头，且各国都有吸引境外投资的意愿，有利益于不断增加投资风险相对较小的基础设施建设项目投资规模，对境外投资者的吸引力较大。2015 年 6 月，在昆明第三届南博会举办的第十届中国—南亚商务论坛上，印度外交国务部长 V. K. 辛格表示，印度确定了 25 个重点发展的领域，包括可再生能源、制药、医疗、纺织品、汽车、工程、旅游等领域，在基础设施建设方面，可再生能源发电厂以及配套系统、房地产业、铁路系统的更新和升级改造等，欢迎包括中国在内的企业可以参与进来。斯里兰卡工商部部长利沙德·巴蒂尤丁介绍，斯里兰卡的旅游业、休闲业、基础设施、知识服务、公用事业、服装、农业和教育等，欢迎外资的进入。2017 年 2 月，菲律宾政府批准了以大规模基础设施建设带动菲律宾就业和经济增长的《2017—2022 菲律宾发展计划》，计划 2017~2022 年保持 7%~8% 的经济增长速度，失业率从 5.5% 减少至 2022 年的 3%~5%。计划基础设施建设投资占 GDP 的比重从 2017 年的 5.3% 提高到 2022 年的 7.4%，预计在 2017~2022 年，基础设施建设投资约 8.4 万亿比索（1 比索约合 0.14 元人民币），菲律宾提供 80% 的资金投入，另外的 20% 则通过国际融资解决。

3. 人口红利明显、劳动力成本低廉

与我国人口红利面临拐点，劳动力成本不断上升形成明显对比的是东南亚、南亚国家人口红利丰富，劳动力成本低廉。2017年，柬埔寨最低工资标准为每月153美元，加上各种福利每月200多美元，折合成人民币约1300元。2017年，我国的劳动力成本为巴基斯坦的5.6倍。2016年，云南省城镇非私营单位在岗职工年平均工资为63562元，月均约5300元；城镇私营单位作业人员年平均工资为38183元，月均约3200元。2042年，马来西亚、印度尼西亚、越南、缅甸、菲律宾、泰国等东南亚国家的劳动力人口将达到最高值。突出的人口红利对于制造业特别是劳动密集型产业具有非常大的优势，并且随着劳动力人口增加和收入的提高将会形成一个巨大的消费市场，这对于外资的流入具有非常大的吸引力。人口红利优势，也吸引了我国制造业对东南亚、南亚国家的不断增加，特别是制造业投资每年都在上升。据商务部的统计资料，2013~2016年，我国对东盟国家的制造业投资从11.89亿美元增长到35.44亿美元，占比也从16.4%大幅提升到34.5%。

（六）社会文化环境

1. 人类发展状况不断改善

由联合国开发计划署（UNDP）创立的人文发展指数（HDI），通过预期寿命、成人识字率和人均GDP三个指标分别反映人的长寿水平、知识水平和生活水平，用来综合衡量各个国家人类发展水平。人文发展指数从动态上对人类发展状况进行了反映，为各个国家尤其是发展中国家制定发展政策提供了一定依据。人文发展指数是全球范围内应用最广泛、影响最大的衡量人类发展的工具。自1990年以来，人文发展指数已在指导发展中国家制定相应发展战略方面发挥了极其重要的作用。

可以看出，在东南亚、南亚国家中，2016年人文发展指数排位最靠前的是新加坡，排在第5位，而最靠后的巴基斯坦则排在了第147位，相差了140多位。新加坡也是近四年来人文发展指数上升最快的国家。从2013~2016年来看，东南亚、南亚国家的人文发展指数总体靠后，超过2/3的国家排在100位以后。东南亚、南亚国家整体对发展的需求是比较迫切的。如表4-4所示。

表 4-4　2013~2016 年东南亚、南亚人文发展指数

国家	2013 年		2014 年		2015 年		2016 年	
	人文发展指数	全球排名（位）	人文发展指数	全球排名（位）	人文发展指数	全球排名（位）	人文发展指数	全球排名（位）
新加坡	0.901	9	0.912	11	0.924	11	0.925	5
文莱	0.852	30	0.856	31	0.864	31	0.865	30
马来西亚	0.773	62	0.779	62	0.779	62	0.789	62
斯里兰卡	0.750	73	0.757	73	0.757	73	0.766	73
泰国	0.722	89	0.726	93	0.737	88	0.740	87
马尔代夫	0.698	103	0.706	104	0.701	105	0.701	105
印度尼西亚	—	108	0.684	110	0.686	113	0.689	113
越南	0.638	121	0.666	116	0.678	115	0.683	115
菲律宾	0.660	117	0.668	115	0.679	114	0.682	116
印度	0.586	135	0.609	130	0.615	131	0.624	131
不丹	0.584	136	0.605	132	0.604	132	0.607	132
老挝	0.569	139	0.575	141	0.582	137	0.586	138
孟加拉国	0.558	142	0.570	142	0.575	140	0.579	139
柬埔寨	0.584	136	0.555	143	0.558	143	0.563	143
尼泊尔	0.540	145	0.548	145	0.555	144	0.558	144
缅甸	0.524	150	0.536	148	0.552	146	0.556	145
巴基斯坦	0.537	146	0.538	147	0.548	148	0.550	147
中国	0.719	91	0.727	90	0.734	91	0.738	90

资料来源：根据 2013~2016 年联合国开发计划署（UNDP）《人文发展报告》整理。

2. 民族文化优势明显

云南与越老缅三国接壤，边境线长 4060 千米，有壮族、布依族、彝族、哈尼族、拉祜族、傈僳族、景颇族、阿昌族、怒族、佤族、独龙族、德昂族、布朗族、苗族、瑶族等少数民族跨境而居，地理相邻、文化相通、血脉相亲、利益相融。东南亚、南亚华人华侨众多，有 3000 多万人，其中，有云南籍华人华侨 250 万人，对推动当地经济发展发挥了积极作用。如缅甸农产品经营、玉石采矿、橡胶、塑料、电子等行业经营者中 90% 以上是华商，在建筑业、旅游业、养殖业、木材、化工等行业华商也占有重要地位。旅居东南亚、南亚的华人华侨与云南联系十分密切，为云南产业"走出去"创造了良好条件，更为云南彰

显新时期我国周边外交"亲、诚、惠、容"新理念,贯彻"睦邻、安邻、富邻"基本方针,化相邻优势为合作发展优势,巩固和发展与东南亚、南亚国家睦邻友好关系奠定了深厚的人脉基础。

二、"一带一路"建设中云南产业向东南亚、南亚转移的基本情况

从 20 世纪 80 年代中期开始,云南一些产业的竞争力不断增强,初步具备了将成熟技术向国外市场转移的能力,逐步开展了与东南亚、南亚国家的经济技术合作。特别是自 2013 年以来,在国家大力推进"一带一路"和辐射中心建设的背景下,云南省更是充分发挥与东南亚、南亚国家地缘相近、人缘相亲、文缘相融、商缘相通的优势,鼓励和支持企业"走出去",云南产业向东南亚、南亚转移取得了较好的成绩。截至 2017 年,云南"走出去"的企业主要在 54 个国家和地区投资,共设立了 720 家企业,总投资超过 90 亿美元,总投资额在中国西部排第 3 位,在全国排第 16 位,投资额度比较大。

(一) 2013~2017 年云南企业在东南亚、南亚直接投资的基本情况

对外直接投资是一国投资者为取得国外企业经营管理上的有效控制权而输出资本、设备、技术和管理技能等无形资产的经济行为。对外直接投资是产业国际转移的重要内容。全省境外投资企业总数及对外实际投资金额不断增加。2013~2017 年,云南省共设立 369 家对外投资企业,实际投资 66.2 亿美元。如表 4-5 所示。

表 4-5　2013~2017 年云南企业境外投资总体情况

年份	新批境外投资企业（家）	对外实际投资		境外投资企业总数（家）	累计对外实际投资（亿美元）
		总额（亿美元）	同比增长（%）		
2013	40	8.2	15.6	440	33.8
2014	92	10.3	25.54	532	44.20

续表

年份	新批境外投资企业（家）	对外实际投资		境外投资企业总数（家）	累计对外实际投资（亿美元）
		总额（亿美元）	同比增长（%）		
2015	103	13.4	30.40	635	57.60
2016	86	16.1	19.80	680	74.00
2017	48	18.2	13.00	728	92.21

资料来源：云南省商务厅统计资料。

受地理位置及企业经营习惯等因素影响，云南省对外投资更多地集中投向地理相邻、人文习俗相通的东南亚、南亚国家。如表4-6所示。

表4-6 2013～2017年云南企业在东南亚投资年度情况

年份	新批在东南亚投资企业数（家）	实际投资额（亿美元）
2013	24	6.20
2014	61	7.30
2015	70	8.20
2016	62	6.90
2017	48	18.23
合计	265	46.83

资料来源：云南省商务厅统计资料。

2013～2017年，云南省对外投资发展迅速，总体上升趋势明显。且云南企业对外投资主要集中在东南亚、南亚国家。其中，在东南亚国家设立企业数占云南省境外设立企业总数的68%，对东南亚国家实际投资占云南省对外实际投资总量的60%；在南亚国家设立企业数占云南省境外设立企业总数的3.43%，对南亚国家实际投资占云南省对外实际投资总量的0.3%。

从国别来看，2013～2017年，云南对东南亚国家实际投资居前三位的分别是老挝、缅甸、泰国，分别占实际总投资额的56.88%、24.72%、6.18%；云南对南亚国家实际投资主要集中在斯里兰卡、印度、尼泊尔，分别占实际总投资额的98.68%、1.1%、0.22%。如表4-7～表4-9所示。

表 4-7 2013～2017 年云南企业在东南亚投资国别情况

国家	设立企业数（家）	实际投资额（亿美元）
缅甸	82	8.8
老挝	97	20.25
越南	6	1.02
柬埔寨	12	1.1
泰国	27	2.2
印度尼西亚	6	0.1
新加坡	8	1.6
马来西亚	4	0.53
合计	242	35.6

资料来源：云南省商务厅统计资料。

表 4-8 2013～2016 年云南企业在南亚投资年度情况

年份	新批在东南亚投资企业数（家）	实际投资额（亿美元）
2013	1	0.09854
2014	3	0.0069
2015	5	0.0146
2016	2	0.0159
合计	11	0.13594

资料来源：云南省商务厅统计资料。

表 4-9 2013～2016 年云南企业在南亚投资国别情况

国家	设立企业数（家）	实际投资额（亿美元）
斯里兰卡	6	0.13414
孟加拉国	1	暂无实际投资
印度	3	0.0015
尼泊尔	1	0.0003
合计	11	0.13594

资料来源：云南省商务厅统计资料。

从投资主要行业来看，对东南亚、南亚投资的主要领域有农业合作、矿产开发、电力合作、建筑业、租赁和商务服务业、房地产业等领域。如表 4-10 所示。

表 4-10　2013~2016 年云南企业投资东南亚、南亚的主要行业情况

地区	国别	主要行业
东南亚	缅甸	农业、矿业、电力
	老挝	农业、租赁和商务服务业、建筑业、住宿业、房地产业、电力
	越南	农业
	柬埔寨	租赁和商务服务业
	泰国	交通运输业、水生产和供应业
	印度尼西亚	矿业
	新加坡	房地产业、其他金融业
	马来西亚	批发和零售业
南亚	斯里兰卡	建筑业（2013~2016 年实际投资 1170.4 万美元）

资料来源：云南省商务厅统计资料。

2013~2017 年，云南企业对东南亚、南亚国家的投资仍主要集中于低端技术和资源性初级产品加工和利用领域，有向高端产业延伸的趋势。

（二）2013~2017 年云南企业在东南亚、南亚承包工程的基本情况

承包境外建设工程项目是云南省服务贸易中具有较强竞争力的一项。云南省对外工程承包市场主要集中在东南亚、南亚以及其他亚洲地区、非洲和南美洲等地区，承包项目主要以劳动密集型产业为主，包括房屋建造、修路架桥等土木工程，并逐渐拓展到资金技术密集的水电、冶金、机械设备等领域。2016 年，我国对外承包工程业务完成营业额前 100 家企业中，云南能投集团对外能源开发有限公司、云南省建设投资控股集团有限公司两家公司榜上有名，分别完成对外承包工程营业额 4.37 亿美元和 3.44 亿美元，排名第 65 位和第 82 位。① 如表 4-11 所示。

---

① 商务部对外投资和经济合作司. 统计数据［EB/OL］. http：//hzs. mofcom. gov. cn/article/date/201702/20170202513553. shtml.

表 4-11 2013~2017 年云南企业东南亚、南亚承包工程情况

年份	新签对外承包工程合同（份）	新签合同金额（亿美元）	同比增长（%）	完成营业额（亿美元）	同比增长（%）
2013	55	12.81	0.33	18.17	17.42
2014	44	13.44	4.92	20.70	13.93
2015	95	12.86	-4.29	23.42	13.10
2016	48	19.19	33.00	25.75	9.00
2017	99	13.63	-28.99	17.03	-33.88

资料来源：云南省商务厅统计资料。

（三）2013~2017 年云南企业对外劳务合作的基本情况

从对外劳务合作的行业分布来看，主要集中于对外承包工程项下和对外投资项下的外派劳务，特别是对外承包工程项下的外派劳务呈不断增长之势。如表 4-12 所示。

表 4-12 2013~2017 年云南企业对外劳务合作情况

时间	当年派出各类劳务人员（人）	同比增长（%）	其中								累计外派各类劳务人员（人）	期末在外人数（人）
			工程项下派出（人）	占当年派出各类劳务人员比例（%）	同比增长（%）	劳务合作项下派出（人）	占当年派出各类劳务人员比例（%）	同比增长（%）	境外投资项下派出（人）	占当年派出各类劳务人员比例（%）	同比增长（%）		
2013 年 1~11 月	7233	3.5	3259	45.1	2.9	948	13.1	0.2	3026	41.8	4.5	82813	16917
2014 年	9225	12	4731	51.28	34.48	1010	10.95	5.13	3484	37.77	15.14	84458	12278
2015 年	10398	12.7	7348	70.67	55.32	775	7.45	-23.27	2275	21.88	-34.7	93625	10460
2016 年	10923	5.05										104611	12114
2017 年	11331	3.73										119037	10665

资料来源：云南省对外投资合作网，http://www.ynoiec.gov.cn/。

（四）截至 2016 年底云南企业对东南亚、南亚投资分行业基本情况

总体来看，云南企业对东南亚、南亚投资主要集中在东盟国家，特别是大湄公河次区域国家。东南亚是云南最大的产业合作经贸合作目的地，南亚合作有待进一步开拓（见表 4-13）。

截至 2016 年底，云南企业对东南亚投资主要集中在电力能源、农业、矿业、房地产、水泥等行业，分别占云南企业对东南亚投资总额的 30.15%、16.39%、8.46%、8.35%、7.61%；云南企业对东南亚投资主要集中在大湄公河次区域国家，居前三位的国家是老挝、缅甸、柬埔寨，分别为云南企业对东南亚投资总额的 43.38%、31.21%、10.57%（见表 4-14）。

截至 2016 年底，云南企业对南亚投资主要集中在建材、批发零售等商务服务业，且主要对斯里兰卡进行投资（见表 4-15）。

（五）云南在东南亚、南亚投资建设境外经贸合作区的情况

境外经贸合作区是通过集群式发展模式，在境外规划建设经贸合作区，促进国际产能合作，并发挥产业集群和投资规模效应，共同争取所在国的优惠政策，有效绕开贸易壁垒，共同抵御政局动荡、社会安全和政策变动等风险，获得更多的境外投资收益。集群式发展模式已经成为拉动我国企业境外投资的重要形式，也是带动云南省优势产业拓展海外发展的空间和平台。

云南在境外的经贸合作区建设成效显著。通过制定推进境外园区实施方案，明确为了有效降低对外投资成本和风险，深化国际产能合作，在南亚、东南亚逐步有序建设一批境外产业园区，以加工制造、商贸物流、农业产业、文化产业为主。

在老挝建设的两个境外经贸合作区建设已具有一定规模。老挝万象赛色塔综合开发区 2016 年已通过国家级境外经贸合作区认定考核，园区一期 4 平方千米基础设施建设及"五通一平"工程已完成，累计完成基础设施及产业投资超过 10 亿美元。截至 2019 年 4 月，签约入园企业 68 家，其中建成投产 28 家，入住企业计划投资总额约 10 亿美元，带动当地就业人数达 670 人，投资产业涉及清洁能源、电子产品制造、生物医药、农产品加工、纺织品加工等领域；列入国家级在建境外经贸合作区名单的磨丁经济专区，园区基础设施建设累计投资 2.5 亿美元，签约入园企业 162 家，入园企业累计产值 1.6 亿美元，带动

表 4-13 截至 2016 年底云南企业对东南亚、南亚分行业投资总体情况

单位：万美元

行业	投资总额	农业合作	电力能源	矿业	制造业				基础设施	境外园区	房地产	交通运输、仓储和邮政业	其他金融业	科技人文交流合作	住宿和餐饮业	批发和零售业、租赁和商务服务业等
					钢铁	水泥	建材	其他								
合计	503478	82311.1	151398.5	42465	14942.8	38227	2706.2	29766.1	8580	26390.1	41933.3	8411.1	5160	4169.5	6241.6	40775.7
投资额占比（%）	100	16.35	30.07	8.43	2.96	7.59	0.54	5.91	1.71	5.24	8.33	1.67	1.03	0.83	1.24	8.1
东南亚	502098.5	82311.1	151398.5	42465	14942.8	38224	1500.7	29766.1	8580	26390.1	41933.3	8411.1	5160	4098.5	6241.6	40675.7
行业占比（%）	99.73	100	100	100	100	99.99	55.45	100	100	100	100	100	100	98.3	100	99.75
南亚	1379.5	0	0	0	0	3	1205.5	0	0	0	0	0	0	71	0	100
行业占比（%）	0.27	—	—	—	—	0.01	44.55	—	—	—	—	—	—	1.7	0	0.25

资料来源：云南省商务厅统计资料。

表4-14　截至2016年底云南企业对东南亚分行业投资情况

单位：万美元

行业	投资总额		农业合作	电力能源	矿业	制造业				基础设施	境外园区	房地产	交通运输、仓储和邮政业	其他金融业	科技人文交流合作	住宿和餐饮业	批发和零售业、租赁和商务服务业等
	总额	占比（%）				钢铁	水泥	建材	其他								
东南亚	502098.5	100	82311.1	151398.5	42465	14942.8	38224	1500.7	29766.1	8580	26390.1	41933.3	8411.1	5160	4098.5	6241.6	40675.7
投资额占比（%）	100		16.39	30.15	8.46	2.98	7.61	0.3	5.93	1.71	5.26	8.35	1.67	1.03	0.82	1.24	8.1
老挝	217814.9	43.38	59347.4	35.0	12655.3	5638.7	23754	502.0	21760.6		26390.1	23324.3	1318.0		2649.8	5630.8	34808.9
缅甸	156697.0	31.21	19631.6	103786.5	17712.2		12550	558.0	913.7								1545.0
柬埔寨	53071.5	10.57	999.1	39382.3			1920			8580			150.0		1090.0		950.1
新加坡	24831.9	4.95	500.0						574.2			17593.0		5160	153.7		851.0
泰国	23095.8	4.60	754.0	7001.0	236.3			10.1	5155.6			1016.0	6943.1		161.0	588.8	1229.9
越南	20547.5	4.09	1079.0	1099.7	7380.3	9304.1		300.0	793.0							22.0	569.4
印尼	5432.3	1.08		94.0	4056.9				569.0						44.0		668.4
菲律宾	350.0	0.07			350.0												
马来西亚	257.6	0.05			74.0			130.6									53.0

资料来源：云南省商务厅统计资料。

表 4-15 截至 2016 年底云南企业对南亚分行业投资情况

单位：万美元

行业	投资总额	农业合作	电力能源	矿业	制造业				基础设施	境外园区	房地产	交通运输、仓储和邮政业	其他金融业	科技人文交流合作	住宿和餐饮业	批发和零售业、租赁和商务服务业等
					钢铁	水泥	建材	其他								
南亚	1379.5	0	0	0	0	3	1205.5	0	0	0	0	0	0	71	0	100
投资额占比	100%					0.22%	87.38%							5.15%		7.25%
印度	15.0						15.0									
斯里兰卡	1361.5						1190.5							71		100
尼泊尔	3.0					3										

资料来源：云南省省商务厅统计资料。

当地就业人数超过 1700 人。

在柬埔寨建设的中柬文化创意园，将成为柬埔寨最大的文化主题园区，是云南省文化产业"走出去"的创新项目；在缅甸建设的缅甸曼德勒缪达工业园，将打造成为承载轻纺制造产业转移的集聚平台。

1. 老挝万象赛色塔综合开发区

老挝万象赛色塔综合开发区（以下简称开发区）是中老两国政府共同确定的合作项目，是中国商务部与老挝政府共同签署批准设立的老挝经济特区；是中国在境外经商务部考核认可的 20 个境外经贸合作区之一；是中国在老挝唯一的国家级境外经贸合作区；已列入"一带一路"战略规划优先推进项目清单，写入共建老中经济走廊合作框架以及《构建中老命运共同体行动计划》。

在中老两国政府的全力支持下，开发区建设取得巨大突破，进入了上台阶、大发展的关键阶段：首期建设基本完成，具备老挝最优越的基础设施配套条件；招商形势喜人，已有 75 家企业入驻开发区，目前正在积极准备开发区二期建设及万象新城开发，开发区未来发展与收益可期，努力打造中国境外经贸合作区的标杆。老挝人口基数小，全国仅有约 700 万人口，基础设施落后，产业基础薄弱，工业产业极度匮乏。开发区规模较大，产业吸纳能力巨大，入园企业正在带动老挝基础设施和产业的建立和完善，建立起多个现代化产业，填补了老挝多个产业空白。

（1）开发区概况。老挝地处东盟腹地，是"一带一路"建设的核心区域，开发区位于老挝首都万象新城区的核心区域，万象市主城区东北方向 17 千米处，开发区占地 11.5 平方千米，区位优越，北临 13 号国道，南临 450 周年大道，距离老泰友谊大桥口岸 14 千米，距离瓦岱国际机场 19 千米，距离中老铁路货运站约 1.5 千米。规模较大，具有巨大的发展潜力和辐射能力。

2010 年 6 月 16 日，在时任中国国家副主席习近平与老挝国家副主席本扬的共同见证下，云南省海外投资有限公司（以下简称云南海投）与国家开发银行和万象市政府共同签署了《老挝首都万象综合开发项目谅解备忘录》。

开发区运营主体老中联合投资有限公司于 2010 年 11 月 18 日正式成立，由云南建设投资集团旗下云南有海外投资有限公司与老挝万象市政府共同出资组建，公司股本总额 1.28 亿美元。其中云南建投集团出资 9800 万美元，占股 75%，万象市政府出资 3000 万美元，占股 25%。

2016 年，项目被两次写入中老两国政府发表的《联合公报》和《联合声明》。2017 年习近平主席对老挝人民民主共和国进行国事访问之际，在老挝《人民报》《巴特寮报》《万象时报》发表了题为《携手打造中老具有战略意义的命运共同体》的署名文章，文中提到："万象赛色塔综合开发区建设进展喜人，多家企业和机构签约入驻，将助力老挝实现产业升级、吸引外资、促进就业、带动中小企业发展。"

（2）开发区发展规划。开发区规划定位为"一城四区"："一城"为万象产业生态新城；"四区"为"一带一路"倡议优势产业承载区、中老合作开发的示范区、万象新城的核心区、和谐人居环境的宜居区。

万象产业生态新城——依托万象市首都经济中心、旅游核心、集散中心优势，按照"工业园区加新城开发"的综合开发模式，以产业发展带动新城建设，建成产业和生态环境协调发展的产业生态新城。

"一带一路"倡议优势产业承载区——结合老挝社会经济情况及"一带一路"倡议的发展，积极承接中国优势产业转移，运用产业、金融、财税、土地等方面形成的两国扶持政策叠加效应，构建中国优势产业转移的承载区。

中老合作开发的示范区——充分发挥老挝的区位、资源和政策优势，利用中国的资金、管理、人才和产业等优势，实现两国优势生产要素的有效结合，建成具有重大影响力的中老双边经贸合作平台，打造中老合作开发的示范区。

万象新城的核心区——完善万象新城功能，提升新城形象，形成政务、商业、企业总部的集聚地，打造万象新城的核心区。

和谐人居环境的宜居区——注重生态和绿色环保，健全居住、教育、医疗、购物、养生、休闲等配套设施，建成环境优美、配套齐全的宜居区。

开发区分三期滚动开发，一期面积4平方千米，主要发展工业产业，建设国际产能合作的产业承载区。二、三期面积7.5平方千米，以"以产促城、以城带产、产城融合"为开发思路，规划打造成为绿色休闲之城、生态发展之城、宁静社区之城、现代典范之城的"万象新城"，计划投资总额达50亿美元，计划2030年前完成对开发区的全部开发，通过"工业园区+新城建设"的开发模式，产城融合，以城市为基础，承载产业空间和发展产业经济，以产业为保障，驱动城市新区建设和完善服务配套，促成产业和城市之间持续发展。开发区的"新城建设"在境外经贸合作区中较为独特，也是万象市未来发展的重要方向。

（3）开发区投资建设情况。目前开发区已完成一期4平方千米的基础设施配套建设工程及道路绿化、亮化工程，且完成开发区内通水、通电、通路、通信、网络以及一期场地平整工程，可基本满足企业的入驻需求。

开发区已启动项目二期前期工作，二期项目以万象新城建设作为重点工作，通过城市基础设施建设，平台搭建，筑巢引凤，以打造绿色、生态、宁静、现代的"万象新城"，为企业入驻开发区提供全面保障。

开发区一期累计完成投资超过10亿美元，具备老挝最优越的基础设施配套条件，受到了中老两国政府、入园企业的一致好评。计划通过未来 7～10 年的开发建设，将赛色塔综合开发区打造成首都万象的次中心，实现赛色塔开发区和万象新城产城融合。

开发区项目资金通过"企业自筹（30%）+银行贷款（70%）"模式来获得，贷款资金来源于国家开发银行和中国进出口银行。

（4）开发区运营管理情况。成立开发区管理委员会——为保障开发区各项工作顺利健康的推进，开发区主动向老挝政府提出，建立园区管委会，既解决了园区管理机构和机制的问题，也解决了老挝的管理主权问题，并借鉴中国开发区的优惠政策，在园区土地、税收、法律等方面形成政策体系。开发区管委会于 2011 年成立，协调开发区与中央和政府各部门、相关单位的工作，为入园投资者提供便利，协助包括土地使用权租赁许可证、土地使用权证明、营业执照等 10 多项入园企业落地所需证照的办理工作，建立了完善的"一站式"服务平台。为投资者提供从项目前期考察到项目落地、建设、运营全过程服务。与当地优质的会计事务所、法律事务所、环评咨询公司等机构合作，为企业提供全面的咨询服务。

建管分离，联合优秀专业机构组建招商运营公司——建管分离（即园区投资建设与运营管理分离）是园区发展的一种新型开发模式，投资商与运营商分工协作，共同打造园区品牌，老中联合投资有限公司负责园区的投资建设，运营公司负责园区的招商运营，将有力推动园区上台阶取得大发展。云南省政府与招商局集团签署的战略合作框架协议：拟在各自优势领域，通过"1+1>2"的资源整合模式，在"一带一路"沿线国家和相关海外重大投资项目中展开战略性合作。随后，云南省建设投资控股集团与招商局集团子公司招商局港口控股有限公司分享海外投资机会，利用彼此的优势资源，积极探讨海外投资项目合作的可能性，在海外国家或地区开展更广泛、更深入、更持久的商业合作。2018 年 8 月 2 日，由云南建投海外投资平台——云南海外投资有限公司子公司、老中联合投资有限公司与招商局国际下属公司、青岛港招商局国际集装箱码头有限公司合资成立运营公司。招商局港口是招商局集团的子公司，现为世界领先的港口开发、投资和营运商，其"前港、中区（开发区）、后城（新城建设）"的开发模式，在国内外创造了多个成功案例，青岛保税是其招商运营的优秀代表。双方的合作是强强联合、优势互补的合作。

尊重当地发展，实现"共商、共建、共享"双赢局面——开发区的发展始终尊重老挝当地风俗文化、法律规则、生活方式等，深度融入当地社会，与所在国政府和社会各界建立了深厚的情谊和高度的信任，植根海外、谋求长远发展。园区制定了突发事件管理办法，建立了应急管理机制和机构，从未发生质量安全事故、劳动纠纷和群体事件。坚持依法经营、遵循国际惯例，老挝多家主流媒体，中国的《人民日报》、新华社、人民网等海内外媒体对园区的发展给予了积极的报道。

（5）开发区招商情况。截至 2019 年 10 月 10 日，开发区入驻企业共计 75 家。正式投产企业 29 家，在建及准备建设中企业 46 家，入驻企业计划投资 10 亿美元，目前年产值约 2 亿美元，全部投产后总计年产值超过 18 亿美元，入驻企业来自 7 个国家和地区（中国、老挝、泰国、日本、美国、马来西亚、中国香港地区），其中来自中国的企业数量和投资额分别达到 70.67% 和 58%，赛色塔开发区作为承接中国企业在老挝的境外投资和产能转移的平台作用越发明显。

开发区重点布局仓储物流、能源化工、电子产品制造、生物医药、农产品加工、纺织品加工、总部经济、商贸服务、其他产业共九大产业，重点布局产业的企业数量总和为 39 家，占全区企业数量的 52%，投资额总和为 9.54 亿美元，占全区企业总投资额的 93.52%。

2. 老挝磨丁经济专区建设情况

（1）老挝磨丁经济特区基本情况。老挝磨丁经济特区（以下简称"磨丁专区"）位于老挝南塔省，紧邻中国云南磨憨口岸，是老挝通往中国的国家级陆路口岸城市、昆曼国际大通道老挝门户和在建中老铁路进入老挝的首站。居于中国西双版纳—老挝琅勃拉邦—泰国清迈旅游环线的中心位置，同时也是中国、老挝、泰国三国陆路货物运输、跨境旅游的中转站和集散地。

磨丁专区由中国云南海诚实业集团股份有限公司注资成立的老挝磨丁经济专区开发集团有限公司负责运营，建区企业为老挝磨丁经济专区开发集团有限公司。从运营方面看，磨丁专区是较为典型的民营企业投资建设运营管理模式。

磨丁专区规划面积 16.4 平方千米，确定四个主要产业，即旅游度假、商贸物流、文化传媒与教育医疗。园区以旅游度假产业为先导，带动人气和商气；以商贸金融和物流加工产业为核心，打造区域经济发动机；以文化传媒和教育医疗产业为支柱，构建可持续发展社会环境。入园企业生产生活所需的水、电、通信、网络、有线电视等配套设施已基本建成。

（2）老挝磨丁经济特区旅游度假主要产业情况。

1）旅游度假。展示中心已正式对外开放；磨丁自驾车营地、大象营地、空中溜索、空中走廊、文娱表演已于 2015 年 2 月开始接待游客；生态农场的搭建、养殖已完成。

2）商贸物流。依托快速路网的交通优势和区位优势，磨丁经济特区建设成为未来中国、老挝、泰国三国陆路货物运输的中转站和集散地，构建一条保税、加工、物流的现代产业链，打造老挝、中国两国边境地区特色加工制造业基地，具备海关检疫联检、国际公路港、信息交易、仓储物流、冷冻冷藏、公铁联运、商贸交易、配套服务、商务办公等功能。

3）文化传媒和教育医疗。磨丁专区于 2019 年 10 月 18 日举行了教育医疗产业园区开工奠基仪式，作为支撑磨丁专区可持续发展的基础产业。教育医疗产业园备受重视，教育方面将打造公共教育设施平台，引入国际学校、职业教育、大学等，形成老中教育合作交流中心。医疗产业将与多家国际品牌医院合作，打造老挝首个国际医院、亚健康调养中心、康体养老中心、运动养生保健中心等，具有多功能医疗及研发能力的综合医疗城，目前正在同步引进制药研发、癌症特效药、干细胞、辅助生殖等高端的医疗产业落地，将很好地满足南塔省以及老挝北部各省民众对于教育及医疗服务方面的需求。

3. 保山—曼德勒缪达经济贸易合作区建设情况

（1）合作区建设背景。保山地处中国、东南亚、南亚三大市场接合部的优越区位，是滇西政治经济中心，也是云南经缅甸通往南亚的最前沿地带和最佳陆路通道，更是我国面向南亚、东南亚开放的前沿阵地，保山作为古丝绸之路上的关键节点。曼德勒是缅甸第二大城市，位于缅甸中南部的内陆，是上缅甸地区的经济中心、物流中心，拥有对内陆地区的辐射作用。

保山市在积极参与中缅经济走廊建设中，开创性地提出了"一线两园"的举措，即在保山至缅甸沿线，依托保山工贸园区建设境外经贸合作区，推进国内外园区联动发展。通过对缅甸曼德勒、仰光、缅印德木口岸等主要的经济区域进行实地调研考察，同曼德勒缪达园区负责人及相关企业深入交流，多方比对研究，结合区位、用工成本、交通运输、自然资源及当地社会环境等因素，选定缅甸曼德勒省缪达工业新城为"一线两园"境外园区的选址，促成了保山市—曼德勒缪达经济贸易合作区（以下简称合作区）项目落地。

保山市—曼德勒缪达经济贸易合作区项目作为"一线两园"的重要载体、开放创新的前沿阵地，项目的建设可加快国际产能合作，充分发挥保山区位及通道优势，全面提高保山对外开放合作水平，为推进"面向南亚、东南亚辐射中心"打造，加强境内外基础设施、资源、产能、市场、人才等领域的合作，积极对接和深度融入国家、省市战略中具有重要作用；保山市—曼德勒缪达经济贸易合作区项目的建设，可扩大对外贸易的市场，将出口产品粗加工环节放在国内园区，组装等精加工环节放在境外园区，以通关"贴牌"的方式解决出口产品缅甸原产地问题，享受从缅甸出口欧美等国普惠制（GSP）政策，把中国制造变为缅甸制造，实现境内生产和境外销售的有机结合，为国内产品进入缅甸、印度等东南亚、南亚市场，以及进入欧美市场提供便利。

（2）合作区运行模式。曼德勒缪达工业园区距离曼德勒市区 58 千米，距离缪达市区 11 千米，距离伊洛瓦底河港斯密孔码头（SMP）18 千米，距离机场 38 千米，交通条件优越，区位优势明显。保山市曼德勒缪达经济贸易合作区是保山市与缅甸曼德勒缪达工业园区合作开发建设的园中园项目。合作区总体规划用地面积 1905 亩，总建筑面积 1009524 平方米，估算总投资 40436.48 万元，目标是建设成为集仓储、国际中转、研发、加工制造、服务等功能于一体的境外园区。

合作区采取 PPP 方式运作，由保山市腾冲边境经济合作区管理委员会负责实施，由曼德勒保山缪达工业开发有限公司作为项目投资开发主体负责具体建设，政府方出资代表为腾冲兴业园区开发投资有限公司，通过政府方出资代表与中标社会资本方共同组建项目公司，项目公司负责项目的投资、融资、建设、运营、维护及更新。政府方与社会资本方的职责分工为：政府方主要负责合理价格水平的确定及项目监审；社会资本方主要负责优化设计、投融资、建设管理及施工，运营期的经营管理等，合作期满后在保证资产正常运营的情况下无偿移交政府指定单位。项目的合作期限为 17 年，包括 2 年的建设期和 15 年的运营期。

项目的建设将为国内企业"走出去"开拓境外市场搭建平台，为产品进入南亚、东南亚和欧美市场提供便利，对于促进保山乃至云南省的外向型经济发展，加强我国与"孟中印缅"经济走廊沿线国家互联互通具有十分重要的意义。

保山市—曼德勒缪达经济贸易合作区建设项目充分发挥境内园区及境外园区两种资源两个市场，形成内外联动机制，延伸产业链和产业结构，形成产业集群，为企业"走出去"搭建平台，为推动云南对外开放提供了一种新的模式。

（3）合作区建设现状。合作区 2017 年 1 月签订了土地租用合作开发协议，租用年限 70 年；2017 年 7 月取得缅甸投资委员会（MIC）投资许可证。

合作区采用一次规划分期建设，先期实施项目占地面积约 551.88 亩，总建筑面积约 14 万平方米，主要建设标准厂房、仓库、员工宿舍等，现已完成云南省发改委及商务厅备案工作，先期实施项目采用中长期出口卖方信贷融资模式投资开发，向中国出口信用保险公司投保，现已获得中国信用担保公司出具的担保函，中国建设银行云南省分行已通过银行贷款审批，贷款金额 5850.29 万美元。项目已开工建设，贷款资金根据施工进度已逐步发放，预计 2020 年底先期实施项目全部投入使用。

（4）合作区的优势。东南亚市场巨大，人口资源丰富，交通便利。一是缅甸连接 21 亿人口、生产总值 5.1 万亿美元东南亚市场的区位优势，消费市场潜力巨大。二是缅甸劳动力资源丰富，用工成本相对国内比较低（国内平均工资为 3000 元/月）工资平均为 800 元/月，且人数达到 1370 多万，到缅甸投资可以为企业节省大量用工成本，提高经济效益。三是临近伊洛瓦底江及曼德勒至仰光高速公路，货物可通过港口及曼德勒至仰光的高速公路直接到达仰光港口，交通便利。四是缅甸出台了许多优惠的税收政策，目前缅甸联邦政府鼓励园区建设与发展，2016 年 10 月出台了《缅甸投资法》，以法律的形式确定投资优惠政策；如投资者在曼德勒缪达等一类区域投资运营 7 年内免征企业所得税。五是缅甸大多数产品出口至 WTO 成员国无配额限制，缅甸原产地产品出口到欧盟、美国等国家可享受优惠关税。六是保山市腾冲—曼德勒缪达经贸合作区为入驻园区企业提供优质的咨询服务。七是合作区建成后可为当地解决约 10000 就业人口，为缅甸政府提供税收收入，同时也为当地人民改善生活水平提供了方便，受到缅甸地方和中央的高度重视。

4. 中柬文化创意园

（1）中柬文化创意园基本情况。中柬文化创意园位于柬埔寨暹粒省暹粒市，于 2018 年 7 月 19 日举行开工仪式。园区建设总用地 33337.49 平方米，总投资金额为 2.14 亿元。整个园区包括周达观博物馆、陈拉文化中心、柬中文化交流中心、中国文化展览中心和一座拥有 1500 个座位的吴哥"微笑大剧院"、可容纳超 1200 人的餐饮中心、真腊艺术长廊等，是集演艺、历史文化展示、餐饮、文化衍生品展示销售等为一体的文化综合体项目。

创意园由华侨城云南文投集团投资及运行，由云南建投集团承建。目前该项目正在建设中，计划在 2020 年建成并向参观者开放。

（2）建设情况。截至 2020 年 2 月 20 日，中柬文化创意园已完成的施工内容为：①剧场主体封顶；②剧场一区屋面梁模板支设；③剧场二区屋面梁浇筑；④剧场四区内架拆除；⑤餐厅内架搭设。现场累计完成钢筋制作安装 1300 吨，砖胎膜砌筑 1373.44 立方米、抹灰面积 4500 平方米，混凝土浇筑完成 11000 立方米，模板制作展开面积约 37486.21 平方米，防水铺贴 8410 平方米，土方回填 84151.56 立方米，钢结构安装 40 吨。累计完成产值约 5000 万元。

（3）中柬文化创意园的作用。中柬文化创意园是融合柬埔寨传统文化的一个现代化的文化场所，有助于提升柬埔寨创意文化水平，推动柬埔寨文化传承及相关领域的发展，为宣传柬埔寨文化做出了贡献。也为促进中柬两国文化艺术交流，增进两国人民传统友谊发挥了积极的作用。同时吸引游客集聚和流动，促进其他产业和业态的发展，促进当地的就业和人民的收入，促进柬埔寨经济发展。

中柬文化创意园得到云南和柬埔寨的高度重视，2019 年 3 月 26 日云南省委书记、省人大常委会主任陈豪莅临项目考察、指导。2019 年 11 月 26 日，云南省副省长董华到项目进行调研。2019 年 9 月 13 日，中国驻柬埔寨大使馆参赞刘杰到项目进行调研。2020 年 1 月 13 日，柬埔寨文化部部长沙格娜女士到项目进行调研指导。

三、云南产业向东南亚、南亚转移的主要经验

（一）国家战略赋予了云南重大发展机遇

建设"面向南亚、东南亚辐射中心"是习近平总书记视察云南时给云南指出的最新三大定位之一，该定位为云南发掘区位优势潜力、提升对外开放水平带来了前所未有的机遇。云南是我国连接东盟最便捷的陆上通道，全省 8 个边境地州、25 个边境县市与越南、老挝、缅甸毗邻，长达 4060 千米的边界线约占我国陆上边境线的 1/5，18 个国家一级口岸和 7 个省级口岸，对外通道 94 条，所有县市已全部对外开放。独特的区位优势使云南成为中国走向印度洋的重要通道，中国与东南亚、南亚等国家开展经贸合作的重要枢纽，维护中国西南边疆安全的重要屏障。

随着国家"一带一路"倡议以及中国中南半岛经济走廊、孟中印缅经济走廊、中越经济走廊、中老经济走廊、中缅经济走廊建设的推进，云南正从经济发展与对外开放的边缘地区和末梢转变为中国与东盟、南亚三大市场的联结点和中国面向东南亚、南亚开放的前沿。在这样的大背景下，扩大对外开放成为必然的历史选择，境外直接投资作为对外开放的重要组成部分，迎来了重大的发展机遇。

（二）明确定位稳步推进

云南省紧紧围绕"建设面向南亚、东南亚辐射中心"的新定位，在"一带一路"倡议框架下，主动服务和融入国家开放战略，努力推动云南省开放型经济实现新的跨越式发展。近年来，云南省高层领导出访时都把推动企业"走出去"作为重要的经贸活动进行安排，经贸代表团多次到东南亚、南亚国家进行投资政策、投资环境、产业和项目的考察，到境外投资企业和云南省驻境外商务代表处进行考察、调研，了解企业和商务代表处的运行情况和实际困难，通

过与东道国的磋商和交流，推进云南省产业向东南亚、南亚转移。随着产业向东南亚、南亚转移的发展，进一步提升了云南省在国家发展战略和对外开放大局中的地位和作用，凸显了云南省在国家周边外交中的独特优势，在国家发展战略中发挥了陆路通道、战略枢纽和战略支点的作用。

（三） 多方政策支持促企业"走出去"

云南省财政厅、发改委、国资委、工信委、国家税务局、地方税务局、农业厅、林业厅、科技厅、教育厅、文化厅、金融办、公安厅、省办外、海关和出入境检验检疫等多部门鼓励和支持本土企业"走出去"，从财政资金支持、政策支持、税收优惠、农林业产品推广、农业科技支持、人力资源、文化产品走出去、金融支持和出入境便利等方面都给予了非常大的政策支持。如在财政资金支持方面，财政厅每年从省级财政预算中安排鼓励和支持云南省企业"走出去"发展专项资金，支持企业到境外投资办厂，从事矿产资源勘探开发和农业合作开发以及其他资源性产品的开发，开展对外承包工程、设计咨询和劳务合作，建立投资工业园区、农业园区或建立境外云南商品专业市场等。商务厅为境外投资提供三项"免费"服务和资金支持，企业可以免费参加招商投资活动寻找项目；可免费领取投资手册，了解相关国家对外商投资的各种政策；可免费参加业务培训，更有针对性地了解东南亚、南亚国家的情况，尽可能避免投资风险。此外，在东南亚、南亚投资的企业，还可以申请相关的资金支持。

（四） 充分发挥驻境外商务代表处的作用

云南省自 2010 年在缅甸仰光设立商务代表处以来，至 2015 年 9 月，已经分四批在所有东南亚、南亚国家设立了驻境外商务代表处，并依托 8 家境外投资合作企业进行管理。

云南省驻境外商务代表处和其依托管理的投资合作企业收集了大量驻在国经济政策、经济运行情况、商业项目以及风险预警等境外商务信息，通过《吉祥》《桥》等外宣刊物，《对外投资合作快讯》《云南商务》《商务风》等境内发行刊物，以及"云南省对外投资合作网"和云南省商务研究院微信平台等发布；编制了驻在国（地区）的投资指导手册，介绍当地的投资环境、投资合作业务办理程序及注意事项等，为省政府、相关职能部门和境外投资企业提供了决策参考依据。代表处还通过与驻在国当地政府部门、商会、华商会和行业协会等部门建立了长期友好联系，为云南省企业对外投资疏通和拓宽了合作渠道，搭建了平台，扩大了云南省在驻在国的影响力，并积极为云南省企业对外投资牵线搭桥、提供咨询服务，通过举办投资推介会、实地拜访、项目考察等，促成多个项目快速落地。

（五）开拓推进境外经贸合作区建设

境外经贸合作区是云南省企业境外投资的平台，也是产业聚集的平台，为云南省企业搭建了集群式国际化发展平台。云南省已建设的境外经贸合作区有老挝万象赛色塔综合开发区、老挝磨丁经济专区；推进前期工作的有缅甸皎漂经贸合作区、缅甸密支那境外经贸合作区、缅甸曼德勒缪达工业园区、印度阿萨姆邦古瓦哈蒂商贸城。积极支持和鼓励企业到越南河内、泰国清迈、柬埔寨暹粒、印度加尔各答、斯里兰卡科伦坡、孟加拉国吉大港、马尔代夫马累7个国家承建7个境外经贸合作区，依托云南建投集团、水电十四局、云南联合外经等一批"走出去"企业在当地设立的云南省驻境外商务代表处，协助开展合作区前期调研工作。

通过集群式发展模式，在东南亚、南亚国家规划建设一批境外经贸合作区，带动云南省优势产业拓展海外发展空间，促进国际产能合作，并发挥产业集群和投资规模效应，共同争取所在国的优惠政策，有效绕开贸易壁垒，共同抵御政局动荡、社会安全和政策变动等风险，获得更多的境外投资收益。集群式发展模式已经成为拉动云南省企业境外投资的重要形式。

（六）大力推进服务平台建设

为了更好地服务于云南省境外投资企业，"云南省对外投资合作网"于2014年3月正式运行，该网站以服务企业"走出去"为宗旨，开设"国别投资动态""国别（地区）投资指南""对外投资合作企业名录""法规政策""办事指南"等21个栏目，成为云南省企业境外投资的重要信息渠道。充分利用云南省驻境外商务代表处、各会员单位、各相关部门的资源，建立了境外投资项目信息库，并将相关信息在商务厅网站、云南省对外投资合作网进行发布，不断提高为企业服务的质量和效能。帮助企业了解了境外投资项目信息，提高了投资的针对性，减少了盲目性。

2013年，成立"云南省对外投资合作协会"，积极向会员单位宣讲我国对外投资管理制度从审批制为主转为备案制为主和其他相关的投资便利化政策，开展境外投资相关的业务培训，并就会员单位在对外投资中的现状、存在的问题和困难，积极向主管部门进行反馈和沟通，对云南省境外投资的规范化管理起到了积极作用。

四、云南产业向东南亚、南亚转移面临的困难

东南亚、南亚国家市场，是云南参与"一带一路"建设，实现云南产业境外转移的重点区域。本土企业"走出去"是反映经济外向发展程度的标志之一，而云南省企业"走出去"的整体水平还相对较低。

（一）外贸依存度总体水平仍然较低

外贸依存度是反映一个地区经济发展对该地区外贸活动的依赖程度和外贸活动对该地区经济的影响程度。从最终需求拉动经济增长的角度看，该指标还可以反映一个地区的外向程度。从云南外贸规模和外贸进出口总额占 GDP 的比重来看，云南省外贸依存度明显小于四川和广西，与全国平均水平还有较大差距。如表 4-16 所示。

表 4-16　2016 年云南、四川、广西及全国外贸依存度

地区	云南	四川	广西	全国
出口依存度（%）	5.37	5.90	5.70	18.61
进口依存度（%）	3.91	4.52	5.54	14.10
外贸依存度（%）	9.28	10.42	11.24	32.71

资料来源：根据 2016 年云南、四川、广西、全国的国民经济和社会发展统计公报整理。

（二）企业协同或抱团出海不足

企业单打独斗"走出去"，不能协同或抱团出海，不利于发挥各企业的优势，企业抵御和规避海外投资风险的能力弱，企业海外可持续发展能力难以增强。而协同或抱团出海，则能够有效形成区域协同和产业协同效应，减少无序竞争，达到产能叠加的效果。云南省"走出去"龙头企业十分有限，企业间产

业链不够成熟，分工不明确，难以深度合作。特别是民营企业只强调船小好调头，不注重协同合作能力的提升，整体竞争力和抗风险能力较弱。

（三）境外投资企业缺乏科学的对外经营管理机制

外经企业形式上虽直接面向国际市场，但一些企业在东道国封闭经营，信息缺乏，没有建立健全有效的人事、财务管理制度，对东道国的法律法规知之不全，对东道国的市场环境缺乏深入细致的了解，未能做到知己知彼。从投资决策过程来看，投资决策过程与企业投资的成败息息相关，可以说是跨国投资最关键的一环。一旦决策失误，即使后期的经营再尽力，也难逃失败的厄运。许多企业特别是中小型企业由于资金实力有限，对外投资的规模较小，存在着人才、管理机制、信息来源等方面的欠缺，决策过程中的市场调查、可行性分析等环节不够科学，在国际市场竞争中往往自生自灭，难成大气候。

（四）投资风险高

一是部分国家政局形势复杂多变，战事频繁，易造成原有项目搁置、国有化征收、战争损失等风险。二是欧美日等国政治势力影响较大，部分国家对中国企业投资有政治权衡和考量，在法规政策或实际操作中设置诸多障碍。三是与东道国文化传统和民间习俗有一定冲突。在不全面了解东道国法律法规、市场准入规则、民族文化信仰、语言风俗习惯等方面与本土差异的情况下，将国内的做法直接套用到目标市场势必遭受挫折。四是部分国家比较落后，贫富悬殊严重，宗教种族纷争频繁，社会秩序不良。五是部分国家政府行政效率低下，法律环境较差，诚信度不高，时有贪腐发生。六是部分国家金融危机高发，外债负担较重，导致外汇储备严重不足，无法保障中国企业日常汇兑需求，对外汇利润合理汇出风险较大。七是部分国家货币流动性差、币值不稳，企业投资汇兑损失较大。

（五）投资成本高

一是大部分东南亚、南亚国家经济发展水平低，铁路、公路、航空、港口等交通运输设施不足，缺电现象严重，通信和信息网络不畅，商贸生活配套服务设施缺乏等，加重了企业海外投资成本；二是东南亚、南亚国家普遍法律体系不健全，政策不透明，税务、用工等制度僵化；三是大部分国家在财务管理、技术运用、产品质量、物流运输等方面，或标准体系不健全，或与我国实行的标准体系差异较大；四是由于云南省对外投资市场高度集中，同质化竞争加剧，且当地原材料短缺、产业不配套、用工用地限制多、市场容量不足、劳动力水平不高，项目管理和技术人员需由国内派出，再加之云南在东南亚、南亚投资产业层级低，易受国际市场价格和东道国政策影响等因素影响，海外投资企业管理成本加大。

（六）对外投资支撑保障措施还有待健全完善

一是在管理体制方面，缺乏总体上统一规划和合理布局。既未建立统一、权威的专门管理机构，也未制定系统、稳定的海外投资促进法律法规体系，也就不可能在政策上形成成熟的导向机制。二是在管理方式上仍然表现为多头管理。境外投资涉及外汇、商务、海关、财政、税收等众多部门的多头管理，缺乏统一规划，互相不协调，监管力度差，影响了企业对外投资发展的积极性。三是信息服务滞后。信息是决定云南产业"走出去"，进行对外经营活动成败的关键性因素。信息服务的不完善，使国内外投资往往难以得到及时的沟通，致使国内有优势的产品和项目无法及时得到投资机会，国外的多种投资机会和需求信息也无法及时反馈到国内，直接导致了对外投资的盲目性和随机性，加大了投资风险。

（七）随着国家政策调整，对外投资不确定因素增加

一方面，自2016年11月以来，国家通过严格项目审批和加强外汇管理的手段，对房地产、酒店、影城、娱乐业、体育俱乐部等领域投资实行严控。在监管收紧背景下，全国的对外投资从"火热期"进入"冷静期"。2017年6月，中央全面深化改革领导小组第36次会议审议通过了《关于改进境外企业和对外投资安全工作的若干意见》，将海外投资安全上升到国家安全高度，对海外投资将实行中长期制度建设和短期调控措施相结合的管理模式。云南省企业在房地产、酒店等严控领域的投资项目将会受较大影响。另一方面，在特定时期内，国家出于总体开放战略考虑，对敏感国别和敏感领域的投资项目实行统一协调，对云南省部分项目实施带来影响。如国家能源局要求所有中资企业暂停对缅甸水力发电项目洽谈，由国家实行统一对外谈判，云南省企业参与的缅甸诺昌卡流域水电开发项目暂处于停滞状态。

五、云南产业向东南亚、南亚转移的对策建议

（一）多层次宽领域开拓东南亚、南亚产业转移市场

1. 云南产业向东南亚、南亚转移，应突出重点、循序渐进、稳步发展

云南产业向东南亚、南亚转移，应突出重点、循序渐进、积极融入、稳步发展，优先选择政局稳定、投资环境较好、双方经贸合作有一定基础的国家为目标市场。进一步巩固大湄公河次区域市场、深度融入其他东盟国家市场，加快拓展南亚国家市场。云南与大湄公河次区域国家在产业结构、消费结构、市场结构等方面不尽相同，互补性较强，产业合作空间很大。这一地区经济除泰国以外相对不发达，特别是老挝、缅甸、柬埔寨属于低收入国家，基础设施匮乏，是待开发消费市场，在基础设施和基础工业建设上有很大需求。云南产业的外向转移，应进一步巩固有一定产业合作基础、投资环境较为熟悉、已经营多年的大湄公河次区域国家市场。同时，云南产业的外向转移，需要积极鼓励有能力、有实力的企业拓展外围市场，深度融入其他东南亚国家市场；抓住南亚国家投资环境不断改善的机遇，加快拓展南亚国家市场。

2. 争取对外承包工程有新突破

对外承包工程可带动国产机电产品、成套机械设备和一般物资出口，与单纯外贸相比，无论在贸易方式方面还是在社会经济效益方面都更具有优势。在对外承包工程的开展上可采用促进区域间贸易、相互投资、对外承包工程劳务合作、境外直接投资和境外带料加工装配、利用国家优惠援外基金、带动国产设备材料出口、外经贸企业与国际资本合作开发等一系列"外经、外资、外贸"联动的大经贸战略，加强项目信息的搜寻、筛选，发挥云南对外承包工程企业的优势，主动与有实力的中央企业、外省市企业及国外著名承包商组成联合体，投标承包境外大中型工程项目，培育和发展联合承揽和建设国际工程的能力。鼓励更多有实力的企业取得对外承包工程和劳务合作经营资格，进一步壮大外经队伍。

3. 拓展对外直接投资新空间

应努力构建"走出去"促进工作体系，加大对外直接投资促进和政策扶持力度，引导企业积极开展跨国经营。充分发挥云南矿产资源、生物资源、电力

资源、加工工业、宾馆旅游、电信运输等产业的优势，开展对外直接投资，拓展发展空间，逐步实现云南优势产业的原产地多元化。鼓励企业通过新设、并购、境外上市、重组、联合等多种形式，以国家鼓励的境外加工贸易项目为重点，大力推进境外实业型投资，带动经济结构的调整，提升企业的跨国经营能力，培育和形成一批具有较强竞争力的跨国经营企业。

4. 提升对境外资源开发利用能力

积极引导企业充分利用国外资源和市场，扩大云南企业境外资源开发利用的广度和深度。鼓励有条件的企业采用多种方式开发利用境外资源，争取在矿产资源、生物资源、电力资源的开发利用上有新的突破。鼓励企业在境外开展初级产品的深加工，提高境外资源的开发利用水平，充分利用境外资源来提升企业的经营能力。

（二）建立和完善云南企业境外投资的管理体制

加强政府管理，建立和完善企业境外投资的管理体制，为企业提供多方面的支持与服务，有效推动云南产业向东南亚、南亚转移。

1. 进一步完善企业境外投资管理制度，加强对企业"走出去"的管理和政策指导

政府应对外经企业提供服务和保障，完善云南产业向东南亚、南亚转移的发展规划，加强对企业"走出去"政策指导。坚持企业为主体、市场为导向，按国际惯例和规范开展境外投资，按"鼓励发展＋负面清单"模式进行管理，有效引导和规范企业产业向东南亚、南亚转移的方向，从宏观上把握对外经济技术合作的结构和流向，提高政策的透明度、稳定性和便利化。进一步改变多头管理、政出多门的状况，建立相关部门境外投资管理协调机制，放宽企业"走出去"的各种限制，简化管理，对境外投资项目实行备案制。加强政府与企业间的沟通和联络，如通过联合举办云南产业向东南亚、南亚转移推介会等活动，增强政府层面的对外宣传力度，助推企业"走出去"。以外交支持和服务经济，在国际事务活动中打好经济牌，为企业开展对外经济技术合作创造良好的国际环境。深化供给侧结构性改革，以"控制、淘汰、改造、提高"为重点，对传统产业进行结构调整，以"振兴、培植"为重点，促进高新技术的产业化发展，从根本上提高产业和企业的竞争力，使外经企业更好地走出国门。

2. 加强对云南企业境外投资的法律支持

对云南产业向东南亚、南亚转移的管理必须以法律为依据，完善的企业境外投资法律法规体系是境外投资企业经营安全、有序的保障。应建立健全符合

国际规范要求的境外投资法律法规体系,完善有关企业"走出去"项目的审批、资金筹集、税收制度、外汇管理、财务管理、投资保险制度等各方面的政策法规,提高政策法规透明度,保障"走出去"企业的合法权益。

3. 对云南企业境外投资提供金融、财税等方面的支持

在金融支持方面,一要强化国家政策性金融机构有关信贷、信用保险和担保等职能,建立境外投资风险基金、对外投资保险等。二要鼓励各商业性银行参与其中,拓展"走出去"投资企业的筹资渠道,鼓励有条件的商业性银行到海外设点。结合云南沿边金融综合改革试验区建设,积极推进境内银行为境外项目提供人民币贷款业务,鼓励银行开展境内外联动的人民币融资产品创新;积极推进与东南亚、南亚国家在跨境保险业务合作方面,包括在机动车辆保险、货物运输保险、出口信用保险、工程保险等领域的务实合作。三要根据境外投资项目行业指导目录,对国内生产能力明显过剩,但在东南亚、南亚地区有良好技术条件和明显比较优势的行业和企业,给予优惠政策,鼓励其产业转移,进行境外投资活动。在财税政策方面,应建立符合国际规范的税收抵免和税收饶让制度;对进行境外资源开发返销国内的原材料,实行优惠关税;对以实物作价进行投资的设备、机械等商品的输出,给予出口退税。

4. 对云南企业境外投资提供信息支持与服务

设立专门的境外投资信息研究咨询服务机构,为云南企业境外投资提供包括前期调研、市场分析、项目选择、融资渠道、法律纠纷的解决等方面的信息支持与服务,帮助企业比较全面地了解东道国投资环境和市场需求,使云南境外投资企业走得出去、立得住脚、能够发展。

5. 建立双边及多边投资协调机制

鉴于东南亚、南亚部分国家营商环境比较严苛,为了减少和克服与东道国之间围绕直接投资进入方面产生矛盾和纠纷,便利和促进云南境外投资的发展,有必要建立促进双边及多边投资协调机制。在市场准入协调机制方面,通过协商和谈判,逐步减少与东南亚、南亚国家之间对相互间投资行业的限制,逐步减少直至取消对相互间投资所有权和控制权的限制,相互给予投资者最惠国待遇和国民待遇。在禁止业绩要求协调机制方面,通过协商谈判就不能要求外国投资企业尽可能地使用东道国当地的原材料和自然资源,尽可能地使用东道国当地的零部件等中间产品,提高产品的当地化率;不能要求外国投资企业生产的产品必须有一定数量的出口比例及贸易平衡;不能要求外国投资企业自求外汇收支平衡等方面达成协议,尽量避免对境外投资企业提出过多的业绩要求。在相互保证投资及收益自由转移协调机制方面,为了保证在东南亚、南亚投资企业的投资及收益能够自由转移、汇回国内,应就保证外国投资企业的投资和

收益（包括利润、股息、利息及清算资金等）能够自由转移及转移方式达成协议。在建立因征收、国有化及其他类似措施的有效补偿协调机制方面，为了避免境外投资企业的投资因东道国实施征收、国有化或其他类似措施遭受损失，保证境外投资的安全和利益，应与相关国家就对外国投资企业采取征收、国有化或其他类似措施的原因以及补偿的价值和兑现；对因突发的非稳定因素而对外国投资企业造成损失给予公平的援助待遇等达成协议。

（三）建立促进企业开拓东南亚、南亚市场的机制

企业是云南产业向东南亚、南亚转移的主体，应培育、发展和完善"走出去"企业境外自主经营能力和国际竞争力。

1. 建立促进中小企业投资东南亚、南亚市场的机制

中小企业市场化程度高，有相对灵活的经营管理机制，抗击市场风险的能力较强，应积极支持中小企业发展和扩大对外经济技术合作业务。一是设立中小企业发展基金，支持中小企业开拓东南亚、南亚市场。按有偿使用的原则，对资金进行市场化运作，加大对云南企业特别是中小企业"走出去"的扶持力度。二是整合云南支持和促进企业开展境外投资的支持资金，形成资金合力，鼓励和引导企业特别是中小企业积极"走出去"，开展境外投资，包括加大对企业"走出去"的财政资金支持力度；更好地为企业"走出去"提供政策性金融支持。三是充分发挥金融机构的作用，鼓励商业银行调整信贷结构，改善信贷管理，开发适应中小企业发展的金融产品，加大对中小企业的信贷支持；为中小企业提供信贷、结算、财务咨询、投资管理等方面的服务。四是鼓励各类社会中介机构为中小企业进入外经市场提供创业辅导、企业诊断、信息咨询、市场营销、投资融资、贷款担保、产权交易、技术支持、人才引进、人员培训、对外合作、展览展销和法律咨询等服务，促进中小企业以易货贸易、补偿贸易、出口信贷、融资租赁等多种方式灵活地进入外经市场。五是充分发挥我国驻外各国使馆和中国商会等机构的优势，为中小企业"走出去"提供商务咨询，帮助其了解和掌握东南亚、南亚国家的市场情况、投资环境、法律法规、商务特点、企业经营模式和运行机制，使"走出去"企业能入乡能随俗，实现国内外市场的有效衔接。

2. 建立国有企业开拓东南亚、南亚市场的机制

一是深化国有企业改革，进一步分离所有权和经营权，培育高质量一流企业，使国有企业真正成为充满生机活力的市场主体，是国有企业能够根据东南亚、南亚国家市场条件的变化，及时调整经营方向，使人力资源、财力资源、

市场资源等要素达到最佳组合的制度性保证。二是国有企业应积极实施"走出去"战略，高度重视海外市场，成立海外开发机构，研究东南亚、南亚市场的特点，相关政策和产业链，根据企业优势发展目标寻找合适的项目。三是在深化国有企业改革中，整合重组，培育一批有国际竞争实力的企业集团，专门从事海外市场开发。

（四）鼓励企业采取多种方式"走出去"

1. 采用 EPC 运营方式

"项目公司+设计单位+施工企业"方式（Engineering，Procurement & Construction，EPC）运营方式，即业主仅与一个承包商签约，由总承包商负责将项目从设计、采购、施工、试运转全部完成的交钥匙工程运营方式。如云南承接的越南、缅甸水电站项目，采取 EPC 模式运作，由云南电网公司作为联合体的第一责任者负责项目的总体运作，中国水电顾问集团昆明勘测设计研究院承担设计工作，水电十四局承担施工任务。这种运营方式不仅能够使工程项目建设达到质量优、速度快、造价低的效果，也加强了企业间的联合。

2. 采用 BOT 运营方式

"项目公司+融资企业+设计单位+运营企业+施工企业"方式（Build-Operate-Transfer，BOT）模式，由项目公司对在市政、道路、交通、电力、通信、环保等方面的项目的设计、咨询、供货和施工实行"一揽子"承包；项目竣工后，在特许权期限内进行经营，向用户收取费用，以回收投资，偿还债务，赚取利润；特许权期满后，项目公司将项目交给政府的运营方式。如采用 BOT 方式的瑞丽江电站项目，采取云南机械设备进出口公司作为项目公司进行项目主体运作，华能集团为融资主体，云南电网公司为项目运营主体，中国水电顾问集团昆明勘测设计研究院为设计单位，水电十四局为项目施工单位的运营方式。BOT 方式既解决了业主方的融资问题，也使投资者在项目建设中提高了效率，节省了资金和管理成本，使企业能够获得长期稳定的收益。

3. 采用对外援助带动方式

"对外援助带动走出去"方式，即在承担我国对外援助项目的过程中，逐渐拓展受援国市场。若为物资援助项目，通过产品进入受援国市场；若为施工援助项目，通过树立项目品牌，提升企业的知名度，利用品牌效应，辐射受援国周边国家市场。如云南建工集团承建我国援助老挝琅勃拉邦医院项目后，其优良的工程质量为企业树立了很好的形象，又相继在老挝承担了东昌酒店、韩国援建老挝培训中心教学楼建设项目、我国甘蒙省日产 2500 吨水泥厂项目等。

4. 采用股权运营方式

以"兼并、收购、参股、重组、联合"方式，即采取兼并境外企业、收购境外股份等方式。采取这种方式可缩短项目建设周期或投资周期，节约投资成本。因此，国内许多大型集团选择这类模式拓展海外市场。

5. 建立经济贸易园区或农业示范区方式

为投资国与东道国的经济、贸易、投资合作提供发展平台，为参与该项目的企业和投资者提供商机和相应收益，有利于降低风险，顺利进入东道国。如老挝万象赛色塔综合开发区等。

（五）进一步开展替代种植

开展替代种植，为云南企业"走出去"的重要构成部分，应鼓励更多有实力的企业参与到替代种植的行列中来。

1. 不断扩大替代作物的种植面积

开展替代种植从根本上铲除来自缅甸北部、老挝北部的鸦片、海洛因等毒品的危害的重要方式，通过不断扩大替代经济作物及粮食作物种植面积，基本解决当地烟民的生存问题来切实减少境外罂粟的种植面积。

2. 大力发展替代种植相关产业

在替代种植取得成效的基础上，大力发展与替代种植相关的初级产品加工及矿产、生物资源开发，推动替代种植向替代发展转型，巩固罂粟替代成果，提高替代发展综合经济效应。

3. 为实施替代种植提供便利化服务

严格管理，减少环节，合理收费。简化过境手续，制定统一的收费标准，采取一站式、一窗口的方式提供服务，实现跨境手续、运输价格、海关检查、车辆管理等涉及人员及交通运输流动的便利化。

（六）构建云南企业"走出去"的国家风险预警机制

国家风险涉及一个国家的政治、社会、法律、宗教、经济、金融、外债等多个层面，表现为因战争、恐怖行动、内乱、政变、冲突、人畜疾病流行、地震以及其他自然灾害等，对国际商业活动采取罚没、收归国有、禁止出入境、废除债务、毁约或强行终止合同等。东南亚、南亚多为发展中国家，法律制度在不断建设和完善的过程中。云南企业"走出去"不可避免地面临相对较高的国家风险，构建国家风险管理机制，有效防范和化解国家风险。

1. 通过预先提取了风险补偿准备金，有效避免因国家风险导致的损失

在计提风险准备金时，通过将国家风险进行结构划分和分类，制定"国家和主权信用人的最低费率"收取风险补偿费，如 OECD 就将世界上所有的国家按照风险的大小分为 8 类（0~7），并相应制定了各类国家的最低风险费率，使"走出去"的企业能够预先获得风险补偿准备，减少跨国投资损失。

2. 建立国家风险保险和担保制度

国家风险保险和担保是防范和化解贸易、信贷、投资中遇到国家风险的最常见也较为有效的工具。投保人通过将自己潜在利润的一部分让渡给承保人，把潜在的风险也一并转让给了承保人。承保人（出口信用保险公司、政治风险保险公司以及类似的担保公司等）还可以进一步按照自己的风险管理政策进行国家风险管理，对风险进行分保和再保险。从目前来看，对国家风险的保险和担保的运作已经越来越多地超出国界，由国际保险人联手承保了。

3. 通过建立双边或多边投资保证协定，保障"走出去"投资的安全性

包括对直接投资禁止业绩要求的协定，保证投资及收益自由转移的协定，对因征收、国有化及其他类似措施的有效补偿协定等。

（七）加强人才队伍建设

1. 建立和完善人才培养、引进、使用的机制，大力培养和引进国际化专业人才

云南产业向东南亚、南亚转移的成效如何，人才是关键。从事境外投资活动的专业人才不仅要有相应的专业知识和技能，还要具备良好的心理素质和开拓进取精神。需要努力培养和引进大批国际化专业人才，以不断满足境外投资发展的需求。一方面，应与国内外著名高校、科研院所建立长期合作关系，充分利用其基础理论优势和最新科研成果对有关人员进行培训。特别是利用云南现有人才培训机构的优势，就近实行政校、企校合作，建立委托培养基地。另一方面，继续加大力度，采用多种办法面向海内外大力引进急需的国际化专业人才，包括海外留学人员和外企从业人员，以充实云南"走出去"人才队伍。

2. 加强外派劳务培训基地建设，大力培训对外劳务合作人员

通过将有条件的人员培训后再到东南亚、南亚国家就业的方式，同样可以减轻就业压力。应建立外派劳务输出基地，采取政府引导推动，促进境外投资企业开拓国际劳务市场的经营优势与云南省内劳动力资源优势有机结合的方式，形成"境外投资企业—外派劳务基地—国际劳务市场"的专业化分工协作链条。外派劳务输出基地作为整个链条上的重要一环，对劳务人员的招收、培训、

管理、外派服务、纠纷协调、维权及其家属安抚等事务发挥着重要的作用。

本章小结

"一带一路"建设中将云南定位为我国面向南亚、东南亚辐射中心，云南是共建"一带一路"愿景与行动中推进的中国—中南半岛经济走廊和孟中印缅经济走廊的重要节点，这是云南产业向东南亚、南亚转移的有利条件。云南产业向东南亚、南亚转移需要一大批拥有境外投资实力企业的成长，需要不断增强企业的国际化经营能力，需要多方支持和助推云南企业以多种方式走进东南亚、南亚国家市场。

第五章
"一带一路"沿线产业转移的引力分析

产业转移反映了区域产业发展规律，也是区域经济发展的重要力量，涵盖产业的承接与转出。地区与地区之间的产业发展通过适时的承接与转出可优化市场资源配置，实现承接地经济的快速发展，助推转出地产业结构的优化。云南省作为西部边疆省份，一方面经济发展水平相对于东、中部落后，需承接东、中部省份产业转移，以实现经济快速发展，同时也是"一带一路"倡议的重要节点。随着与周边国家的国际运输通道建设、大湄公河次区域经济合作推进及面向南亚、东南亚的辐射中心的建设，云南产业转移既面临承接也面临更多地向南亚、东南亚的产业转出。而产业转移的类型、内容及目的地选择皆有内在的规律，如何把握这内在的特质，一方面应结合已有产业发展经验分析，需从已有发展实践及研究中进行定性分析，也是当下许多产业转移实际的重要方法；另一方面以实证定量分析的方法测算，可通过吸引力大小的量化判定来择优确定转移产业的目的地，目前有关云南产业转移的定性分析文献逐步增多，然而鲜有关注定量分析，研究视角尚新。为此本书拟采用引力模型，通过分析云南产业承接国内产业转移吸引力及南亚、东南亚国家承接云南产业转移吸引力基础上，比照现今云南投资实际，提出存在的问题及可拓展的方向，以期为云南在承接产业和转移产业时提供参考。

一、引力模型的建立与修正

引力模型的提出是基于物理学中的万有引力定律，较好地解释了点与点之间的相互作用力，20 世纪 30 年代赖利（W. J. Reilly）提出的零售引力定律（Reilly Law）使该模型在经济学领域得到广泛使用。引力模型的运用主要始于投资贸易领域，涵盖国际贸易量、潜在贸易能力、贸易壁垒的边界成本等测量并被广泛使用。根据这一潜在产业能力定量分析的特质，该模型应用被推及更广的城市空间产业布局、旅游空间吸引力、产业转移规律等领域。但产业转移是贸易吸引力分析中的新内容，国内有关引力模型视角下的产业转移吸引力研究成果不多。吴成颂（2009）以安徽承接长三角地区的产业转移为例，分析了金融支持对产业转移的促进作用①。左小德等（2011）在借鉴价值管理理论与牛顿万有引力理论基础上构建了双转移的引力模型，分析广东东莞电子、广州水泥产业和人力资源双转移情况下对转入地的吸引力大小及各要素对产业转移的影响②。韦露（2015）通过对引力模型的修正，对皖江城市带承接长三角地区产业转移的吸引力大小进行实证分析，并提出了基于工业产业转移的发展战略建议③。刘立平、朱婷婷（2011）结合牛顿万有引力模型构建引力模型，以定量测算中部六省对东部六省（市）加工贸易产业转移的吸引力大小，进一步揭示了我国加工贸易产业转移规律④。

综合已有研究成果的定量测算方法，主要为根据万有引力公式：

$$F_{ij} = G \times \frac{M_i M_j}{D_{ij}^2} \qquad (5-1)$$

其中，G 为万有引力常数，F_{ij} 为转入地 i 对转出地 j 的吸引力大小，M_i 为物体 i 的质量，M_j 为物体 j 的质量，D_{ij} 为物体 i 与 j 的距离。从公式中即可得知，引力（F_{ij}）与两个物体 i、j 对应的质量成正比关系，M_i、M_j 越大则 F_{ij} 越大，反之亦然；引力与 i 和 j 之间距离（D_{ij}）的平方成反比。

20 世纪 60 年代以来，一些学者开始对双边贸易流量进行计量研究。其中，Tinbergen（1962）用两个国家的 GDP 代替两个物体的质量，用国家间的距离来代替两个物质间的距离，并采用了对数形式使模型线性化，并选择了 15 个发达国家和 3 个不发达国家 1959 年的贸易流量进行实证分析，结果表明：一国向另一国的贸易流动主要取决于用 GDP 测量的国家经济规模和两国间的地理距离，且贸易和距离成反比的关系。因此，借鉴已有的研究成果，将简易的贸易引力公式表示如下⑤：

$$T_{ij} = \beta \times \frac{Y_i Y_j}{D_{ij}} \qquad (5-2)$$

① 吴成颂. 产业转移承接的金融支持问题研究——以安徽省承接长三角产业转移为例 [J]. 学术界，2009，138（5）：181-187.

② 左小德，张力方，梁云. 产业转移的引力模型及实证研究 [J]. 产经评论，2011（3）：47-54.

③⑤ 韦露. 皖江城市带承接产业转移城市吸引力研究——基于引力模型的实证分析 [J]. 赤峰学院学报（自然科学版），2015，31（4）：93-95.

④ 刘立平，朱婷婷. 中部六省承接东部地区加工贸易产业转移比较研究——基于引力模型的分析 [J]. 城市发展研究，2011，18（2）：7-9.

其中，T_{ij}为两国间的贸易量，而 β 为两国间的贸易系数，Y_i、Y_j 分别为两国的 GDP，D_{ij} 为 i、j 两国间的距离。该公式表示，T_{ij} 与 Y_i、Y_j 成正比关系，即两国的 GDP 越大，则两国间的贸易量越大；而 T_{ij} 与 D_{ij} 成反比关系，即两国的距离越大，两国间的贸易量则越小。根据式（5-2）中贸易量、产值、距离三者的关系，类比分析产业转移吸引力、产值、距离三者关系，即分析城市产业转移吸引力的大小，则还需对上述模型进行修正。修正后的模型表示如下：

$$F_{ij} = \beta \times \frac{CY_i}{D_{ij}} \qquad (5-3)$$

其中，F_{ij} 表示转入地 i 对转出地 j 的吸引力，β 对应于原模型中的贸易系数，在这里表示为引力系数，主要由转入地城市 i 的产业发展优惠政策所决定，同时，此引力系数即体现了该模型综合考虑了转入地和转出地，Y_i 为转入地城市 i 的生产总值，D_{ij} 表示产业转入地 i 与产业转出地 j 的距离，因转出地的产值为常数，此处设为 C，由于常项数在具体的运算中并不会影响转入地吸引力计算结果的横向比较，故方便计算可统一略去，从而进一步将公示简化为

$$F_{ij} = \beta \times \frac{Y_i}{D_{ij}} \qquad (5-4)$$

利用式（5-4）可计算产业转入地对产业转出地的吸引力大小。其中 β 作为引力系数，其取值主要结合产业转入地的适宜该产业发展的优惠政策[①]。

为了方便使用，式（5-2）可变形为指数式形式 $X_{ij} = \alpha_0 Y_i^{\alpha 1} Y_j^{\alpha 2} D_{ij}^{\alpha 3} P_{ij}^{\alpha 4}$，再将等式两边取自然对数，变为线性形式，表示为：

$$\ln X_{ij} = \ln \alpha_0 + \alpha_1 \ln Y_i + \alpha_2 \ln Y_j + \alpha_3 \ln D_{ij+} \alpha_4 \ln P_{ij} \qquad (5-5)$$

根据贸易引力模型的思想，本书结合产业转移吸引力相关研究中影响因素来进行指标选取，从吸引力的实际逻辑来看，影响吸引力的因素是包含转入地、转出地众多因素。但是，从理论模型的重新构建和计算的现实性和可操作性来看，将双方的各种指标进行囊入显然是复杂且难以实现的。故本书选择的是参考左小德、韦露等已有学者研究基础来选取指标，拟选取转入地的产业产值 Y、转入地与转出地之间的经济距离 D、转入地的职工平均工资水平 I 及劳动力人数 L、转入地的资源禀赋 P 等指标分析城市对某产业转移的吸引力水平，对式（5-5）模型参数予以改进和重新定义，使得最后修正的引力模型适用于两地区产业转移城市吸引力计算，具体形式如下：

---

① 韦露. 皖江城市带承接产业转移城市吸引力研究——基于引力模型的实证分析 [J]. 赤峰学院学报（自然科学版），2015，31（4）：93-95.

$$\ln F = \ln\alpha_0 + \alpha_1\ln Y + \alpha_2\ln D + \alpha_3\ln I + \alpha_4\ln L + \alpha_5 P \qquad (5-6)$$

其中，F 为两地之间产业转移的吸引力，即反映产业转入地对转出地的吸引力大小。Y 为产业转入地的产业生产总值。转入地生产总值的大小反映了产业转入地的经济实力大小，进而对转出地的吸引力也就越大。D 为产业转移两地之间的距离，一般来说，经济距离与产业转移速度成正比，故此处把经济距离作为影响产业转移的重要因素。经济距离是由对物理距离的两次修正后得来的。I 为产业转入地的职工平均工资水平，工资越低表明该地区企业劳动力成本低，进而影响产业吸引力越高；反之亦然。L 为产业转入地的劳动力数量，劳动力数量越丰富，则产业转入地对转出地产业的吸引力也越大。主要用一个城市的常住人口作为指标。P 为产业转入地的特殊资源禀赋。某项产业发展过程中必然会有主要依托资源，而假如产业转入地具有该产业主要依托的某些资源优势，则大大强化了产业转移的吸引力。一般若产业转入地具有某项转移产业发展优势的话，可赋值为 1；反之，若不具有利于转入产业发展的主要优势资源的话，赋值为 0。

二、云南产业转移的吸引力模型实证分析

（一）数据选取及说明

结合已有研究，尤其是云南利用外资情况与对外投资相关数据可知，云南承接产业转移的主要区域昆明、曲靖、丽江、红河、昭通、怒江、西双版纳、德宏、文山、楚雄，主要产业为建筑业、制造业、服务业、电力业、农林牧渔业；云南对外投资主要集中在南亚、东南亚国家，主要是缅甸、老挝、越南、柬埔寨、泰国、印度尼西亚、新加坡、马来西亚、斯里兰卡，主要产业为农业、矿业、电力等、建筑业、租赁和商务服务业、房地产业等领域。

据此，本书在模型分析中，主要从两个方面切入进行转移吸引力模型分析：①云南省承接北京、四川、广东、浙江、福建等地区的产业，具体数据选择农林牧渔业、电力业、建筑业、制造业、服务业五个产业类型分析，在吸引力模型计算中，涉及距离的测定，这种距离可能是路程距离、时间距离、经济距离，

借鉴陈大鹏等（2012）[①]、左小德等（2011）[②]、韦露（2015）[③]的研究，本书的引力模型运用性研究采用各省会城市到目的地城市中心的时间距离作为计算经济距离的依据，该距离的计算通过百度地图的城市间距离查询实现，然后在此基础上用高汝嘉等（2015）的方法[④]计算出经济距离，以运用在模型分析中。②云南省向南亚、东南亚转移出产业主要为农业、矿业、电力、建筑业、租赁和商务服务业、房地产等领域，在距离测算时，此处以省会昆明与南亚、东南亚国家首都所在地的距离为准，测算工具为百度地图。

（二）云南承接国内产业转移吸引力模型分析

在具体承接产业转移计算中，本书选取 2016 年数据进行模型分析，仅就当年的情况进行一个产业转移吸引力分析，以呈现云南省承接国内产业转移现状；转出地是在参考云南省近几年接收产业投资情况及前期研究成果而定，主要选择广东、浙江、福建三省[⑤]及北京、四川；转入地为云南各地州，本书是在结合三类产业产值及发展基础上而定的地区，主要包括昆明、曲靖、红河、丽江、昭通、怒江、西双版纳、德宏、文山、大理、楚雄 11 地州。利用模型（5-4）分别计算云南省各州市对北京、四川、广东、浙江、福建的农林牧渔业、电力业、建筑业、制造业、服务业的产业转移吸引力。由于本书研究的是云南省内各州承接国内产业转移，省内各地区产业发展的优惠政策差别不大，因此 β 都用 1 来计算。Y_i 的取值、劳动力数量、职工平均工资等数据来源于《2017 年云南省统计年鉴》及 2016 年涉及州市的国民经济和社会发展统计公报中各转入地所承接的产业类型的生产总值。D_{ij} 值为产业转入地与转出地之间的经济距离，具体测算公式为：

$$D_{ij} = a \times b \times D \qquad (5-7)$$

其中，D 为两地之间的物理距离（数据来源于百度地图的直线距离数据测距）；a 为对物理距离的第一次修正权数，即通勤距离修正权数，由城市间的交通条件所决定；b 为第二次修正权数，是经济落差修正权数，具体 a、b 的取值

① 陈大鹏，孙飞.西安都市圈空间界定的定量研究［J］.城市发展研究，2012，19（10）：43-47.
② 左小德，张力方，梁云.产业转移的引力模型及实证研究［J］.产经评论，2011（3）：47-54.
③ 韦露.皖江城市带承接产业转移城市吸引力研究——基于引力模型的实证分析［J］.赤峰学院学报（自然科学版），2015，31（4）：93-95.
④ 高汝熹，罗明义.城市圈域经济论［M］.昆明：云南大学出版社，1998.
⑤ 祁苑玲.云南承接产业转移问题探究［J］.中共云南省委党校学报，2011，12（4）：129-131.

由周边城市的人均 GDP 与核心城市人均 GDP 的比值确定[①②]，周一星等根据相关数据推演得到了通勤距离和经济落差的修正权数，但随着交通条件的大发展，修正权数也应有相应的变化[③]，在此基础上经过大量数据推算，陈大鹏结合西北地区实际制定出了新的修正权数表。鉴于西北、西南地区都属于我国经济发展水平相似、交通类型及交通条件都相对落后的现状，本书则参照了陈大鹏的修正权数表来给 a、b 取值。[④]利用公式（5-7）计算北京、四川、广东、福建、浙江产业转出地与云南各州市产业转入地。

1. 建筑业

（1）计算建筑业各接收地与浙江之间的经济距离，结果如表 5-1 所示。

表 5-1　建筑业接收地经济距离（浙江转出）

序号	转入地	建筑业接收地经济距离			
		D	a	b	D_{ij}
1	昆明	1806.7	0.5	1	903.35
2	曲靖	1689.4	0.5	1.2	1013.64
3	丽江	1979.9	0.7	1.2	1663.116
4	红河	1829.3	0.7	1.2	1536.612
5	昭通	1632.2	0.7	1.2	1371.048
6	怒江	2141.2	1.2	1.2	3083.33
7	西双版纳	2134.5	1.2	1.2	3073.7
8	德宏	2221.9	1.2	1.2	3199.54
9	文山	1752.6	0.5	1.2	1051.56
10	大理	2020.3	0.7	1.2	1697.052
11	楚雄	1921.0	0.7	1.2	1613.64

根据引力模型（5-4），同样可计算出各地区承接建筑业转移的吸引力大小，计算结果如表 5-2 所示。

① 李璐，季建华. 都市圈空间界定方法研究［J］. 统计与决策，2007（4）：109-111.
② 周一星，史育龙. 建立中国城市的实体地域概念［J］. 地理学报，1995（4）：289-301.
③④ 陈大鹏，孙飞. 西安都市圈空间界定的定量研究［J］. 城市发展研究，2012，19（10）：43-47.

表 5-2　各州（市）承接浙江建筑业转移经济指标及吸引力

序号	州（市）	产值 Y_j（亿元）	经济距离 D_{ij}（千米）	劳动力数量 lab_j（万人）	特殊资源禀赋 P_j	职工平均工资 I（元）	吸引力 F_{ij}
1	昆明	621.65	903.35	672.8	1	5323	0.69
2	曲靖	157.13	1013.64	608.4	0	4439	0.16
3	丽江	54.9	1663.116	128.5	0	5359	0.03
4	红河	154.66	1536.612	468.1	0	5260	0.1
5	昭通	117.16	1371.048	547.5	1	4973	0.09
6	怒江	15.67	3083.33	54.4	0	5374	0.005
7	西双版纳	42.98	3073.7	117.2	0	5369	0.01
8	德宏	27.58	3199.54	129.4	0	4900	0.008
9	文山	95.16	1051.56	362.1	0	5548	0.09
10	大理	92.20	1697.052	356.3	1	5567	0.05
11	楚雄	97.26	1613.64	273.9	1	5700	0.06

结合表 5-2 中结果显示，云南承接浙江建筑业转移的吸引力 F_{ij}，因产值单位可以为多种（此处以亿为单位），因此不作横向比较时此值就不具有大小之意。此处需对其进行横向比较，在表 5-2 的 11 地州中，昆明、曲靖是吸引力较好的地区，其次是红河、昭通、文山、大理、楚雄，丽江、怒江、西双版纳傣族自治州、德宏为最后，产值越大则吸引力越大。仅从这一步骤来看，对云南产业承接东部产业转移吸引力影响较大的为交通条件，昆明、曲靖、昭通、红河、文山、大理、楚雄等交通条件较好的地方，吸引力也越大，其他没有铁路、动车通往浙江的地州，吸引力明显较小。

特殊资源禀赋 P_j 为结合云南省建筑业资源优势分布地区进行确定，根据廖望科（2013）研究及已有建筑业投资发展规划资料，可见昆明、昭通、大理、楚雄是具有建筑业资源优势地区，赋值为 1，其他地区为 0。

然后根据模型（5-6）对建筑业吸引力的影响因素进行计量分析，利用 Eviews 9.0 软件，得到产业转移吸引力模型：

$\ln F = 5.6117 + 0.901\ln Y - 1.2625\ln D - 0.3953\ln I + 0.0149\ln L + 0.082P$

$R = 0.9977 \qquad R^2 = 0.9953 \quad D-W = 2.9937 \qquad F = 425.1874$

根据模型计算，对云南承接浙江的建筑产业而言，拟合系数 R 为 0.9977，调整后的拟合系数为 0.9953，都大于 90%，表明解释变量对被解释变量的总体解释程度较高。且 F 值等于 425.1874，大于 F 的临界值（P 值为 0.000001，显著水平为 0.005）14.94，因此，检验可通过。

模型结果分析：

第一，上述云南各地州建筑业的产值对承接浙江省建筑产业的吸引力影响是正面的。一般产值越高，则吸引力越大。此处产值系数为 0.901，表明转入地的建筑业发展有着较好的资源利用基础及市场，这对该产业产值起到了促进作用，也是云南承接建筑业转移的优势。

第二，由模型可见，经济距离对产业转移的吸引力有着负面影响，而且其影响系数较大，表明云南交通、经济条件对建筑业的转移影响较大，成为影响建筑业发展的阻碍因素。

第三，职工工资对产业转移的影响为负面的。工资水平越高意味着转入地的产业发展成本越高，此处工资水平系数为负，反映出云南建筑业发展在工资这方面尚存在一些阻碍，对云南承接建筑业的吸引力影响为负面。

第四，劳动力人口对产业转移的影响是正面的。此处数据选择是以各地区的常住人口来替代，从模型分析来看，云南建筑业发展具有劳动力优势，也就意味着云南建筑产业发展中劳动力对产业的转移吸引力有促进作用。

第五，转入地的资源禀赋情况对建筑产业的转移具有正面作用。而具有资源禀赋与否也成为企业进行产业转移的重要因素。尤其是对于一些对特殊资源有依赖的产业有着重要地位。云南省位于西部山区，建材原料相对来说具有一定优势，尤其是大理、楚雄、昆明、昭通等地[①]，这与云南建筑产业发展实际相符合。

（2）计算建筑业各接收地与福建之间的经济距离，结果如表 5-3 所示。

表 5-3　建筑业接收地经济距离（福建转出）

序号	转入地	建筑业接收地经济距离			
		D	a	b	D_{ij}
1	昆明	1656.9	0.5	1	828.45
2	曲靖	1551.1	0.5	1.2	930.66
3	丽江	1898.3	0.7	1.2	1594.572

① 廖望科，陈春艳，徐齐利等. 建筑业地区专业化程度与比较优势判别——基于云南省的实证 [J]. 建筑经济，2013（12）：14-18.

序号	转入地	建筑业接收地经济距离			
		D	a	b	D_{ij}
4	红河	1634.9	0.7	1.2	1373.316
5	昭通	1552.3	0.7	1.2	1303.932
6	怒江	2041.5	1.2	1.2	2939.76
7	西双版纳	1929.7	1.2	1.2	2778.77
8	德宏	2088.0	1.2	1.2	3006.72
9	文山	1549.4	0.5	1.2	929.64
10	大理	1906.3	0.7	1.2	1601.292
11	楚雄	1780.9	0.7	1.2	1495.956

根据引力模型（5-4），同样可以计算出各地区对于建筑业的吸引力大小，计算结果如表5-4所示。

表5-4 各州（市）承接福建建筑业转移经济指标及吸引力

序号	州（市）	产值 Y_j（亿元）	经济距离 D_{ij}（千米）	劳动力数量 lab_j（万人）	特殊资源禀赋 P_j	职工平均工资 I（元）	吸引力 F_{ij}
1	昆明	621.65	828.45	672.8	1	5323	0.75
2	曲靖	157.13	930.66	608.4	0	4439	0.17
3	丽江	54.90	1594.572	128.5	0	5359	0.03
4	红河	154.66	1373.316	468.1	0	5260	0.11
5	昭通	117.16	1303.932	547.5	1	4973	0.09
6	怒江	15.67	2939.76	54.4	0	5374	0.005
7	西双版纳	42.98	2778.77	117.2	0	5369	0.02
8	德宏	27.58	3006.72	129.4	0	4900	0.009
9	文山	95.16	929.64	362.1	0	5548	0.1
10	大理	92.20	1601.292	356.3	1	5567	0.06
11	楚雄	97.26	1495.956	273.9	1	5700	0.07

表 5-4 中结果显示，昆明、曲靖、红河是吸引力较好的地区，其次是昭通、文山、大理、楚雄，再者是丽江、西双版纳傣族自治州，德宏、怒江为最后。影响云南产业承接福建建筑业转移吸引力影响较大的为交通条件、特殊资源禀赋。

然后根据模型（5-6）对云南承接福建建筑业吸引力的影响因素进行计量分析，利用 Eviews 9.0 软件，得到产业转移吸引力模型：

$$\ln F = -5.9451 + 1.0523\ln Y - 0.7188\ln D + 0.3638\ln I + 0.0994\ln L - 0.0301P$$

$$R = 0.9967 \qquad R^2 = 0.9934 \quad D-W = 2.5797 \qquad F = 300.3098$$

根据模型计算，对云南承接福建建筑产业而言，拟合系数 R 为 0.9967，调整后的拟合系数为 0.9934，都大于 90%，解释变量对被解释变量的总体解释程度较高。且 F 值等于 300.3098，大于 F 的临界值（P 值为 0.000003，显著水平为 0.005）14.94，检验可通过。

模型结果分析：

第一，上述云南各地州建筑业的产值对承接福建省建筑产业的吸引力影响是正面的。此处产值系数为 1.0523，表明转入地的建筑业发展有较好的资源利用基础及市场，这对该产业转移有促进作用，也是云南承接建筑业转移的优势。

第二，由模型可见，经济距离对产业转移的吸引力有着负面影响，表明云南交通、经济基础对建筑业转移影响较大，云南地处西部山区，经济发展水平较落后，各州市交通条件较为滞后，运输成本仍然成为影响建筑业发展的重要阻碍因素。

第三，职工工资对产业转移的影响为正面的。工资水平越高意味着转入地的产业发展成本越高，此处为工资水平系数为正，反映出云南建筑业发展在工资对福建省建筑业专业而言具有优势，增加了云南承接建筑业的吸引力。

第四，劳动力人口对产业转移的影响是正面的。此处数据选择同前，从模型分析来看云南建筑业发展对转出地福建而言具有劳动力优势，也就意味着云南建筑产业发展中劳动力对产业的转移吸引力是促进作用。

第五，转入地的资源禀赋情况对福建建筑产业的转移具有负面作用，系数较小，为 0.0301，对福建建筑产业转移吸引力的影响就相对较小。

（3）计算建筑业各接收地与广东之间的经济距离，结果如表 5-5 所示。

表 5-5　建筑业接收地经济距离（广东转出）

序号	转入地	建筑业接收地经济距离			
		D	a	b	D_{ij}
1	昆明	1077.3	0.5	1.2	646.38
2	曲靖	993.3	0.5	1.2	595.98
3	丽江	1376.8	0.7	1.2	1156.512
4	红河	1011.6	0.7	1.2	849.744
5	昭通	1067.6	0.7	1.2	896.784
6	怒江	1487.4	1.2	1.2	2141.86
7	西双版纳	1285.4	1.2	1.2	1850.98
8	德宏	1499.0	1.2	1.2	2158.56
9	文山	922.4	0.5	1.2	553.44
10	大理	1342.4	0.7	1.2	1127.616
11	楚雄	1211.7	0.7	1.2	1017.828

根据引力模型（5-4），同样可以计算出各地区对于建筑业的吸引力大小，计算结果如表 5-6 所示。

表 5-6　各州（市）承接广东建筑业转移经济指标及吸引力

序号	州（市）	产值 Y_j（亿元）	经济距离 D_{ij}（千米）	劳动力数量 lab_j（万人）	特殊资源禀赋 P_j	职工平均工资 I（元）	吸引力 F_{ij}
1	昆明	621.65	646.38	672.8	1	5323	0.96
2	曲靖	157.13	595.98	608.4	0	4439	0.26
3	丽江	54.90	1156.512	128.5	0	5359	0.047
4	红河	154.66	849.744	468.1	0	5260	0.18
5	昭通	117.16	896.784	547.5	1	4973	0.13
6	怒江	15.67	2141.86	54.4	0	5374	0.007
7	西双版纳	42.98	1850.98	117.2	0	5369	0.02
8	德宏	27.58	2158.56	129.4	0	4900	0.01
9	文山	95.16	553.44	362.1	0	5548	0.17

续表

序号	州（市）	产值 Y_j（亿元）	经济距离 D_{ij}（千米）	劳动力数量 lab_j（万人）	特殊资源禀赋 P_j	职工平均工资 I（元）	吸引力 F_{ij}
10	大理	92.20	1127.616	356.3	1	5567	0.08
11	楚雄	97.26	1017.828	273.9	1	5700	0.1

结合表 5-6 中结果显示，昆明、丽江、曲靖是吸引力较好的地区，其次是红河、昭通、文山、大理、楚雄，再者是德宏、西双版纳傣族自治州，怒江为最后。对云南承接广东建筑业转移吸引力影响较大的为交通条件、特殊资源禀赋。

然后根据模型（5-6）对云南承接广东建筑业吸引力的影响因素进行计量分析，利用 Eviews 9.0 软件，得到产业转移吸引力模型：

$$\ln F = 30.9544 + 1.403\ln Y - 2.3838\ln D - 1.7467\ln I - 1.4483\ln L + 0.22851P$$

$$R = 0.8527 \qquad R^2 = 0.7055 \quad D\text{-}W = 1.9474 \qquad F = 5.7909$$

根据模型计算，对云南承接广东建筑产业而言，拟合系数 R 为 0.8527，调整后的拟合系数为 0.7055，解释变量总体可以解释被解释变量。且 F 值等于 5.7909，大于 F 的临界值（P 值为 0.0383，显著水平为 0.05）5.05，检验可通过。

模型结果分析：

第一，上述云南各地州建筑业的产值对承接广东省建筑产业的吸引力影响是正面的。此处产值系数为 1.403，表明转入地的建筑业发展有较好的资源利用基础及市场，这对该产业转移有促进作用。

第二，由模型可见，经济距离对产业转移的吸引力有着负面影响，云南地处西部山区，各州市交通、经济基础条件较为滞后，运输成本较高的实际情况相符。因此，不利于广东建筑业转移。

第三，职工工资对产业转移的影响是负面的。工资水平越高意味着转入地的产业发展成本越高，此处的工资水平系数为负值，意味着云南职工平均工资水平对广东省建筑业专业而言不具有优势，减小了云南承接建筑业转移的吸引力。

第四，劳动力人口对产业转移的影响是负面的。从模型分析来看，意味着云南建筑产业发展若从广东省转移而来是不具有优势的，劳动力对产业的转移吸引力是阻碍作用。

第五，转入地的资源禀赋情况对广东建筑产业的转移具有正面作用，系数为 0.22851，可增加广东建筑产业转移吸引力。

（4）计算建筑业各接收地与北京之间的经济距离，结果如表5-7所示。

表5-7 建筑业接收地经济距离（北京转出）

序号	转入地	建筑业接收地经济距离			
		D	a	b	D_{ij}
1	昆明	2098.3	0.5	1.0	1049.15
2	曲靖	1977.7	0.5	1.2	1186.62
3	丽江	2083.4	0.7	1.2	1750.06
4	红河	2120.1	0.7	1.2	1780.88
5	昭通	1825.5	0.7	1.2	1533.42
6	怒江	2256.6	1.2	1.2	3249.50
7	西双版纳	2481.5	1.2	1.2	3573.36
8	德宏	2386.2	1.2	1.2	3436.13
9	文山	2155.6	0.5	1.2	1293.36
10	大理	2184.4	0.7	1.2	1834.90
11	楚雄	2162.6	0.7	1.2	1816.58

根据引力模型（5-4），同样可以计算出各地区对于建筑业的吸引力大小，计算结果如表5-8所示。

表5-8 各州（市）承接北京建筑业转移经济指标及吸引力

序号	州（市）	产值 Y_j（亿元）	经济距离 D_{ij}（千米）	劳动力数量 lab_j（万人）	特殊资源禀赋 P_j	职工平均工资 I（元）	吸引力 F_{ij}
1	昆明	621.65	1049.15	672.8	1	5323	0.59
2	曲靖	157.13	1186.62	608.4	0	4439	0.13
3	丽江	54.9	1750.06	128.5	0	5359	0.03
4	红河	154.66	1780.88	468.1	0	5260	0.09
5	昭通	117.16	1533.42	547.5	1	4973	0.08
6	怒江	15.67	3249.50	54.4	0	5374	0.005
7	西双版纳	42.98	3573.36	117.2	0	5369	0.01

续表

序号	州（市）	产值 Y_j（亿元）	经济距离 D_{ij}（千米）	劳动力数量 lab_j（万人）	特殊资源禀赋 P_j	职工平均工资 I（元）	吸引力 F_{ij}
8	德宏	27.58	3436.13	129.4	0	4900	0.008
9	文山	95.16	1293.36	362.1	0	5548	0.07
10	大理	92.20	1834.90	356.3	1	5567	0.05
11	楚雄	97.26	1816.58	273.9	1	5700	0.05

表5-8中结果显示，在云南省内而言，昆明、曲靖是吸引力较好的区域，按吸引力大小排序，则红河、昭通、文山、大理、楚雄是次区域，剩余参与比较的州市属于吸引力不足的区域。

然后根据模型（5-6）对云南承接北京建筑业吸引力的影响因素进行计量分析，利用 Eviews 9.0 软件，得到产业转移吸引力模型：

$\ln F = 0.1891 + 0.0011 \ln Y - (8.91E-06) \ln D - (3.32E-05) \ln I - 0.0001 \ln L + 0.0034P$

$R = 0.9963$　　　　$R^2 = 0.9927$　　$D-W = 1.7365$　　　　$F = 271.8167$

根据模型计算，对云南承接北京建筑产业而言，拟合系数 R 为0.9963，调整后的拟合系数为0.9927，都大于90%，解释变量对被解释变量的总体解释程度较高。且 F 值等于271.8167，大于 F 的临界值（P 值为0.000004，显著水平为0.005）14.94，检验可通过。

模型结果分析：

第一，上述云南各地州建筑业的产值对承接北京建筑产业的吸引力影响是正面的。此处产值系数为0.0011，表明转入地的建筑业发展有一定的资源利用基础及市场，这对该产业转移有促进作用。

第二，由模型可见，经济距离对产业转移的吸引力产生较大的负面影响，这与云南省各州市的交通、经济基础条件较为滞后，运输成本较高的实际情况相符。因此，不利于北京建筑业转移。

第三，职工工资对产业转移的影响是负面的。工资水平越高意味着转入地的产业发展成本越高，此处工资水平系数为负值，意味着云南职工平均工资水平对北京建筑业专业而言是明显劣势，减小了云南承接建筑业转移的吸引力。

第四，劳动力人口对产业转移的影响是负面的。从模型分析来看，意味着云南建筑产业发展若从北京转移而来是不具有优势的，劳动力对产业的转移吸引力起阻碍作用。

第五，转入地的资源禀赋情况对北京建筑产业的转移具有一定正面作用，系数为0.0034，可增加北京建筑产业转移吸引力。

（5）计算建筑业各接收地与四川之间的经济距离，结果如表5-9所示。

表5-9 建筑业接收地经济距离（四川转出）

序号	转入地	电力业接收地经济距离			
		D	a	b	D_{ij}
1	昆明	646.1	0.5	0.8	258.44
2	曲靖	566.4	0.5	1.2	339.84
3	丽江	558.9	0.5	1.2	335.34
4	红河	802.7	0.7	1.2	674.27
5	昭通	373.7	0.5	1.2	224.22
6	怒江	738.6	1.2	1.2	1063.58
7	西双版纳	1010.2	1.2	1.2	1454.69
8	德宏	866.8	1.2	1.2	1248.19
9	文山	806.0	0.5	1.2	483.6
10	大理	666.9	0.7	1.2	560.20
11	楚雄	663.4	0.7	1.2	557.26

根据引力模型（5-4），同样可以计算出各地区对于建筑业的吸引力大小，计算结果如表5-10所示。

表5-10 各州（市）承接四川建筑业转移经济指标及吸引力

序号	州（市）	产值 Y_j（亿元）	经济距离 D_{ij}（千米）	劳动力数量 lab_j（万人）	特殊资源禀赋 P_j	职工平均工资 I（元）	吸引力 F_{ij}
1	昆明	621.65	258.44	672.8	1	5323	2.41
2	曲靖	157.13	339.84	608.4	0	4439	0.46
3	丽江	54.9	335.34	128.5	0	5359	0.16
4	红河	154.66	674.27	468.1	0	5260	0.23
5	昭通	117.16	224.22	547.5	1	4973	0.52

续表

序号	州（市）	产值 Y_j（亿元）	经济距离 D_{ij}（千米）	劳动力数量 lab_j（万人）	特殊资源禀赋 P_j	职工平均工资 I（元）	吸引力 F_{ij}
6	怒江	15.67	1063.58	54.4	0	5374	0.02
7	西双版纳	42.98	1454.69	117.2	0	5369	0.03
8	德宏	27.58	1248.19	129.4	0	4900	0.02
9	文山	95.16	483.6	362.1	0	5548	0.20
10	大理	92.20	560.20	356.3	1	5567	0.17
11	楚雄	97.26	557.26	273.9	1	5700	0.18

结合表5-10中结果显示，在云南省内而言，昆明是吸引力较好的区域，昭通、曲靖次之，按吸引力大小排序，再者是红河、文山、大理、楚雄、丽江、西双版纳、德宏、怒江是吸引力不足的区域。

然后根据模型（5-6）对云南承接四川建筑业吸引力的影响因素进行计量分析，利用 Eviews 9.0 软件，得到产业转移吸引力模型：

$$\ln F = 1.6027 + 0.0044\ln Y - 0.0002\ln D - 0.0003\ln I - 0.0008\ln L + 0.146P$$

$$R = 0.9878 \qquad R^2 = 0.9755 \qquad D\text{-}W = 2.0402 \qquad F = 80.612$$

根据模型计算，对云南承接四川建筑产业而言，拟合系数 R 为0.9878，调整后的拟合系数为0.9755，都大于90%，解释变量对被解释变量的总体解释程度较高。且 F 值等于80.612，大于 F 的临界值（P 值为0.00009，显著水平为0.005）14.94，检验可通过。

模型结果分析：

第一，上述云南各地州建筑业的产值对承接四川建筑产业的吸引力影响是正面的。此处产值系数为0.0044，表明转入地的建筑业发展有一定的资源利用基础及市场，这对该产业转移有促进作用。

第二，由模型可见，经济距离对产业转移的吸引力产生一定的负面影响，这与云南省各州市连接四川的交通、经济基础条件不具有优势。因此，不利于四川建筑业转移。

第三，职工工资对产业转移的影响是负面的。工资水平越高意味着转入地的产业发展成本越高，此处为工资水平系数为负值，意味着云南职工平均工资水平对四川建筑业专业而言不具有优势，将阻碍四川建筑业向云南转移。

第四，劳动力人口对产业转移的影响是负面的。从模型分析来看，意味着云南建筑产业发展若从四川转移而来是不具有优势的，劳动力对产业的转移吸引力有阻碍作用。

第五，转入地的资源禀赋情况对四川建筑产业的转移具有一定正面作用，系数为 0.146，可增加四川建筑产业转移吸引力。

2. 制造业

（1）计算制造业各接收地与浙江之间的经济距离，结果如表 5-11 所示。

表 5-11　制造业接收地经济距离（浙江转出）

序号	转入地	制造业接收地经济距离			
		D	a	b	D_{ij}
1	昆明	1806.7	0.5	1.0	903.35
2	曲靖	1689.4	0.5	1.2	1013.64
3	丽江	1979.9	0.7	1.2	1663.116
4	红河	1829.3	0.7	1.2	1536.612
5	昭通	1632.2	0.7	1.2	1371.048
6	怒江	2141.2	1.2	1.2	3083.33
7	西双版纳	2134.5	1.2	1.2	3073.7
8	德宏	2221.9	1.2	1.2	3199.54
9	文山	1752.6	0.5	1.2	1051.56
10	大理	2020.3	0.7	1.2	1697.052
11	楚雄	1921	0.7	1.2	1613.64

根据引力模型（5-4），同样可以计算出各地区对于制造业的吸引力大小，计算结果如表 5-12 所示。

表 5-12　各州（市）承接浙江制造业转移经济指标及吸引力

序号	州（市）	产值 Y_j（亿元）	经济距离 D_{ij}（千米）	劳动力数量 lab_j（万人）	特殊资源禀赋 P_j	职工平均工资 I（元）	吸引力 F_{ij}
1	昆明	1039.06	903.35	672.8	1	5323	1.21
2	曲靖	518.52	1013.64	608.4	1	4439	0.51

续表

序号	州（市）	产值 Y_j（亿元）	经济距离 D_{ij}（千米）	劳动力数量 lab_j（万人）	特殊资源禀赋 P_j	职工平均工资 I（元）	吸引力 F_{ij}
3	丽江	65.55	1663.116	128.5	0	5359	0.04
4	红河	446.87	1536.612	468.1	0	5260	0.29
5	昭通	204.98	1371.048	547.5	0	4973	0.15
6	怒江	22.21	3083.33	54.4	0	5374	0.007
7	西双版纳	55.75	3073.7	117.2	0	5369	0.02
8	德宏	51.54	3199.54	129.4	0	4900	0.02
9	文山	168.15	1051.56	362.1	0	5548	0.16
10	大理	279.15	1697.052	356.30	1	5567	0.17
11	楚雄	225	1613.64	273.9	0	5700	0.14

表5-12中结果显示，昆明、曲靖是吸引力较好的地区，其次是红河、昭通、文山、大理、楚雄，再者是丽江、西双版纳傣族自治州、德宏，怒江为最后。

然后根据模型（5-6）对云南承接浙江制造业吸引力的影响因素进行计量分析，利用 Eviews 9.0 软件，得到产业转移吸引力模型：

$$\ln F = -0.2418 + 1.0017\ln Y - 0.8344\ln D - 0.1439\ln I + 0.0480\ln L + 0.017P$$

$$R = 0.9988 \qquad R^2 = 0.9976 \quad D-W = 1.5553 \quad F = 841.2337$$

根据模型计算，对云南承接浙江制造业而言，拟合系数 R 为 0.9988，调整后的拟合系数为 0.9976，解释变量总体可以解释被解释变量。且 F 值等于 841.2337，大于 F 的临界值（P 值为 0，显著水平为 0.005）14.94，检验可通过。

模型结果分析：

第一，上述云南各地州制造业的产值对承接浙江制造业的吸引力影响是正面的。此处产值系数为 0.2418，表明转入地的制造业发展有一定的资源利用基础及市场，这对该产业转移有促进作用。

第二，经济距离对产业转移的吸引力有负面影响，云南地处西部山区，各州市交通、经济条件较为滞后，运输成本较高。因此，不利于浙江制造业向云南转移。

第三，职工工资对产业转移的影响是负面的。此处工资水平系数为负值，意味着云南制造业发展的工资成本对浙江制造业专业而言不具有优势,减小了云南承接制造业的吸引力。

第四,劳动力人口对产业转移的影响是正面的。从模型分析来看,意味着云南承接浙江省制造业是具有劳动力优势的,增加了产业转移的吸引力。

第五,转入地的资源禀赋情况对浙江制造业的转移具有正面作用,系数为0.017,可增加浙江省制造业转移吸引力。

(2)计算制造业各接收地与福建之间的经济距离,结果如表5-13所示。

表5-13 制造业接收地经济距离(福建转出)

序号	转入地	制造业接收地经济距离			
		D	a	b	D_{ij}
1	昆明	1656.9	0.5	1	828.45
2	曲靖	1551.1	0.5	1.2	930.66
3	丽江	1898.3	0.7	1.2	1594.572
4	红河	1634.9	0.7	1.2	1373.316
5	昭通	1552.3	0.7	1.2	1303.932
6	怒江	2041.5	1.2	1.2	2939.76
7	西双版纳	1929.7	1.2	1.2	2778.77
8	德宏	2088	1.2	1.2	3006.72
9	文山	1549.4	0.5	1.2	929.64
10	大理	1906.3	0.7	1.2	1601.292
11	楚雄	1780.9	0.7	1.2	1495.956

根据引力模型(5-4),同样可以计算出各地区对于制造业的吸引力大小,计算结果如表5-14所示。

表5-14 各州(市)承接福建制造业转移经济指标及吸引力

序号	州(市)	产值Y_j(亿元)	经济距离D_{ij}(千米)	劳动力数量lab_j(万人)	特殊资源禀赋P_j	职工平均工资I(元)	吸引力F_{ij}
1	昆明	1039.06	828.45	672.8	1	5323	1.25
2	曲靖	518.52	930.66	608.4	1	4439	0.56

序号	州（市）	产值 Y_j（亿元）	经济距离 D_{ij}（千米）	劳动力数量 lab_j（万人）	特殊资源禀赋 P_j	职工平均工资 I（元）	吸引力 F_{ij}
3	丽江	65.55	1594.572	128.5	0	5359	0.04
4	红河	446.87	1373.316	468.1	0	5260	0.33
5	昭通	204.98	1303.932	547.5	0	4973	0.16
6	怒江	22.21	2939.76	54.4	0	5374	0.008
7	西双版纳	55.75	2778.77	117.2	0	5369	0.02
8	德宏	51.54	3006.72	129.4	0	4900	0.02
9	文山	168.15	929.64	362.1	0	5548	0.18
10	大理	279.15	1601.292	356.3	1	5567	0.17
11	楚雄	225	1495.956	273.9	0	5700	0.15

表5-14中结果显示，昆明、曲靖、红河是吸引力较好的地区，其次是昭通、文山、大理、楚雄，再者是丽江、西双版纳傣族自治州、德宏，怒江为最后。

然后根据模型（5-6）对云南承接福建制造业吸引力的影响因素进行计量分析，利用 Eviews 9.0 软件，得到产业转移吸引力模型：

$$\ln F = 2.3286 + 1.0108\ln Y - 0.9197\ln D - 0.3454\ln I + 0.0016\ln L - 0.0267P$$

$R = 0.9994 \qquad R^2 = 0.9990 \quad D\text{-}W = 2.2816 \quad F = 2048.483$

根据模型计算，对云南承接福建制造业而言，拟合系数 R 为 0.9994，调整后的拟合系数为 0.9990，二者都大于 90%，解释变量对被解释变量的解释程度较高。且 F 值等于 2048.483，大于 F 的临界值（P 值为 0，显著水平为 0.005）14.94，检验可通过。

模型结果分析：

第一，上述云南各地州制造业的产值对承接福建制造业的吸引力影响是正面的。此处产值系数为 1.0108，表明转入地的制造业发展有一定的资源利用基础及市场，这对该产业转移起到了促进作用。

第二，经济距离对产业转移的吸引力有负面影响，此处系数为 -0.9197，缘于制造业对交通条件尚较依赖，而云南各州市交通条件较为滞后、运输成本较高、经济基础较为落后，减小了福建制造业转移的吸引力。

第三，职工工资对产业转移的影响是负面的。此处工资水平系数为负值，意味着云南制造业发展的工资成本对福建制造业专业而言不具有优势，减小了云南承接制造业的吸引力。

第四，劳动力人口对产业转移的影响是正面的。从模型分析来看，意味着云南承接福建省制造业是具有劳动力优势的，增加了产业转移的吸引力。

第五，转入地的资源禀赋情况对福建制造业的转移具有正面作用，系数为0.017，可增加对福建省制造业转移吸引力。

（3）计算制造业各接收地与广东之间的经济距离，结果如表5-15所示。

表5-15　制造业接收地经济距离（广东转出）

序号	转入地	制造业接收地经济距离			
		D	a	b	D_{ij}
1	昆明	1077.3	0.5	1.2	646.38
2	曲靖	993.3	0.5	1.2	595.98
3	丽江	1376.8	0.7	1.2	1156.512
4	红河	1011.6	0.7	1.2	849.744
5	昭通	1067.6	0.7	1.2	896.784
6	怒江	1487.4	1.2	1.2	2141.86
7	西双版纳	1285.4	1.2	1.2	1850.98
8	德宏	1499	1.2	1.2	2158.56
9	文山	922.4	0.5	1.2	553.44
10	大理	1342.4	0.7	1.2	1127.616
11	楚雄	1211.7	0.7	1.2	1017.828

根据引力模型（5-4），同样可以计算出各地区对于制造业的吸引力大小，计算结果如表5-16所示。

表5-16　各州（市）承接广东制造业转移经济指标及吸引力

序号	州（市）	产值 Y_j（亿元）	经济距离 D_{ij}（千米）	劳动力数量 lab_j（万人）	特殊资源禀赋 P_j	职工平均工资 I（元）	吸引力 F_{ij}
1	昆明	1039.06	646.38	672.8	1	5323	1.61
2	曲靖	518.52	595.98	608.4	1	4439	0.87

续表

序号	州（市）	产值 Y_j（亿元）	经济距离 D_{ij}（千米）	劳动力数量 lab_j（万人）	特殊资源禀赋 P_j	职工平均工资 I（元）	吸引力 F_{ij}
3	丽江	65.55	1156.512	128.5	0	5359	0.06
4	红河	446.87	849.744	468.1	0	5260	0.53
5	昭通	204.98	896.784	547.5	0	4973	0.23
6	怒江	22.21	2141.86	54.4	0	5374	0.01
7	西双版纳	55.75	1850.98	117.2	0	5369	0.03
8	德宏	51.54	2158.56	129.4	0	4900	0.02
9	文山	168.15	553.44	362.1	0	5548	0.30
10	大理	279.15	1127.616	356.3	1	5567	0.25
11	楚雄	225	1017.828	273.9	0	5700	0.22

表 5-16 中结果显示，昆明、曲靖、红河是吸引力较好的地区，其次是昭通、文山、大理、楚雄，再者是丽江、西双版纳傣族自治州、德宏，怒江最后。

然后根据模型（5-6）对云南承接广东制造业吸引力的影响因素进行计量分析，利用 Eviews 9.0 软件，得到产业转移吸引力模型：

$$\ln F = -1.3071 + 1.0064\ln Y - 1.0978\ln D + 0.2491\ln I + 0.0016\ln L - 0.0352P$$

$$R = 0.9992 \qquad R^2 = 0.9984 \quad D\text{-}W = 1.6484 \qquad F = 1279.375$$

根据模型计算，对云南承接广东制造业而言，拟合系数 R 为 0.9992，调整后的拟合系数为 0.9984，二者都大于 90%，解释变量对被解释变量的解释程度较高。且 F 值等于 1279.375，大于 F 的临界值（P 值为 0，显著水平为 0.005）14.94，检验可通过。

模型结果分析：

第一，上述云南各地州制造业的产值对承接广东制造业的吸引力影响是正面的。此处产值系数为 1.0108，表明转入地的制造业发展有一定的资源利用基础及市场，这对该产业转移起到了促进作用。

第二，经济距离对产业转移的吸引力有着负面影响，此处系数为 -0.9197，缘于制造业对交通、经济基础条件尚较依赖，而云南各州市交通条件较为滞后、运输成本较高、经济基础总体较为落后，减小了广东制造业转移的吸引力。

第三，职工工资对产业转移的影响是负面的。此处工资水平系数为负值，意味着云南制造业发展的工资成本对广东省制造业专业而言不具有优势，减小了云南承接制造业的吸引力。

第四，劳动力人口对产业转移的影响是正面的。从模型分析来看，意味着云南承接广东制造业是具有劳动力优势的，增加了产业转移的吸引力。

第五，转入地的资源禀赋情况对广东制造业的转移具有正面作用，系数为0.017，可增加对广东制造业转移吸引力。

（4）计算制造业各接收地与北京之间的经济距离，结果如表5-17所示。

表5-17　制造业接收地经济距离（北京转出）

序号	转入地	制造业接收地经济距离			
		D	a	b	D_{ij}
1	昆明	2098.3	0.5	1.0	1049.15
2	曲靖	1977.7	0.5	1.2	1186.62
3	丽江	2083.4	0.7	1.2	1750.06
4	红河	2120.1	0.7	1.2	1780.88
5	昭通	1825.5	0.7	1.2	1533.42
6	怒江	2256.6	1.2	1.2	3249.50
7	西双版纳	2481.5	1.2	1.2	3573.36
8	德宏	2386.2	1.2	1.2	3436.13
9	文山	2155.6	0.5	1.2	1293.36
10	大理	2184.4	0.7	1.2	1834.90
11	楚雄	2162.6	0.7	1.2	1816.58

根据引力模型（5-4），同样可以计算出各地区对于制造业的吸引力大小，计算结果如表5-18所示。

表5-18　各州（市）承接北京制造业转移经济指标及吸引力

序号	州（市）	产值 Y_j（亿元）	经济距离 D_{ij}（千米）	劳动力数量 lab_j（万人）	特殊资源禀赋 P_j	职工平均工资 I（元）	吸引力 F_{ij}
1	昆明	1039.06	1049.15	672.8	1	5323	0.99
2	曲靖	518.52	1186.62	608.4	1	4439	0.44

续表

序号	州（市）	产值 Y_j（亿元）	经济距离 D_{ij}（千米）	劳动力数量 lab_j（万人）	特殊资源禀赋 P_j	职工平均工资 I（元）	吸引力 F_{ij}
3	丽江	65.55	1750.06	128.5	0	5359	0.04
4	红河	446.87	1780.88	468.1	0	5260	0.25
5	昭通	204.98	1533.42	547.5	0	4973	0.13
6	怒江	22.21	3249.50	54.4	0	5374	0.007
7	西双版纳	55.75	3573.36	117.2	0	5369	0.02
8	德宏	51.54	3436.13	129.4	0	4900	0.02
9	文山	168.15	1293.36	362.1	0	5548	0.13
10	大理	279.15	1834.90	356.3	1	5567	0.15
11	楚雄	225	1816.58	273.9	0	5700	0.12

结合表 5-18 中结果显示，昆明、曲靖是吸引力较好的区域，红河、昭通、文山、大理、楚雄是吸引力次区域，其他地州的吸引力较差。

然后根据模型（5-6）对云南承接北京制造业吸引力的影响因素进行计量分析，利用 Eviews 9.0 软件，得到产业转移吸引力模型：

$$\ln F = 0.3914 + 0.0011\ln Y - (2.02E\text{-}05)\ln D - (6.43E\text{-}05)\ln I - 0.0003\ln L - 0.0004P$$

$$R = 0.9752 \qquad R^2 = 0.9503 \qquad D\text{-}W = 2.2704 \qquad F = 39.2732$$

根据模型计算，对云南承接北京制造业而言，拟合系数 R 为 0.9752，调整后的拟合系数为 0.9503，二者都大于 90%，解释变量对被解释变量的解释程度较高。且 F 值等于 39.2732，大于 F 的临界值（P 值为 0.0005，显著水平为 0.005）14.94，检验可通过。

模型结果分析：

第一，上述云南各地州制造业的产值对承接北京制造业的吸引力影响是正面的。此处产值系数为 0.3914，表明转入地的制造业发展有尚好的资源利用基础及市场，对该产业转移有促进作用。

第二，经济距离对产业转移的吸引力有较大的负面影响，云南各地州的交通、经济条件较为滞后及运输成本较高，从而非常不利于北京制造业转移。

第三，职工工资对产业转移的影响是负面的。此处工资水平系数为负值，意味着云南制造业发展的工资成本对北京制造业专业而言具有较大劣势，可能主要在于制造业对于高技术人才的需求及相应的高薪待遇，从而大大减小了云南承接制造业的吸引力。

第四,劳动力人口对产业转移的影响是负面的。从模型分析来看,意味着云南承接北京制造业转移不具有劳动力优势,将减弱产业转移的吸引力。

第五,转入地的资源禀赋情况对北京制造业的转移具有负面作用,系数为 -0.0004,显示了云南承接北京的制造业转移不具有吸引力。

(5)计算制造业各接收地与四川之间的经济距离,结果如表5-19所示。

表5-19 制造业接收地经济距离 (四川转出)

序号	转入地	制造业接收地经济距离			
		D	a	b	D_{ij}
1	昆明	646.1	0.5	0.8	258.44
2	曲靖	566.4	0.5	1.2	339.84
3	丽江	558.9	0.5	1.2	335.34
4	红河	802.7	0.7	1.2	674.27
5	昭通	373.7	0.5	1.2	224.22
6	怒江	738.6	1.2	1.2	1063.58
7	西双版纳	1010.2	1.2	1.2	1454.69
8	德宏	866.8	1.2	1.2	1248.19
9	文山	806.0	0.5	1.2	483.6
10	大理	666.9	0.7	1.2	560.20
11	楚雄	663.4	0.7	1.2	557.26

根据引力模型(5-4),同样可以计算出各地区对于制造业的吸引力大小,计算结果如表5-20所示。

表5-20 各州(市)承接四川制造业转移经济指标及吸引力

序号	州(市)	产值 Y_j (亿元)	经济距离 D_{ij}(千米)	劳动力数量 lab_j(万人)	特殊资源禀赋 P_j	职工平均工资 I(元)	吸引力 F_{ij}
1	昆明	1039.06	258.44	672.8	1	5323	4.02
2	曲靖	518.52	339.84	608.4	1	4439	1.53

续表

序号	州 （市）	产值 Y_j （亿元）	经济距离 D_{ij}（千米）	劳动力数量 lab_j（万人）	特殊资源 禀赋 P_j	职工平均 工资 I（元）	吸引力 F_{ij}
3	丽江	65.55	335.34	128.5	0	5359	0.20
4	红河	446.87	674.27	468.1	0	5260	0.67
5	昭通	204.98	224.22	547.5	0	4973	0.91
6	怒江	22.21	1063.58	54.4	0	5374	0.02
7	西双版纳	55.75	1454.69	117.2	0	5369	0.04
8	德宏	51.54	1248.19	129.4	0	4900	0.04
9	文山	168.15	483.6	362.1	0	5548	0.35
10	大理	279.15	560.20	356.3	1	5567	0.50
11	楚雄	225	557.26	273.9	0	5700	0.40

结合表 5-20 中结果显示，昆明、曲靖是吸引力较好的区域，昭通、红河、大理、楚雄、丽江是吸引力次区域，其他区域则属于吸引力较差的地区。

然后根据模型（5-6）对云南承接四川制造业吸引力的影响因素进行计量分析，利用 Eviews 9.0 软件，得到产业转移吸引力模型：

$$\ln F = 1.8963 + 0.0043\ln Y - 0.0004\ln D - 0.0003\ln I - 0.0013\ln L - 0.0867P$$

$$R = 0.9287 \qquad R^2 = 0.8573 \qquad D\text{-}W = 2.3153 \qquad F = 13.0191$$

根据模型计算，对云南承接四川制造业而言，拟合系数 R 为 0.9287，调整后的拟合系数为 0.8573，二者都大于 80%，解释变量对被解释变量的解释程度较高。且 F 值等于 13.0191，大于 F 的临界值（P 值为 0.0068，显著水平为 0.01）10.97，检验可通过。

模型结果分析：

第一，上述云南各地州制造业的产值对承接四川制造业的吸引力有一定的正面影响。此处产值系数为 0.0043，表明转入地的制造业发展有一定的资源利用基础及市场，这对该产业转移起到了促进作用。

第二，经济距离对产业转移的吸引力有负面影响，此处系数为 -0.0004，缘于制造业对交通、经济基础条件尚较依赖，而云南各州市交通条件较为滞后、运输成本较高、经济基础总体较为落后，减小了四川制造业转移的吸引力。

第三，职工工资对产业转移的影响为负面的。此处工资水平系数为负值，意味着云南制造业发展的工资成本对四川省制造业专业而言不具有优势，减小了云南承接制造业的吸引力。

第四，劳动力人口对产业转移的影响是负面的。从模型分析来看，意味着云南承接四川省制造业也是不具有劳动力优势的，减弱了产业转移的吸引力。

第五，转入地的资源禀赋情况对四川制造业的转移具有负面作用，系数为-0.0867，会阻碍承接四川制造业转移。

3. 服务业

（1）计算服务业各接收地与浙江之间的经济距离，结果如表5-21所示。

表5-21 服务业接收地经济距离（浙江转出）

序号	转入地	服务业接收地经济距离			
		D	a	b	D_{ij}
1	昆明	1806.7	0.5	1	903.35
2	曲靖	1689.4	0.5	1.2	1013.64
3	丽江	1979.9	0.7	1.2	1663.116
4	红河	1829.3	0.7	1.2	1536.612
5	昭通	1632.2	0.7	1.2	1371.048
6	怒江	2141.2	1.2	1.2	3083.33
7	西双版纳	2134.5	1.2	1.2	3073.7
8	德宏	2221.9	1.2	1.2	3199.54
9	文山	1752.6	0.5	1.2	1051.56
10	大理	2020.3	0.7	1.2	1697.052
11	楚雄	1921	0.7	1.2	1613.64

根据引力模型（5-4），同样可以计算出各地区对于服务业的吸引力大小，计算结果如表5-22所示。

表5-22 各州（市）承接浙江服务业转移经济指标及吸引力

序号	州（市）	产值 Y_j（亿元）	经济距离 D_{ij}（千米）	劳动力数量 lab_j（万人）	特殊资源禀赋 P_j	职工平均工资 I（元）	吸引力 F_{ij}
1	昆明	2439.46	903.35	672.8	1	5323	2.7
2	曲靖	757.94	1013.64	608.4	0	4439	0.75

续表

序号	州（市）	产值 Y_j（亿元）	经济距离 D_{ij}（千米）	劳动力数量 lab_j（万人）	特殊资源禀赋 P_j	职工平均工资 I（元）	吸引力 F_{ij}
3	丽江	141.61	1663.116	128.5	1	5359	0.09
4	红河	518.16	1536.612	468.1	1	5260	0.34
5	昭通	294.03	1371.048	547.5	0	4973	0.22
6	怒江	68.59	3083.33	54.4	1	5374	0.02
7	西双版纳	175.2	3073.7	117.2	1	5369	0.06
8	德宏	166.44	3199.54	129.4	1	4900	0.05
9	文山	317.66	1051.56	362.1	0	5548	0.3
10	大理	395.94	1697.052	356.3	1	5567	0.23
11	楚雄	362.14	1613.64	273.9	0	5700	0.22

表5-22中结果显示，昆明、曲靖是吸引力较好的地区，其次是红河、昭通、文山、大理、楚雄，再者是丽江、西双版纳傣族自治州、德宏，怒江为最后。实际上丽江旅游资源丰富、旅游发展基础较好，旅游业属于服务业发展的特殊资源禀赋，应当是属于吸引力较好地区，但数据显示并不是。这与丽江距离较远，服务业总产值不够，且相对于昆明、曲靖交通条件有限有关，从而影响吸引力的大小。

根据模型（5-6）对云南承接浙江服务业吸引力的影响因素进行计量分析，利用 Eviews 9.0 软件，得到产业转移吸引力模型：

$$\ln F = 0.044 + 0.9729\ln Y - 1.0221\ln D + 0.0008\ln I + 0.0444\ln L + 0.028P$$

$$R = 0.9991 \qquad R^2 = 0.9982 \quad D\text{-}W = 2.9868 \qquad F = 1139.772$$

根据模型计算，对云南承接浙江服务业而言，拟合系数 R 为 0.9991，调整后的拟合系数为 0.9982，二者都大于90%，解释变量对被解释变量的解释程度较高。且 F 值等于 1139.772，大于 F 的临界值（P 值为 0，显著水平为 0.005）14.94，检验可通过。

模型结果分析：

第一，上述云南各地州服务业的产值对承接浙江服务业的吸引力影响是正面的。此处产值系数为 0.9729，表明转入地的服务业发展有一定的资源利用基础及市场，这对该产业转移起到了促进作用。

第二，经济距离对产业转移的吸引力有着负面影响，此处系数为 -1.0221，表明交通、经济条件可较大程度地影响产业转移，减小了浙江服务业转移的吸引力。

第三，职工工资对产业转移的影响为正面的。此处工资水平系数为正值，但值非常小，意味着云南工资成本对浙江服务业的产业转移具有较小吸引力。

第四，劳动力人口对产业转移的影响是正面的。从模型分析看，劳动力系数是正，为0.0444，意味着云南承接浙江省服务业是具有劳动力数量或者成本优势的，可增加产业转移的吸引力。

第五，转入地的资源禀赋情况对浙江服务业的转移有正面作用，系数为0.028，可增加浙江省服务业转移吸引力。

（2）计算服务业各接收地与福建之间的经济距离，结果如表5-23所示。

表5-23 服务业接收地经济距离（福建转出）

序号	转入地	服务业接收地经济距离			
		D	a	b	D_{ij}
1	昆明	1656.9	0.5	1	828.45
2	曲靖	1551.1	0.5	1.2	930.66
3	丽江	1898.3	0.7	1.2	1594.572
4	红河	1634.9	0.7	1.2	1373.316
5	昭通	1552.3	0.7	1.2	1303.932
6	怒江	2041.5	1.2	1.2	2939.76
7	西双版纳	1929.7	1.2	1.2	2778.77
8	德宏	2088	1.2	1.2	3006.72
9	文山	1549.4	0.5	1.2	929.64
10	大理	1906.3	0.7	1.2	1601.292
11	楚雄	1780.9	0.7	1.2	1495.956

根据引力模型（5-4），同样可以计算出各地区对于服务业的吸引力大小，计算结果如表5-24所示。

表 5-24　各州（市）承接福建服务业转移经济指标及吸引力

序号	州（市）	产值 Y_j（亿元）	经济距离 D_{ij}（千米）	劳动力数量 lab_j（万人）	特殊资源禀赋 P_j	职工平均工资 I（元）	吸引力 F_{ij}
1	昆明	2439.46	828.45	672.8	1	5323	3
2	曲靖	757.94	930.66	608.4	0	4439	0.81
3	丽江	141.61	1594.572	128.5	1	5359	0.09
4	红河	518.16	1373.316	468.1	1	5260	0.38
5	昭通	294.03	1303.932	547.5	0	4973	0.23
6	怒江	68.59	2939.76	54.4	1	5374	0.02
7	西双版纳	175.2	2778.77	117.2	1	5369	0.06
8	德宏	166.44	3006.72	129.4	1	4900	0.06
9	文山	317.66	929.64	362.1	0	5548	0.34
10	大理	395.94	1601.292	356.3	1	5567	0.25
11	楚雄	362.14	1495.956	273.9	0	5700	0.44

结合表 5-24 中结果显示，昆明是吸引力较好的地区，其次是曲靖、楚雄、红河、文山、大理、昭通，再者是丽江、西双版纳傣族自治州、德宏，怒江为最后。

然后根据模型（5-6）对云南承接福建服务业吸引力的影响因素进行计量分析，利用 Eviews 9.0 软件，得到产业转移吸引力模型：

$$lnF = -15.329 + 1.2177lnY - 0.5923lnD + 1.3619lnI - 0.0546lnL - 0.3658P$$

R = 0.9924　　　　R^2 = 0.9848　　D-W = 1.6516　　　　F = 130.2146

根据模型计算，对云南承接福建服务业而言，拟合系数 R 为 0.9924，调整后的拟合系数为 0.9848，二者都大于 90%，解释变量对被解释变量的解释程度较高。且 F 值等于 130.2146，大于 F 的临界值（P 值为 0.000027，显著水平为 0.005）14.94，检验可通过。

模型结果分析：

第一，上述云南各地州服务业的产值对承接福建服务业的吸引力影响是正面的。此处产值系数为 1.2177，值较大，表明转入地的服务业发展有较大的资源优势，这对该产业转移可起促进作用。

第二，经济距离对产业转移的吸引力有着负面影响，此处系数为 -0.5923，表明交通、经济条件可减小福建服务业转移的吸引力。

第三，职工工资对产业转移的影响为正面的。此处工资水平系数为1.3619，意味着云南工资水平对福建服务业转移而言是较低成本的，可提高产业转移吸引力，并促进产业转移。

第四，劳动力人口对产业转移的影响是负面的。从模型分析看，劳动力系数为-0.0546，意味着云南承接福建省服务业时，劳动力数量会降低产业转移的吸引力。

第五，转入地的资源禀赋情况对福建服务业的转移具有负面作用，系数为-0.3658，意味着云南省各地州的特殊资源禀赋并不足以吸引福建服务业转移，反而减小了产业转移吸引力。

（3）计算服务业各接收地与广东之间的经济距离，结果如表5-25所示。

表 5-25 服务业接收地经济距离 （广东转出）

序号	转入地	服务业接收地经济距离			
		D	a	b	D_{ij}
1	昆明	1077.3	0.5	1.2	646.38
2	曲靖	993.3	0.5	1.2	595.98
3	丽江	1376.8	0.7	1.2	1156.512
4	红河	1011.6	0.7	1.2	849.744
5	昭通	1067.6	0.7	1.2	896.784
6	怒江	1487.4	1.2	1.2	2141.86
7	西双版纳	1285.4	1.2	1.2	1850.98
8	德宏	1499	1.2	1.2	2158.56
9	文山	922.4	0.5	1.2	553.44
10	大理	1342.4	0.7	1.2	1127.616
11	楚雄	1211.7	0.7	1.2	1017.828

根据引力模型（5-4），同样可以计算出各地区对于服务业的吸引力大小，计算结果如表5-26所示。

表 5-26　各州（市）承接广东服务业转移经济指标及吸引力

序号	州（市）	产值 Y_j（亿元）	经济距离 D_{ij}（千米）	劳动力数量 lab_j（万人）	特殊资源禀赋 P_j	职工平均工资 I（元）	吸引力 F_{ij}
1	昆明	2439.46	646.38	672.8	1	5323	3.77
2	曲靖	757.94	595.98	608.4	0	4439	1.27
3	丽江	141.61	1156.512	128.5	1	5359	0.12
4	红河	518.16	849.744	468.1	1	5260	0.61
5	昭通	294.03	896.784	547.5	0	4973	0.33
6	怒江	68.59	2141.86	54.4	1	5374	0.03
7	西双版纳	175.2	1850.98	117.2	1	5369	0.09
8	德宏	166.44	2158.56	129.4	1	4900	0.08
9	文山	317.66	553.44	362.1	0	5548	0.57
10	大理	395.94	1127.616	356.30	1	5567	0.35
11	楚雄	362.14	1017.828	273.9	0	5700	0.36

表 5-26 中结果显示，昆明、曲靖是吸引力较好的地区，其次是楚雄、红河、文山、大理、昭通，再者是丽江、西双版纳傣族自治州、德宏，怒江为最后。

然后根据模型（5-6）对云南承接广东服务业吸引力的影响因素进行计量分析，利用 Eviews 9.0 软件，得到产业转移吸引力模型：

$$\ln F = -0.4198 + 1.0005 \ln Y - 0.954 \ln D - 0.0139 \ln I + 0.0386 \ln L - 0.0126 P$$

$$R = 0.9998 \qquad R^2 = 0.9995 \quad D-W = 1.9864 \qquad F = 4317.233$$

根据模型计算，对云南承接广东服务业而言，拟合系数 R 为 0.9998，调整后的拟合系数为 0.9995，二者都大于 90%，解释变量对被解释变量的解释程度较高。且 F 值等于 4317.233，大于 F 的临界值（P 值为 0，显著水平为 0.005）14.94，检验可通过。

模型结果分析：

第一，上述云南各地州服务业的产值对承接广东服务业的吸引力影响是正面的。此处产值系数为 1.0005，表明转入地的服务业发展有较大的资源优势，这对该产业转移可起促进作用。

第二，经济距离对产业转移的吸引力有着负面影响，表明交通、经济条件制约广东服务业转移，减小产业转移吸引力。

第三，职工工资对产业转移的影响是负面的。意味着云南工资水平对广东省服务业转移而言，降低了产业转移吸引力。

第四，劳动力人口对产业转移的影响是正面的。从模型分析看，劳动力人口系数为 0.0386，意味着云南承接广东省服务业时，具有劳动力人口成本优势，增加了产业转移的吸引力。

第五，转入地的资源禀赋情况对广东服务业的转移具有负面作用，意味着云南省各地州对于广东服务业企业而言不具有特殊资源禀赋，减小了产业转移吸引力。

（4）计算服务业各接收地与北京之间的经济距离，结果如表 5-27 所示。

表 5-27 服务业接收地经济距离（北京转出）

序号	转入地	服务业接收地经济距离			
		D	a	b	D_{ij}
1	昆明	2098.3	0.5	1.0	1049.15
2	曲靖	1977.7	0.5	1.2	1186.62
3	丽江	2083.4	0.7	1.2	1750.06
4	红河	2120.1	0.7	1.2	1780.88
5	昭通	1825.5	0.7	1.2	1533.42
6	怒江	2256.6	1.2	1.2	3249.50
7	西双版纳	2481.5	1.2	1.2	3573.36
8	德宏	2386.2	1.2	1.2	3436.13
9	文山	2155.6	0.5	1.2	1293.36
10	大理	2184.4	0.7	1.2	1834.90
11	楚雄	2162.6	0.7	1.2	1816.58

根据引力模型（5-4），同样可以计算出各地区对于服务业的吸引力大小，计算结果如表 5-28 所示。

表 5-28　各州（市）承接北京服务业转移经济指标及吸引力

序号	州（市）	产值 Y_j（亿元）	经济距离 D_{ij}（千米）	劳动力数量 lab_j（万人）	特殊资源禀赋 P_j	职工平均工资 I（元）	吸引力 F_{ij}
1	昆明	2439.46	1049.15	672.8	1	5323	2.33
2	曲靖	757.94	1186.62	608.4	0	4439	0.64
3	丽江	141.61	1750.06	128.5	1	5359	0.08
4	红河	518.16	1780.88	468.1	1	5260	0.29
5	昭通	294.03	1533.42	547.5	0	4973	0.19
6	怒江	68.59	3249.50	54.4	1	5374	0.02
7	西双版纳	175.2	3573.36	117.2	1	5369	0.05
8	德宏	166.44	3436.13	129.4	1	4900	0.05
9	文山	317.66	1293.36	362.1	0	5548	0.25
10	大理	395.94	1834.90	356.3	0	5567	0.22
11	楚雄	362.14	1816.58	273.9	0	5700	0.20

表 5-28 中结果显示，昆明、曲靖、红河、文山、大理、楚雄、昭通都是对北京转移服务业吸引力较好的区域，丽江、德宏是吸引力次区域，而怒江、西双版纳则对北京的服务业吸引力较差。

然后根据模型（5-6）对云南承接北京服务业吸引力的影响因素进行计量分析，利用 Eviews 9.0 软件，得到产业转移吸引力模型：

$$\ln F = 0.5256 + 0.0011\ln Y - (3.73E-05)\ln D - (7.95E-05)\ln I + 0.0005\ln L - 0.0522P$$

$$R = 0.9969 \qquad R^2 = 0.9937 \qquad D-W = 1.8168 \qquad F = 318.0732$$

根据模型计算，对云南承接北京服务业而言，拟合系数 R 为 0.9969，调整后的拟合系数为 0.9937，二者都大于 90%，解释变量对被解释变量的解释程度较高。且 F 值等于 318.0732，大于 F 的临界值（P 值为 0.000003，显著水平为 0.005）14.94，检验可通过。

模型结果分析：

第一，上述云南各地州服务业的产值对承接北京服务业的吸引力影响有一定正面影响。此处产值系数为 0.0011，表明转入地的服务业发展有一定的资源优势，这对该产业转移可起促进作用。

第二，经济距离对产业转移的吸引力有着较大的负面影响，表明交通、经济条件严重制约北京服务业转移，大大降低了产业转移吸引力。

第三，职工工资对产业转移的影响是负面的。意味着云南工资水平对北京服务业转移而言，降低了产业转移吸引力。

第四，劳动力人口对产业转移的影响是正面的。从模型分析看，劳动力人口系数为 0.0005，意味着云南承接北京服务业时，具有一定的劳动力人口成本优势，增加了产业转移的吸引力。

第五，转入地的资源禀赋情况对北京服务业的转移具有负面作用，意味着云南省各地州对于北京服务业企业而言不具有特殊资源禀赋，减小了产业转移吸引力。

（5）计算服务业各接收地与四川之间的经济距离，结果如表 5-29 所示。

表 5-29　服务业接收地经济距离（四川转出）

序号	转入地	服务业接收地经济距离			
		D	a	b	D_{ij}
1	昆明	646.1	0.5	0.8	258.44
2	曲靖	566.4	0.5	1.2	339.84
3	丽江	558.9	0.5	1.2	335.34
4	红河	802.7	0.7	1.2	674.27
5	昭通	373.7	0.5	1.2	224.22
6	怒江	738.6	1.2	1.2	1063.58
7	西双版纳	1010.2	1.2	1.2	1454.69
8	德宏	866.8	1.2	1.2	1248.19
9	文山	806.0	0.5	1.2	483.60
10	大理	666.9	0.7	1.2	560.20
11	楚雄	663.4	0.7	1.2	557.26

根据引力模型（5-4），同样可以计算出各地区对于服务业的吸引力大小，计算结果如表 5-30 所示。

表 5-30 各州（市）承接四川服务业转移经济指标及吸引力

序号	州（市）	产值 Y_j（亿元）	经济距离 D_{ij}（千米）	劳动力数量 lab_j（万人）	特殊资源禀赋 P_j	职工平均工资 I（元）	吸引力 F_{ij}
1	昆明	2439.46	258.44	672.8	1	5323	9.44
2	曲靖	757.94	339.84	608.4	0	4439	2.23
3	丽江	141.61	335.34	128.5	1	5359	0.42
4	红河	518.16	674.27	468.1	1	5260	0.77
5	昭通	294.03	224.22	547.5	0	4973	1.31
6	怒江	68.59	1063.58	54.4	1	5374	0.07
7	西双版纳	175.2	1454.69	117.2	1	5369	0.12
8	德宏	166.44	1248.19	129.4	1	4900	0.13
9	文山	317.66	483.6	362.1	1	5548	0.67
10	大理	395.94	560.20	356.3	1	5567	0.71
11	楚雄	362.14	557.26	273.9	0	5700	0.65

表 5-30 结果显示，昆明是对四川转移服务业吸引力最好的区域，曲靖、昭通是较好区域，其次为红河、丽江、文山、大理、楚雄，而德宏、西双版纳再次之，怒江吸引力最差。

根据模型（5-6）对云南承接四川服务业吸引力的影响因素进行计量分析，利用 Eviews 9.0 软件，得到产业转移吸引力模型：

$$\ln F = 3.0088 + 0.0044 \ln Y - 0.0007 \ln D - 0.0005 \ln I - 0.0024 \ln L - 0.1916 P$$

$R = 0.9854$ $R^2 = 0.9709$ D-W = 1.994   F = 67.6431

根据模型计算，对云南承接四川服务业而言，拟合系数 R 为 0.9854，调整后的拟合系数为 0.9709，二者都大于 90%，解释变量对被解释变量的解释程度较高。且 F 值等于 67.6431，大于 F 的临界值（P 值为 0.0001，显著水平为 0.005）14.94，检验可通过。

模型结果分析：

第一，上述云南各地州服务业的产值对承接四川服务业的吸引力影响是正面的。此处产值系数为 0.0044，表明转入地的服务业发展有一定的资源优势，对该产业转移可起到促进作用。

第二，经济距离对产业转移的吸引力有着较小的负面影响，此处系数为

-0.0007，表明交通、经济条件轻微地弱化了四川服务业转移的吸引力。

第三，职工工资对产业转移的影响为负面的。此处工资水平系数为-0.0005，意味着云南工资水平对四川服务业转移而言是存在负面影响的，在一定程度上会阻碍产业转移吸引力。

第四，劳动力人口对产业转移的影响是负面的。从模型分析看，劳动力系数为-0.0024，意味着云南承接四川省服务业时，劳动力数量会降低产业转移的吸引力。

第五，转入地的资源禀赋情况对四川服务业的转移具有负面作用，系数为-0.1916，意味着云南省各地州的特殊资源禀赋并不足以吸引四川服务业转移，这与四川省自身服务业发展有一定基础或有关系。

4. 电力业

（1）计算电力业各接收地与北京之间的经济距离，结果如表5-31所示。

表5-31 电力业接收地经济距离（北京转出）

序号	转入地	电力业接收地经济距离			
		D	a	b	D_{ij}
1	昆明	2098.3	0.5	1.0	1049.15
2	曲靖	1977.7	0.5	1.2	1186.62
3	丽江	2083.4	0.7	1.2	1750.06
4	红河	2120.1	0.7	1.2	1780.88
5	昭通	1825.5	0.7	1.2	1533.42
6	怒江	2256.6	1.2	1.2	3249.50
7	西双版纳	2481.5	1.2	1.2	3573.36
8	德宏	2386.2	1.2	1.2	3436.13
9	文山	2155.6	0.5	1.2	1293.36
10	大理	2184.4	0.7	1.2	1834.90
11	楚雄	2162.6	0.7	1.2	1816.58

根据引力模型（5-4），同样可以计算出各地区对于电力业的吸引力大小，计算结果如表5-32所示。

表 5-32　各州（市）承接北京电力业转移经济指标及吸引力

序号	州（市）	产值 Y_j（亿元）	经济距离 D_{ij}（千米）	劳动力数量 lab_j（万人）	特殊资源禀赋 P_j	职工平均工资 I（元）	吸引力 F_{ij}
1	昆明	100.74	1049.15	672.8	1	5323	0.1
2	曲靖	62.92	1186.62	608.4	1	4439	0.06
3	丽江	5.29	1750.06	128.5	0	5359	0.003
4	红河	56.04	1780.88	468.1	1	5260	0.03
5	昭通	13.6	1533.42	547.5	1	4973	0.009
6	怒江	6.53	3249.50	54.4	0	5374	0.002
7	西双版纳	8.34	3573.36	117.2	0	5369	0.002
8	德宏	10.52	3436.13	129.4	0	4900	0.003
9	文山	6.42	1293.36	362.1	0	5548	0.005
10	大理	14.57	1834.90	356.3	1	5567	0.008
11	楚雄	15.49	1816.58	273.9	1	5700	0.009

表 5-32 结果显示，昆明是对北京转移的电力业吸引力较好的区域，红河、曲靖是吸引力次区域，而其他区域的吸引力较差。

然后根据模型（5-6）对云南承接北京电力业吸引力的影响因素进行计量分析，利用 Eviews 9.0 软件，得到产业转移吸引力模型：

$$\ln F = 0.0093 + 0.001 \ln Y - (3.17E-06) \ln D - (1.17E-06) \ln I + (8.00E-06) \ln L - 0.0084 P$$
$$R = 0.9632 \qquad R^2 = 0.9264 \qquad D-W = 1.7830 \qquad F = 67.6431$$

根据模型计算，对云南承接北京电力业而言，拟合系数 R 为 0.9632，调整后的拟合系数为 0.9264，二者都大于 90%，解释变量对被解释变量的解释程度较高。且 F 值等于 67.6431，大于 F 的临界值（P 值为 0.0014，显著水平为 0.005）14.94，检验可通过。

模型结果分析：

第一，上述云南各地州电力业的产值对承接北京电力业的吸引力影响是正面的。此处产值系数为 0.001，表明转入地的电力业发展有一定的资源利用基础及市场，这对该产业转移起到了促进作用。

第二，经济距离对产业转移的吸引力有着较大负面影响，表明交通、经济条件可较大程度地影响产业转移，减小了北京电力业转移的吸引力。

第三，职工工资对产业转移的影响是负面的。此处工资水平系数为负值，且值较大，意味着云南工资成本对北京电力业的产业转移具有较大的阻碍作用。

第四，劳动力人口对产业转移的影响是正面的。从模型分析看，劳动力系数是较大正值，意味着云南承接北京电力业是具有劳动力数量或者成本优势的，可增加产业转移的吸引力。

第五，转入地的资源禀赋情况对北京电力业的转移具有负面作用，系数为 −0.0084，将减弱北京电力业转移吸引力。

（2）计算电力业各接收地与四川之间的经济距离，结果如表 5−33 所示。

表 5−33　电力业接收地经济距离（四川转出）

序号	转入地	电力业接收地经济距离			
		D	a	b	D_{ij}
1	昆明	646.1	0.5	0.8	258.44
2	曲靖	566.4	0.5	1.2	339.84
3	丽江	558.9	0.5	1.2	335.34
4	红河	802.7	0.7	1.2	674.27
5	昭通	373.7	0.5	1.2	224.22
6	怒江	738.6	1.2	1.2	1063.58
7	西双版纳	1010.2	1.2	1.2	1454.69
8	德宏	866.8	1.2	1.2	1248.19
9	文山	806.0	0.5	1.2	483.6
10	大理	666.9	0.7	1.2	560.20
11	楚雄	663.4	0.7	1.2	557.26

根据引力模型（5−4），同样可以计算出各地区对于电力业的吸引力大小，计算结果如表 5−34 所示。

表 5−34　各州（市）承接四川电力业转移经济指标及吸引力

序号	州（市）	产值 Y_j（亿元）	经济距离 D_{ij}（千米）	劳动力数量 lab_j（万人）	特殊资源禀赋 P_j	职工平均工资 I（元）	吸引力 F_{ij}
1	昆明	100.74	258.44	672.8	1	5323	0.39

续表

序号	州（市）	产值 Y_j（亿元）	经济距离 D_{ij}（千米）	劳动力数量 lab_j（万人）	特殊资源禀赋 P_j	职工平均工资 I（元）	吸引力 F_{ij}
2	曲靖	62.92	339.84	608.4	1	4439	0.19
3	丽江	5.29	335.34	128.5	0	5359	0.02
4	红河	56.04	674.27	468.1	1	5260	0.09
5	昭通	13.6	224.22	547.5	1	4973	0.06
6	怒江	6.53	1063.58	54.4	0	5374	0.006
7	西双版纳	8.34	1454.69	117.2	0	5369	0.006
8	德宏	10.52	1248.19	129.4	0	4900	0.008
9	文山	6.42	483.6	362.1	0	5548	0.01
10	大理	14.57	560.20	356.3	1	5567	0.03
11	楚雄	15.49	557.26	273.9	1	5700	0.03

表5-34结果显示，昆明、曲靖是对四川转移的电力业吸引力较好的区域，红河、昭通、大理、楚雄、丽江、文山是吸引力次区域，而怒江、西双版纳、德宏是吸引力较差的区域。

然后根据模型（5-6）对云南承接四川电力业吸引力的影响因素进行计量分析，利用 Eviews 9.0 软件，得到产业转移吸引力模型：

$$\ln F = -0.0447 + 0.0036\ln Y - (4.32E{-}05)\ln D + (1.17E{-}05)\ln I + (3.79E{-}05)\ln L - 0.0401P$$

$$R = 0.9332 \qquad R^2 = 0.8665 \qquad D\text{-}W = 2.1791 \qquad F = 13.9758$$

根据模型计算，对云南承接四川电力业而言，拟合系数 R 为 0.9332，调整后的拟合系数为 0.8665，二者都大于 80%，解释变量对被解释变量的解释程度较高。且 F 值等于 13.9758，大于 F 的临界值（P 值为 0.0058，显著水平为 0.01）10.97，检验可通过。

模型结果分析：

第一，上述云南各地州电力业的产值对承接四川电力业的吸引力影响是正面的。此处产值系数为 0.00361，表明转入地的电力业发展有一定的资源利用基础及市场，对该产业转移有促进作用。

第二，经济距离对产业转移的吸引力有着较大负面影响，云南地处西部山区，各州市交通、经济条件较为滞后，运输成本较高。因此，不利于四川电力业转移。

第三，职工工资对产业转移的影响是正面的。此处工资水平系数为较大正值，意味着云南电力业发展的工资成本对四川电力业而言具有优势，可增强云南承接四川电力业的吸引力。

第四，劳动力人口对产业转移的影响是正面的。从模型分析来看，意味着云南承接四川省电力业是具有劳动力优势的，增加了产业转移的吸引力。

第五，转入地的资源禀赋情况对四川电力业的转移具有负面影响，系数为 -0.0401，将弱化四川省电力业转移吸引力。

（3）计算电力业各接收地与广东之间的经济距离，结果如表 5-35 所示。

表 5-35　电力业接收地经济距离（广东转出）

序号	转入地	电力业接收地经济距离			
		D	a	b	D_{ij}
1	昆明	1077.3	0.5	1.2	646.38
2	曲靖	993.3	0.5	1.2	595.98
3	丽江	1376.8	0.7	1.2	1156.512
4	红河	1011.6	0.7	1.2	849.744
5	昭通	1067.6	0.7	1.2	896.784
6	怒江	1487.4	1.2	1.2	2141.86
7	西双版纳	1285.4	1.2	1.2	1850.98
8	德宏	1499	1.2	1.2	2158.56
9	文山	922.4	0.5	1.2	553.44
10	大理	1342.4	0.7	1.2	1127.616
11	楚雄	1211.7	0.7	1.2	1017.828

根据引力模型（5-4），同样可以计算出各地区对于电力业的吸引力大小，计算结果如表 5-36 所示。

表 5-36　各州（市）承接广东电力业转移经济指标及吸引力

序号	州（市）	产值 Y_j（亿元）	经济距离 D_{ij}（千米）	劳动力数量 lab_j（万人）	特殊资源禀赋 P_j	职工平均工资 I（元）	吸引力 F_{ij}
1	昆明	100.74	646.38	672.8	1	5323	0.16

序号	州 (市)	产值 Y_j (亿元)	经济距离 D_{ij}(千米)	劳动力数量 lab_j(万人)	特殊资源 禀赋 P_j	职工平均 工资 I(元)	吸引力 F_{ij}
2	曲靖	62.92	595.98	608.4	1	4439	0.11
3	丽江	5.29	1156.512	128.5	0	5359	0.005
4	红河	56.04	849.744	468.1	1	5260	0.07
5	昭通	13.6	896.784	547.5	1	4973	0.02
6	怒江	6.53	2141.86	54.4	0	5374	0.003
7	西双版纳	8.34	1850.98	117.2	0	5369	0.005
8	德宏	10.52	2158.56	129.4	0	4900	0.005
9	文山	6.42	553.44	362.1	0	5548	0.01
10	大理	14.57	1127.616	356.3	1	5567	0.01
11	楚雄	15.49	1017.828	273.9	1	5700	0.02

表 5-36 结果显示，昆明、曲靖是对广东转移的电力业吸引力较好的区域，红河、昭通、楚雄、大理、文山是吸引力次区域，而丽江、怒江、西双版纳、德宏是吸引力较差的区域。

然后根据模型（5-6）对云南承接广东电力业吸引力的影响因素进行计量分析，利用 Eviews 9.0 软件，得到产业转移吸引力模型：

$$\ln F = 0.06 + 0.0016\ln Y - (8.91E\text{-}06)\ln D - (9.86E\text{-}06)\ln I + (1.91E\text{-}06)\ln L - 0.0061P$$

$$R = 0.9885 \qquad R^2 = 0.9770 \quad D\text{-}W = 1.7816 \quad F = 85.7672$$

根据模型计算，对云南承接广东电力业而言，拟合系数 R 为 0.9885，调整后的拟合系数为 0.9770，二者都大于 90%，解释变量对被解释变量的解释程度较高。且 F 值等于 85.7672，大于 F 的临界值（P 值为 0.000077，显著水平为 0.005）14.94，检验可通过。

模型结果分析：

第一，上述云南各地州电力业的产值对承接广东省电力业的吸引力影响是正面的。此处产值系数为 0.0016，表明转入地的电力业发展有着一定的资源利用基础及市场，这对该产业转移有促进作用。

第二，由模型可见，经济距离对产业转移的吸引力有着较大负面影响，云南地处西部山区，各州市交通、经济基础条件较为滞后，非常不利于广东电力业转移。

第三，职工工资对产业转移的影响为负面的。工资水平越高意味着转入地的产业发展成本越高，此处工资水平系数为较大值的负数，意味着云南职工平均工资水平对广东省电力业不具有优势，严重阻碍了云南承接电力业转移。

第四，劳动力人口对产业转移的影响是正面的。从模型分析来看，意味着云南电力产业发展若从广东省转移而来是具有优势的，劳动力对产业的转移吸引力起促进作用。

第五，虽然云南本身电力业具有一定基础，但转入地的资源禀赋情况相对广东电力产业转移而言不具有优势，系数为-0.0061。

（4）计算电力业各接收地与福建之间的经济距离，结果如表5-37所示。

表5-37 电力业接收地经济距离（福建转出）

序号	转入地	电力业接收地经济距离			
		D	a	b	D_{ij}
1	昆明	1656.9	0.5	1	828.45
2	曲靖	1551.1	0.5	1.2	930.66
3	丽江	1898.3	0.7	1.2	1594.572
4	红河	1634.9	0.7	1.2	1373.316
5	昭通	1552.3	0.7	1.2	1303.932
6	怒江	2041.5	1.2	1.2	2939.76
7	西双版纳	1929.7	1.2	1.2	2778.77
8	德宏	2088	1.2	1.2	3006.72
9	文山	1549.4	0.5	1.2	929.64
10	大理	1906.3	0.7	1.2	1601.292
11	楚雄	1780.9	0.7	1.2	1495.956

根据引力模型（5-4），同样可以计算出各地区对于电力业的吸引力大小，计算结果如表5-38所示。

表 5-38　各州（市）承接福建电力业转移经济指标及吸引力

序号	州（市）	产值 Y_j（亿元）	经济距离 D_{ij}（千米）	劳动力数量 lab_j（万人）	特殊资源禀赋 P_j	职工平均工资 I（元）	吸引力 F_{ij}
1	昆明	100.74	828.45	672.8	1	5323	0.12
2	曲靖	62.92	930.66	608.4	1	4439	0.07
3	丽江	5.29	1594.572	128.5	0	5359	0.003
4	红河	56.04	1373.316	468.1	0	5260	0.04
5	昭通	13.6	1303.932	547.5	0	4973	0.01
6	怒江	6.53	2939.76	54.4	0	5374	0.002
7	西双版纳	8.34	2778.77	117.2	0	5369	0.003
8	德宏	10.52	3006.72	129.4	0	4900	0.004
9	文山	6.42	929.64	362.1	0	5548	0.007
10	大理	14.57	1601.292	356.3	1	5567	0.009
11	楚雄	15.49	1495.956	273.9	1	5700	0.01

表 5-38 结果显示，云南省对福建转移的电力业吸引力总体较低，昆明、曲靖、红河、昭通、楚雄具有较弱的吸引力，而其他地州的吸引力很弱。

然后根据模型（5-6）对云南承接福建电力业吸引力的影响因素进行计量分析，利用 Eviews 9.0 软件，得到产业转移吸引力模型：

$$\ln F = -0.0122 + 0.0012 \ln Y - (1.80E-06)\ln D - (1.55E-06)\ln I + (2.07E-05)\ln L - 0.0112P$$
$$R = 0.9745 \qquad R^2 = 0.9490 \qquad D-W = 1.8787 \qquad F = 38.2030$$

根据模型计算，对云南承接福建电力业而言，拟合系数 R 为 0.9745，调整后的拟合系数为 0.9490，二者都大于 90%，解释变量对被解释变量的解释程度较高。且 F 值等于 38.2030，大于 F 的临界值（P 值为 0.000549，显著水平为 0.005）14.94，检验可通过。

模型结果分析：

第一，上述云南各地州电力业的产值对承接福建省电力产业的吸引力影响是正面的。一般产值越高，则吸引力越大。此处产值系数为 0.0012，表明转入地的电力业发展有一定的资源利用基础及市场，对该产业转移起到了促进作用。

第二，模型可见，经济距离对产业转移的吸引力有负面影响，而且其影响系数较大，表明云南交通、经济条件对福建省电力业的转移影响较大，是电力业发展的阻碍因素。

第三，职工工资对产业转移的影响为负面的。工资水平越高意味着转入地的产业发展成本越高，此处工资水平系数为负，反映出云南电力业发展在工资这方面尚存在一些阻碍，对云南承接电力业的吸引力影响为负面。

第四，劳动力人口对产业转移的影响是正面的。此处数据选择以各地区的常住人口来替代，从模型分析来看，云南电力业发展具有劳动力优势，意味着云南电力产业发展中劳动力对产业的转移吸引力有促进作用。

第五，转入地的资源禀赋情况对电力业的转移具有负面作用。而具有资源禀赋与否也成为企业进行产业转移的重要因素。尤其是对于一些对特殊资源有依赖的产业来说有着重要地位。云南省位于西部山区，电力业具有一定的资源基础，但是相对承接福建电力产业而言是不具有优势的。

（5）计算电力业各接收地与浙江之间的经济距离，结果如表5-39所示。

表5-39 电力业接收地经济距离（浙江转出）

序号	转入地	电力业接收地经济距离			
		D	a	b	D_{ij}
1	昆明	1806.7	0.5	1	903.35
2	曲靖	1689.4	0.5	1.2	1013.64
3	丽江	1979.9	0.7	1.2	1663.116
4	红河	1829.3	0.7	1.2	1536.612
5	昭通	1632.2	0.7	1.2	1371.048
6	怒江	2141.2	1.2	1.2	3083.33
7	西双版纳	2134.5	1.2	1.2	3073.7
8	德宏	2221.9	1.2	1.2	3199.54
9	文山	1752.6	0.5	1.2	1051.56
10	大理	2020.3	0.7	1.2	1697.052
11	楚雄	1921.0	0.7	1.2	1613.64

根据引力模型（5-4），同样可以计算出各地区对于电力业的吸引力大小，计算结果如表5-40所示。

表 5-40 各州（市）承接浙江电力业转移经济指标及吸引力

序号	州（市）	产值 Y_j（亿元）	经济距离 D_{ij}（千米）	劳动力数量 lab_j（万人）	特殊资源禀赋 P_j	职工平均工资 I（元）	吸引力 F_{ij}
1	昆明	100.74	903.35	672.8	1	5323	0.11
2	曲靖	62.92	1013.64	608.4	1	4439	0.06
3	丽江	5.29	1663.116	128.5	0	5359	0.003
4	红河	56.04	1536.612	468.1	1	5260	0.04
5	昭通	13.6	1371.048	547.5	1	4973	0.01
6	怒江	6.53	3083.33	54.4	1	5374	0.002
7	西双版纳	8.34	3073.7	117.2	0	5369	0.003
8	德宏	10.52	3199.54	129.4	0	4900	0.003
9	文山	6.42	1051.56	362.1	0	5548	0.006
10	大理	14.57	1697.052	356.3	1	5567	0.009
11	楚雄	15.49	1613.64	273.9	1	5700	0.01

表 5-40 结果显示，云南省对承接浙江转移电力业的吸引力都不大，昆明、曲靖、红河、楚雄、昭通稍微具有一点儿吸引力，其他地州吸引力很弱。

然后根据模型（5-6）对云南承接浙江电力业吸引力的影响因素进行计量分析，利用 Eviews 9.0 软件，得到产业转移吸引力模型：

$$\ln F = -0.0296 + 0.0011 \ln Y - (1.13E-06) \ln D - (4.68E-06) \ln I + (1.90E-05) \ln L - 0.0092 P$$

$$R = 0.9821 \qquad R^2 = 0.9642 \qquad D-W = 2.1510 \qquad F = 54.8843$$

根据模型计算，对云南承接浙江电力业而言，拟合系数 R 为 0.9821，调整后的拟合系数为 0.9642，二者都大于 90%，解释变量对被解释变量的解释程度较高。且 F 值等于 54.8843，大于 F 的临界值（P 值为 0.000228，显著水平为 0.005）14.94，检验可通过。

模型结果分析：

第一，上述云南各地州电力业的产值对承接浙江电力业的吸引力影响是正面的。此处产值系数为 0.0011，表明转入地的电力业发展有一定的资源利用基础及市场，这对该产业转移起到了促进作用。

第二，经济距离对产业转移的吸引力起着较大负面作用，这与云南各州市交通条件较为滞后、运输成本较高、经济基础较为落后的实际相符，减小了浙江电力业转移的吸引力。

第三,职工工资对产业转移的影响为负面的。此处工资水平系数为较大值的负数,意味着云南电力业发展的工资成本对浙江电力业转移不具有优势,大大减小了云南承接电力业的吸引力。

第四,劳动力人口对产业转移的影响是正面的。从模型分析来看,意味着云南承接浙江电力业是具有劳动力优势的,增加了产业转移的吸引力。

第五,转入地的资源禀赋情况对浙江电力业的转移具有负面作用,系数为－0.0092,阻碍了浙江电力业转移。

5. 农林牧渔业

(1) 计算农林牧渔业各接收地与北京之间的经济距离,结果如表 5-41 所示。

表 5-41 农林牧渔业接收地经济距离 (北京转出)

序号	转入地	农林牧渔业接收地经济距离			
		D	a	b	D_{ij}
1	昆明	2098.3	0.5	1.0	1049.15
2	曲靖	1977.7	0.5	1.2	1186.62
3	丽江	2083.4	0.7	1.2	1750.06
4	红河	2120.1	0.7	1.2	1780.88
5	昭通	1825.5	0.7	1.2	1533.42
6	怒江	2256.6	1.2	1.2	3249.50
7	西双版纳	2481.5	1.2	1.2	3573.36
8	德宏	2386.2	1.2	1.2	3436.13
9	文山	2155.6	0.5	1.2	1293.36
10	大理	2184.4	0.7	1.2	1834.90
11	楚雄	2162.6	0.7	1.2	1816.58

根据引力模型 (5-4),同样可以计算出各地区对于农林牧渔业的吸引力大小,计算结果如表 5-42 所示。

表 5-42　各州（市）承接北京农林牧渔业转移经济指标及吸引力

序号	州（市）	产值 Y_j（亿元）	经济距离 D_{ij}（千米）	劳动力数量 lab_j（万人）	特殊资源禀赋 P_j	职工平均工资 I（元）	吸引力 F_{ij}
1	昆明	349.69	1049.15	672.8	1	5323	0.33
2	曲靖	576.02	1186.62	608.4	1	4439	0.49
3	丽江	86.93	1750.06	128.5	0	5359	0.05
4	红河	364.47	1780.88	468.1	1	5260	0.21
5	昭通	235.90	1533.42	547.5	1	4973	0.15
6	怒江	32.34	3249.50	54.4	0	5374	0.001
7	西双版纳	162.24	3573.36	117.2	1	5369	0.05
8	德宏	126.31	3436.13	129.4	1	4900	0.04
9	文山	265.27	1293.36	362.1	1	5548	0.21
10	大理	388.83	1834.90	356.3	1	5567	0.21
11	楚雄	290.72	1816.58	273.9	1	5700	0.16

表 5-42 结果显示，云南省内曲靖、昆明对承接北京转移农林牧渔业的吸引力较大，红河、昭通、文山、楚雄、大理具有一定的吸引力，其他地州吸引力很弱。

然后根据模型（5-6）对云南承接北京农林牧渔业吸引力的影响因素进行计量分析，利用 Eviews 9.0 软件，得到产业转移吸引力模型：

$$lnF = 0.2594 + 0.0007lnY - (1.78E-05)lnD - (4.52E-05)lnI + 0.0001lnL - 0.0459P$$
$$R = 0.9506 \qquad R^2 = 0.9012 \qquad D-W = 1.4021 \qquad F = 19.2477$$

根据模型计算，对云南承接北京农林牧渔业而言，拟合系数 R 为 0.9506，调整后的拟合系数为 0.9012，二者都大于 90%，解释变量对被解释变量的解释程度较高。且 F 值等于 19.2477，大于 F 的临界值（P 值为 0.002791，显著水平为 0.005）14.94，检验可通过。

模型结果分析：

第一，上述云南各地州农林牧渔业的产值对承接北京农林牧渔业的吸引力影响是正面的。此处产值系数为 0.0007，表明转入地的农林牧渔业发展有一定的资源利用基础及市场，这对该产业转移起到了促进作用。

第二，经济距离对产业转移的吸引力有着较大负面影响，表明交通、经济条件可较大程度地影响该产业转移,减小了北京农林牧渔业转移的吸引力。

第三,职工工资对产业转移的影响为负面的。此处工资水平系数为较大值的负数,意味着云南工资成本对北京农林牧渔业的产业转移具有较大阻碍作用。

第四,劳动力人口对产业转移的影响是正面的。从模型分析看,劳动力系数是正,为0.0001,意味着云南承接北京农林牧渔业是具有劳动力数量或者成本优势的,可增加产业转移的吸引力。

第五,转入地的资源禀赋情况对北京农林牧渔业的转移具有负面作用,系数为-0.0459,减小了北京农林牧渔业转移的吸引力。

(2)计算农林牧渔业各接收地与四川之间的经济距离,结果如表5-43所示。

表5-43 农林牧渔业接收地经济距离(四川转出)

序号	转入地	农林牧渔业接收地经济距离			
		D	a	b	D_{ij}
1	昆明	646.1	0.5	0.8	258.44
2	曲靖	566.4	0.5	1.2	339.84
3	丽江	558.9	0.5	1.2	335.34
4	红河	802.7	0.7	1.2	674.27
5	昭通	373.7	0.5	1.2	224.22
6	怒江	738.6	1.2	1.2	1063.58
7	西双版纳	1010.2	1.2	1.2	1454.69
8	德宏	866.8	1.2	1.2	1248.19
9	文山	806.0	0.5	1.2	483.6
10	大理	666.9	0.7	1.2	560.20
11	楚雄	663.4	0.7	1.2	557.26

根据引力模型(5-4),同样可以计算出各地区对于农林牧渔业的吸引力大小,计算结果如表5-44所示。

表 5-44 各州（市）承接四川农林牧渔业转移经济指标及吸引力

序号	州（市）	产值 Y_j（亿元）	经济距离 D_{ij}（千米）	劳动力数量 lab_j（万人）	特殊资源禀赋 P_j	职工平均工资 I（元）	吸引力 F_{ij}
1	昆明	349.69	258.44	672.8	1	5323	1.35
2	曲靖	576.02	339.84	608.4	1	4439	1.70
3	丽江	86.93	335.34	128.5	0	5359	0.26
4	红河	364.47	674.27	468.1	1	5260	0.54
5	昭通	235.90	224.22	547.5	1	4973	1.05
6	怒江	32.34	1063.58	54.4	0	5374	0.03
7	西双版纳	162.24	1454.69	117.2	1	5369	0.11
8	德宏	126.31	1248.19	129.4	1	4900	0.10
9	文山	265.27	483.6	362.1	1	5548	0.55
10	大理	388.83	560.20	356.3	1	5567	0.69
11	楚雄	290.72	557.26	273.9	1	5700	0.52

表 5-44 结果显示，云南省内曲靖、昆明、昭通对承接四川转移的农林牧渔业的吸引力较大，红河、文山、楚雄、大理是吸引力次区域，丽江、德宏、西双版纳的吸引力较弱，怒江的吸引力最差。

然后根据模型（5-6）对云南承接四川农林牧渔业吸引力的影响因素进行计量分析，利用 Eviews 9.0 软件，得到产业转移吸引力模型：

$$\ln F = 1.7273 + 0.0011 \ln Y - 0.0002 \ln D - 0.0003 \ln I + 0.0014 \ln L - 0.1346 P$$

$$R = 0.9408 \qquad R^2 = 0.8817 \qquad D\text{-}W = 1.6141 \qquad F = 15.8991$$

根据模型计算，对云南承接四川农林牧渔业而言，拟合系数 R 为 0.9408，调整后的拟合系数为 0.8817，二者都大于 80%，解释变量对被解释变量的解释程度较高。且 F 值等于 15.8991，大于 F 的临界值（P 值为 0.0043，显著水平为 0.005）14.94，检验可通过。

模型结果分析：

第一，上述云南各地州农林牧渔业的产值对承接四川农林牧渔业的吸引力影响是正面的。此处产值系数为 0.0011，表明转入地的农林牧渔业发展有一定的资源利用基础及市场，这对该产业转移起到了促进作用。

第二，经济距离对产业转移的吸引力起着一定的负面作用，这与云南各州市交通条件较为滞后、运输成本较高、经济基础较为落后的实际相符合，相较于服务业转移过程中对交通和距离的依赖而言，距离对四川农林牧渔业转移的吸引力的负面影响不太大。

第三，职工工资对产业转移的影响为负面的。此处为工资水平系数为-0.0003，意味着云南农林牧渔业发展的工资成本对四川农林牧渔业转移不太具有优势，可能对云南承接农林牧渔业产生一定影响。

第四，劳动力人口对产业转移的影响是正面的。从模型分析来看，意味着云南承接四川农林牧渔业是具有劳动力优势的，增加了产业转移的吸引力。

第五，转入地的资源禀赋情况对四川农林牧渔业的转移具有负面作用，系数为-0.1346，对四川农林牧渔业转移不太具有优势，这或与四川省本身的农林牧渔业发展基础较好形成对比，而减小了转移的吸引力。

（3）计算农林牧渔业各接收地与广东之间的经济距离，结果如表5-45所示。

表5-45 农林牧渔业接收地经济距离（广东转出）

序号	转入地	农林牧渔业接收地经济距离			
		D	a	b	D_{ij}
1	昆明	1077.3	0.5	1.2	646.38
2	曲靖	993.3	0.5	1.2	595.98
3	丽江	1376.8	0.7	1.2	1156.512
4	红河	1011.6	0.7	1.2	849.744
5	昭通	1067.6	0.7	1.2	896.784
6	怒江	1487.4	1.2	1.2	2141.86
7	西双版纳	1285.4	1.2	1.2	1850.98
8	德宏	1499	1.2	1.2	2158.56
9	文山	922.4	0.5	1.2	553.44
10	大理	1342.4	0.7	1.2	1127.616
11	楚雄	1211.7	0.7	1.2	1017.828

根据引力模型（5-4），同样可以计算出各地区对于农林牧渔业的吸引力大小，计算结果如表5-46所示。

表 5-46 各州（市）承接广东农林牧渔业转移经济指标及吸引力

序号	州（市）	产值 Y_j（亿元）	经济距离 D_{ij}（千米）	劳动力数量 lab_j（万人）	特殊资源禀赋 P_j	职工平均工资 I（元）	吸引力 F_{ij}
1	昆明	349.69	646.38	672.8	1	5323	0.54
2	曲靖	576.02	595.98	608.4	1	4439	0.97
3	丽江	86.93	1156.512	128.5	0	5359	0.08
4	红河	364.47	849.744	468.1	1	5260	0.43
5	昭通	235.90	896.784	547.5	1	4973	0.26
6	怒江	32.34	2141.86	54.4	0	5374	0.02
7	西双版纳	162.24	1850.98	117.2	1	5369	0.09
8	德宏	126.31	2158.56	129.4	1	4900	0.06
9	文山	265.27	553.44	362.1	1	5548	0.48
10	大理	388.83	1127.616	356.3	1	5567	0.35
11	楚雄	290.72	1017.828	273.9	1	5700	0.29

表 5-46 结果显示，云南省内曲靖、昆明、文山、红河对承接广东转移的农林牧渔业的吸引力较大，大理、楚雄、昭通是吸引力次区域，丽江、怒江、德宏、西双版纳的吸引力较弱。

然后根据模型（5-6）对云南承接广东农林牧渔业吸引力的影响因素进行计量分析，利用 Eviews 9.0 软件，得到产业转移吸引力模型：

$$\ln F = 1.0767 + 0.0013 \ln Y - 0.0001 \ln D - 0.0002 \ln I - (4.74E-05) \ln L - 0.0781P$$

$$R = 0.9335 \qquad R^2 = 0.8671 \qquad D-W = 2.1524 \quad F = 14.0486$$

根据模型计算，对云南承接广东农林牧渔业而言，拟合系数 R 为 0.9335，调整后的拟合系数为 0.8671，二者都大于 80%，解释变量对被解释变量的解释程度较高。且 F 值等于 14.0486，大于 F 的临界值（P 值为 0.005749，显著水平为 0.01）10.97，检验可通过。

模型结果分析：

第一，上述云南各地州农林牧渔业的产值对承接广东农林牧渔业的吸引力影响是正面的。此处产值系数为 0.0013，表明转入地的农林牧渔业发展有一定的资源利用基础及市场，对该产业转移起到了促进作用。

第二，经济距离对产业转移的吸引力有较小的负面影响，此处的系数为

－0.0001，这与云南各州市交通条件较为滞后的实际相符，对广东农林牧渔业转移影响较小。

第三，职工工资对产业转移的影响是负面的。此处工资水平系数为－0.0002，意味着云南农林牧渔业发展的工资成本对广东农林牧渔业转移表现为优势不够，对云南承接农林牧渔业影响不太大。

第四，劳动力人口对产业转移的影响是负面的。其系数为较大值的负数，从模型分析来看，意味着云南承接广东农林牧渔业是有较大的负面影响的，阻碍了产业转移。

第五，转入地的资源禀赋情况对广东农林牧渔业的转移具有负面作用，系数为－0.0781，阻碍了广东农林牧渔业转移。

（4）计算农林牧渔业各接收地与福建之间的经济距离，结果如表5-47所示。

表5-47 农林牧渔业接收地经济距离（福建转出）

序号	转入地	农林牧渔业接收地经济距离			
		D	a	b	D_{ij}
1	昆明	1656.9	0.5	1	828.45
2	曲靖	1551.1	0.5	1.2	930.66
3	丽江	1898.3	0.7	1.2	1594.572
4	红河	1634.9	0.7	1.2	1373.316
5	昭通	1552.3	0.7	1.2	1303.932
6	怒江	2041.5	1.2	1.2	2939.76
7	西双版纳	1929.7	1.2	1.2	2778.77
8	德宏	2088	1.2	1.2	3006.72
9	文山	1549.4	0.5	1.2	929.64
10	大理	1906.3	0.7	1.2	1601.292
11	楚雄	1780.9	0.7	1.2	1495.956

根据引力模型（5-4），同样可以计算出各地区对于农林牧渔业的吸引力大小，计算结果如表5-48所示。

表5-48 各州（市）承接福建农林牧渔业转移经济指标及吸引力

序号	州（市）	产值 Y_j（亿元）	经济距离 D_{ij}（千米）	劳动力数量 lab_j（万人）	特殊资源禀赋 P_j	职工平均工资 I（元）	吸引力 F_{ij}
1	昆明	349.69	828.45	672.8	1	5323	0.42
2	曲靖	576.02	930.66	608.4	1	4439	0.62
3	丽江	86.93	1594.572	128.5	0	5359	0.06
4	红河	364.47	1373.316	468.1	1	5260	0.27
5	昭通	235.90	1303.932	547.5	1	4973	0.18
6	怒江	32.34	2939.76	54.4	0	5374	0.01
7	西双版纳	162.24	2778.77	117.2	1	5369	0.06
8	德宏	126.31	3006.72	129.4	1	4900	0.04
9	文山	265.27	929.64	362.1	1	5548	0.29
10	大理	388.83	1601.292	356.3	1	5567	0.24
11	楚雄	290.72	1495.956	273.9	1	5700	0.19

表5-48结果显示，云南省内曲靖、昆明对承接福建转移的农林牧渔业的吸引力较大，红河、昭通、文山、大理、楚雄是吸引力次区域，丽江、怒江、德宏、西双版纳的吸引力最弱。

然后根据模型（5-6）对云南承接福建农林牧渔业吸引力的影响因素进行计量分析，利用 Eviews 9.0 软件，得到产业转移吸引力模型：

$$\ln F = 0.4638 + 0.0008 \ln Y - (4.52E-05)\ln D - (7.21E-05)\ln I + 0.0001\ln L - 0.0597 P$$
$$R = 0.9340 \qquad R^2 = 0.8681 \qquad D-W = 1.6363 \qquad F = 14.1605$$

根据模型计算，对云南承接福建农林牧渔业而言，拟合系数 R 为 0.9340，调整后的拟合系数为 0.8681，二者都大于80%，解释变量对被解释变量的解释程度较高。且 F 值等于 14.1605，大于 F 的临界值（P 值为 0.005647，显著水平为 0.01）10.97，检验可通过。

模型结果分析：

第一，上述云南各地州农林牧渔业的产值对承接福建省转移的农林牧渔业的吸引力影响是正面的。一般产值越高，则吸引力越大。此处产值系数为 0.0008，表明转入地的农林牧渔业发展有一定的资源利用基础及市场，对该产业转移起到了一定的促进作用。

第二，模型可见，经济距离对产业转移的吸引力有负面影响，而且其影响系数较大，表明云南交通、经济条件对农林牧渔业转移的影响较大，成为影响农林牧渔业发展的阻碍因素。

第三，职工工资对产业转移的影响是负面的。工资水平越高意味着转入地的产业发展成本越高，此处工资水平系数为负，反映出云南农林牧渔业发展在工资这方面尚存在一些阻碍，对福建省转移农林牧渔业的吸引力为负面影响。

第四，劳动力人口对产业转移的影响是正面的。此处数据选择是以各地区的常住人口来替代，从模型分析来看云南农林牧渔业发展具有劳动力优势，也就意味着云南农林牧渔产业发展中劳动力对产业的转移吸引力起到促进作用。

第五，转入地的资源禀赋情况对农林牧渔业的转移具有负面作用，此处系数为 -0.0597。而具有资源禀赋与否也成为企业进行产业转移的重要因素，尤其是对一些对特殊资源有依赖的产业来说有着重要地位。云南省对于福建省转移农林牧渔业是不具有优势的。

（5）计算农林牧渔业各接收地与浙江之间的经济距离，结果如表 5-49 所示。

表 5-49　农林牧渔业接收地经济距离（浙江转出）

序号	转入地	农林牧渔业接收地经济距离			
		D	a	b	D_{ij}
1	昆明	1806.7	0.5	1	903.35
2	曲靖	1689.4	0.5	1.2	1013.64
3	丽江	1979.9	0.7	1.2	1663.116
4	红河	1829.3	0.7	1.2	1536.612
5	昭通	1632.2	0.7	1.2	1371.048
6	怒江	2141.2	1.2	1.2	3083.33
7	西双版纳	2134.5	1.2	1.2	3073.7
8	德宏	2221.9	1.2	1.2	3199.54
9	文山	1752.6	0.5	1.2	1051.56
10	大理	2020.3	0.7	1.2	1697.052
11	楚雄	1921.0	0.7	1.2	1613.64

根据引力模型（5-4），同样可以计算出各地区对于农林牧渔业的吸引力大小，计算结果如表5-50所示。

表 5-50　各州（市）承接浙江农林牧渔业转移经济指标及吸引力

序号	州（市）	产值 Y_j（亿元）	经济距离 D_{ij}（千米）	劳动力数量 lab_j（万人）	特殊资源禀赋 P_j	职工平均工资 I（元）	吸引力 F_{ij}
1	昆明	349.69	903.35	672.8	1	5323	0.39
2	曲靖	576.02	1013.64	608.4	1	4439	0.57
3	丽江	86.93	1663.116	128.5	0	5359	0.05
4	红河	364.47	1536.612	468.1	1	5260	0.24
5	昭通	235.90	1371.048	547.5	1	4973	0.17
6	怒江	32.34	3083.33	54.4	0	5374	0.01
7	西双版纳	162.24	3073.7	117.2	1	5369	0.05
8	德宏	126.31	3199.54	129.4	1	4900	0.04
9	文山	265.27	1051.56	362.1	1	5548	0.25
10	大理	388.83	1697.052	356.3	1	5567	0.23
11	楚雄	290.72	1613.64	273.9	1	5700	0.18

表5-50结果显示，云南省内曲靖、昆明对承接浙江转移的农林牧渔业的吸引力较大，红河、昭通、文山、大理、楚雄是吸引力次区域，丽江、怒江、德宏、西双版纳的吸引力最弱。

根据模型（5-6）对云南承接浙江农林牧渔业吸引力的影响因素进行计量分析，利用 Eviews 9.0 软件，得到产业转移吸引力模型：

$$\ln F = 0.3289 + 0.00081nY - (2.52E-05)\ln D - (5.61E-05)\ln I + 0.0002\ln L - 0.0612P$$

$$R = 0.9396 \qquad R^2 = 0.8792 \qquad D\text{-}W = 1.4951 \qquad F = 15.5571$$

根据模型计算，对云南承接浙江农林牧渔业而言，拟合系数 R 为 0.9396，调整后的拟合系数为 0.8792，二者都大于80%，解释变量对被解释变量的解释程度较高。且 F 值等于15.5571，大于 F 的临界值（P 值为0.004559，显著水平为0.005）14.94，检验可通过。

模型结果分析：

第一，云南各地州农林牧渔业的产值对承接浙江农林牧渔业的吸引力影响是正面的。此处产值系数为0.0008，表明转入地的农林牧渔业发展有一定的资源利用基础及市场，对该产业转移起到了促进作用。

第二，经济距离对产业转移的吸引力起着一定的负面作用，这与云南各州市交通条件较为滞后、运输成本较高、经济基础较为落后的实际相符合，相较于服务业转移过程中对交通和距离的依赖而言，距离对浙江农林牧渔业转移的吸引力的负面影响较大。

第三，职工工资对产业转移的影响是负面的。此处为工资水平系数为较大值的负数，意味着云南农林牧渔业发展的工资成本对浙江农林牧渔业转移有较大阻碍。

第四，劳动力人口对产业转移的影响是正面的，此处系数为0.0002。从模型分析来看，意味着云南承接浙江农林牧渔业是具有一定的劳动力优势的，增加了产业转移的吸引力。

第五，转入地的资源禀赋情况对浙江农林牧渔业的转移具有负面作用，系数为-0.0612，对浙江农林牧渔业转移不太具有优势，这或与浙江省本身的农林牧渔业发展基础较好形成对比而影响到减小转移的吸引力。

（三）东南、南亚亚国家承接云南产业转移吸引力分析

除物理距离如国内一样测算而得外，关于南亚、东南亚国家承接云南产业转移分析涉及的各国各产业增加值、人均GDP主要来源于联合国统计局官网的 *National Accounts Statistics：Main Aggregates and Detailed Tables*，2016，劳动力人口选择各国2016年总人口数量。鉴于国外数据统计与国内之间比较存在一些不同，结合国外实际情况，再对模型（5-5）进行变形得到：

$$\ln F = \ln\alpha_0 + \alpha_1\ln V + \alpha_2\ln D + \alpha_3\ln G + \alpha_4\ln L + \alpha_5 P \qquad (5-8)$$

其中，F为两地之间产业转移的吸引力，即反映产业转入地对转出地的吸引力大小。

V为产业转入地产业的增加值。产业增加值的大小反映了产业转入地对产业的吸引力情况及该产业的相对经济实力，该国产业增加值越大，则表明对转出地的吸引力也就越大。

G为产业转入地的人均GDP数值，人均GDP是衡量一国人民生活水平的标准，此处用以参考一国人民的购买力，是从消费水平的角度去间接反映该地区的企业劳动力成本。人均GDP越低则表明该地区企业劳动力成本低，进而影响产业吸引力越高；反之亦然。

L为产业转入地的劳动力数量，劳动力数量越丰富，则产业转入地对转出

地产业的吸引力也越大。这里用一个国家的总人口来作为指标。

D 和 P 与原有的表示意思不变。

1. 农业

首先计算农业各接收地与云南之间的经济距离,结果如表 5-51 所示。

表 5-51 农业接收地经济距离（云南转出）

序号	转入地	农业接收地经济距离			
		D	a	b	D_{ij}
1	缅甸	901.1	1.1	1.2	1297.58
2	老挝	769.1	1.1	1.2	1015.212
3	越南	528.1	0.7	1.2	443.604
4	柬埔寨	1499	1.2	1.2	2158.56
5	泰国	1268.4	1.1	1	1395.24
6	印度尼西亚	3484.5	1.2	1.2	5017.68
7	新加坡	2619.7	1.1	0.8	2305.336
8	马来西亚	2420.3	1.2	0.8	2323.49
9	斯里兰卡	3174.4	1.2	1	3809.28

根据引力模型 (5-4),同样可以计算出各国对于农业的吸引力大小,计算结果如表 5-52 所示。

表 5-52 东南亚、南亚各国承接农业转移经济指标及吸引力

序号	州 (市)	产业增加值 V (亿美元)	经济距离 D_{ij} (千米)	劳动力数量 lab_j (万人)	特殊资源 禀赋 P	人均 GDP G (美元)	吸引力 F_{ij}
1	缅甸	103.695	1297.58	5288.5223	1	1268.68	0.08
2	老挝	21.439	1015.212	676	1	1785.09	0.02
3	越南	240.53	443.604	9270	1	2170.88	0.54
4	柬埔寨	34.803	2158.56	1576	1	1139.69	0.02
5	泰国	339.713	1395.24	6886	1	5426.3	0.24
6	印度尼西亚	911	5017.68	26110	1	3415.83	0.18

序号	州 （市）	产业增加值 V（亿美元）	经济距离 D_{ij}（千米）	劳动力数量 lab_j（万人）	特殊资源 禀赋 P	人均 GDP G（美元）	吸引力 F_{ij}
7	新加坡	1.050586	2305.336	560.7283	0	53224.27	0.0004
8	马来西亚	193.623334	2323.49	3118.7265	1	10073.17	0.08
9	斯里兰卡	60.851	3809.28	2120	1	3767.58	0.02

表 5-52 结果显示，越南、泰国是吸引力较好的地区，其次是缅甸、印度尼西亚、马来西亚，再次是老挝、柬埔寨、斯里兰卡，新加坡的吸引力最小。

根据模型（5-6）对南亚、东南亚 9 国承接云南农业产业转移吸引力的影响因素进行计量分析，利用 Eviews 9.0 软件，得到产业转移吸引力模型：

$$\ln F = -4.5726 + 0.5902\ln V - 0.9351\ln D + 0.1503\ln I + 0.3673\ln L + 1.8766P$$

R = 0.9991 R^2 = 0.9978   D-W = 0.9991   F = 688.2071

根据模型计算，云南向上述 9 国转移农业的拟合系数 R 为 0.9991，调整后的拟合系数为 0.9978，二者都大于 90%，解释变量对被解释变量的解释程度较高。且 F 值等于 688.2071，大于 F 的临界值（P 值为 0.000087，显著水平为 0.005）14.94，检验可通过。

模型结果分析：

第一，上述 9 国农业的增加值对云南农业的吸引力影响是正面的。此处产业增值系数为 0.5902，表明转入地对承接云南农业发展有一定的吸引力，这对云南农业转移有促进作用。

第二，经济距离对产业转移的吸引力有负面影响，表明交通、经济条件制约云南农业向上述 9 国转移，降低了产业转移吸引力。

第三，人均 GDP 对产业转移的影响为正面的。可推测出，上述 9 国的劳动力工资水平对云南农业转移而言具有优势，增加了产业转移吸引力。

第四，劳动力人口对产业转移的影响是正面的。从模型分析看，劳动力人口系数为 0.3673，意味着云南具有向上述 9 国转移农业的劳动力优势，提高了产业转移吸引力，有利于农业转移。

第五，转入地的资源禀赋情况对云南农业的转移具有正面作用，意味着上述 9 国承接云南农业转移具有的特殊资源禀赋，增加了产业转移吸引力。

2. 矿业

首先计算矿业各接收国与云南之间的经济距离，因新加坡不具有承接矿业发展的条件，故本计算中不计入承接国，结果如表 5-53 所示。

表 5-53　矿业接收地经济距离（云南转出）

序号	转入地	矿业接收地经济距离			
		D	a	b	D_{ij}
1	缅甸	901.1	1.1	1.2	1297.58
2	老挝	769.1	1.1	1.2	1015.212
3	越南	528.1	0.7	1.2	443.604
4	柬埔寨	1499	1.2	1.2	2158.56
5	泰国	1268.4	1.1	1	1395.24
6	印度尼西亚	3484.5	1.2	1.2	5017.68
7	马来西亚	2420.3	1.2	0.8	2323.49
8	斯里兰卡	3174.4	1.2	1	3809.28

根据引力模型（5-4）同样可以计算出各国对矿业转移的吸引力大小，计算结果如表 5-54 所示。

表 5-54　东南亚、南亚各国承接矿业转移经济指标及吸引力

序号	州（市）	产业增加值 V（亿美元）	经济距离 D_{ij}（千米）	劳动力数量 lab_j（万人）	特殊资源禀赋 P_j	人均GDP G（美元）	吸引力 F_{ij}
1	缅甸	28.227	1297.58	5288.5223	1	1268.68	0.02
2	老挝	10.061	1015.212	676	1	1785.09	0.006
3	越南	160.344	443.604	9270	1	2170.88	0.36
4	柬埔寨	3.052	2158.56	1576	0	1139.69	0.001
5	泰国	124.571	1395.24	6886	1	5426.3	0.09
6	印度尼西亚	643	5017.68	26110	1	3415.83	0.13
7	马来西亚	260.731707	2323.49	3118.7265	1	10073.17	0.11
8	斯里兰卡	13.51	3809.28	2120	1	3767.58	0.004

表 5-54 结果显示，越南、印度尼西亚、马来西亚是吸引力较好的地区，其次是缅甸、泰国，再者是老挝、柬埔寨、斯里兰卡。

根据模型（5-6）对各国承接云南矿业产业转移吸引力的影响因素进行计

量分析,利用 Eviews 9.0 软件,得到产业转移吸引力模型:

$\ln F = -4.4260 + 0.8009\ln V - 1.033\ln D + 0.3164\ln I + 0.3162\ln L + 0.2464P$

$R = 0.9988 \qquad R^2 = 0.9959 \quad D-W = 1.8752 \quad F = 342.139$

根据模型计算,云南向上述国家转移矿业的拟合系数 R 为 0.9988,调整后的拟合系数为 0.9959,二者都大于 90%,解释变量对被解释变量的解释程度较高。且 F 值等于 342.139,大于 F 的临界值(P 值为 0.0029,显著水平为 0.005) 14.94,检验可通过。

模型结果分析:

第一,上述国家矿业的增加值对云南矿业的吸引力影响是正面的。此处产业增值系数为 0.8009,表明转入地对承接云南矿业发展有一定的吸引力,这对云南矿业转移有促进作用。

第二,经济距离对产业转移的吸引力有着负面影响,表明交通、经济条件仍然是云南矿业转移的不利因素,降低了产业转移吸引力。

第三,人均 GDP 对产业转移的影响为正面的。可推测出,上述国家的劳动力工资水平对云南矿业转移而言具有优势,增加了产业转移吸引力。

第四,劳动力人口对产业转移的影响是正面的。从模型分析看,劳动力人口系数为 0.3162,意味着云南向上述国家转移矿业具有劳动力优势,可促进矿业转移。

第五,转入地的资源禀赋情况对云南矿业产业转移具有正面作用,意味着上述国家具有的矿业特殊资源禀赋明显,增加了矿业转移吸引力。

3. 建筑业

首先计算建筑业各接收国与云南之间的经济距离,结果如表 5-55 所示。

表 5-55 建筑业接收地经济距离 (云南转出)

序号	转入地	建筑业接收地经济距离			
		D	a	b	D_{ij}
1	缅甸	901.1	1.1	1.2	1189.45
2	老挝	769.1	1.1	1.2	1015.212
3	越南	528.1	0.7	1.2	443.604
4	柬埔寨	1499	1.2	1.2	2158.56
5	泰国	1268.4	1.1	1	1395.24
6	印度尼西亚	3484.5	1.2	1.2	5017.68

续表

序号	转入地	建筑业接收地经济距离			
		D	a	b	D_{ij}
7	新加坡	2619.7	1.1	0.8	2305.336
8	马来西亚	2420.3	1.2	0.8	2323.49
9	斯里兰卡	3174.4	1.2	1	3809.28

根据引力模型（5-4），同样可以计算出各国对于建筑业转移的吸引力大小，计算结果如表 5-56 所示。

表 5-56　东南亚、南亚各国承接建筑业转移经济指标及吸引力

序号	州（市）	产业增加值 V（亿美元）	经济距离 D_{ij}（千米）	劳动力数量 lab_j（万人）	特殊资源禀赋 P_j	人均 GDP G（美元）	吸引力 F_{ij}
1	缅甸	38.317	1189.45	5288.5223	0	1268.68	0.03
2	老挝	8.614	1015.212	676	0	1785.09	0.008
3	越南	110.893	443.604	9270	0	2170.88	0.25
4	柬埔寨	22.773	2158.56	1576	1	1139.69	0.01
5	泰国	125.476	1395.24	6886	0	5426.3	0.09
6	印度尼西亚	927	5017.68	26110	0	3415.83	0.19
7	新加坡	144.558021	2305.336	560.7283	1	53224.27	0.06
8	马来西亚	136.127734	2323.49	3118.7265	1	10073.17	0.06
9	斯里兰卡	72.532	3809.28	2120	0	3767.58	0.02

表 5-56 结果显示，越南、印度尼西亚、泰国是吸引力较大的地区，其次是新加坡、马来西亚，再次是缅甸、柬埔寨、斯里兰卡，老挝的吸引力最小。

根据模型（5-6）对各国承接云南建筑业转移吸引力的影响因素进行计量分析，利用 Eviews 9.0 软件，得到产业转移吸引力模型：

$\ln F = -0.3278 + 1.0069 \ln V - 0.9811 \ln D + 0.0083 \ln I + 0.0099 \ln L - 0.0199 P$

$R = 0.9993$　　　　$R^2 = 0.9983$　D-W $= 1.109$　　　$F = 917.5677$

根据模型计算，云南向上述国家转移建筑业的拟合系数 R 为 0.9993，调整后的拟合系数为 0.9983，二者都大于 90%，解释变量对被解释变量的解释程度

较高。且 F 值等于 917.5677，大于 F 的临界值（P 值为 0.000057，显著水平为 0.005）14.94，检验可通过。

模型结果分析：

第一，上述国家建筑业的增加值对云南建筑业的吸引力影响是正面的。此处产业增值系数为 1.0069，表明转入地对承接云南建筑业发展有较大的吸引力，这对云南建筑业转移有促进作用。

第二，经济距离对产业转移的吸引力有着负面影响，表明交通、经济条件仍然是云南建筑业转移的不利因素，降低了产业转移吸引力。

第三，人均 GDP 对产业转移的影响是正面的。可推测出上述国家的劳动力工资水平对云南建筑业转移具有优势，增加了产业转移吸引力。

第四，劳动力人口对产业转移的影响是正面的。从模型分析看，劳动力人口系数为 0.0099，意味着云南向上述国家转移建筑业具有一定的劳动力优势。

第五，转入地的资源禀赋情况对云南建筑业产业转移具有负面作用，意味着云南向上述国家转移建筑业的特殊资源禀赋不足，降低了建筑业转移吸引力。

4. 房地产、租赁和商务服务业

鉴于国际标准产业分类新版（ISIC Rev4）中将这两类归并在一起统计数据，故此处将房地产、租赁和商务服务业数据作为一类考虑，并计算各接收国与云南之间的经济距离，其中缅甸由于承接这两类产业基础不足而不予考虑，结果如表 5-57 所示。

表 5-57 房地产、租赁和商务服务业接收地经济距离（云南转出）

序号	转入地	房地产、租赁和商务服务业接收地经济距离			
		D	a	b	D_{ij}
1	缅甸	901.1	1.1	1.2	1297.58
2	老挝	769.1	1.1	1.2	1015.212
3	越南	528.1	0.7	1.2	443.604
4	柬埔寨	1499	1.2	1.2	2158.56
5	泰国	1268.4	1.1	1	1395.24
6	印度尼西亚	3484.5	1.2	1.2	5017.68
7	新加坡	2619.7	1.1	0.8	2305.336
8	马来西亚	2420.3	1.2	0.8	2323.49
9	斯里兰卡	3174.4	1.2	1	3809.28

根据引力模型（5-4）同样可以计算出各国对于房地产、租赁和商务服务业转移的吸引力大小，计算结果如表5-58所示。

表5-58　东南亚、南亚各国承接房地产、租赁和商务服务业转移经济指标及吸引力

序号	州（市）	产业增加值 V（亿美元）	经济距离 D_{ij}（千米）	劳动力数量 lab_j（万人）	特殊资源 禀赋 P_j	人均GDP G（美元）	吸引力 F_{ij}
1	老挝	13.896	1015.212	676	0	1785.09	0.01
2	越南	169.326	443.604	9270	1	2170.88	0.38
3	柬埔寨	13.424	2158.56	1576	0	1139.69	0.006
4	泰国	285.576	1395.24	6886	1	5426.3	0.21
5	印度尼西亚	555	5017.68	26110	1	3415.83	0.11
6	新加坡	929.670477	2305.336	560.7283	1	53224.27	0.4
7	马来西亚	205.106864	2323.49	3118.7265	1	10073.17	0.09
8	斯里兰卡	20.782	3809.28	2120	0	3767.58	0.005

表5-58结果显示，新加坡、越南、泰国是吸引力较大的地区，其次是印度尼西亚、马来西亚、老挝，再次是柬埔寨、斯里兰卡。

根据模型（5-6）对各国承接云南房地产、租赁和商务服务业吸引力的影响因素进行计量分析，利用Eviews 9.0软件，得到产业转移吸引力模型：

$$\ln F = -0.8264 + 0.9311\ln V - 0.9559\ln D + 0.0405\ln I + 0.0317\ln L + 0.2756P$$

$$R = 0.9986 \qquad R^2 = 0.9952 \qquad D\text{-}W = 1.6622 \qquad F = 287.946$$

根据模型计算，云南向上述国家转移房地产等产业的拟合系数R为0.9986，调整后的拟合系数为0.9952，二者都大于90%，解释变量对被解释变量的解释程度较高。且F值等于287.946，大于F的临界值（P值为0.0035，显著水平为0.005）14.94，检验可通过。

模型结果分析：

第一，上述国家房地产、租赁和商务服务业的增加值对云南房地产、租赁和商务服务业的吸引力影响是正面的。此处产业增值系数为0.9311，表明转入地对承接云南房地产等产业发展有一定的吸引力，这对该类产业转移有促进作用。

第二，经济距离对产业转移的吸引力有负面影响，表明交通、经济条件仍然是云南产业转移的不利因素，降低了产业转移吸引力。

第三，人均GDP对产业转移的影响是正面的。可推测出上述国家的劳动力工资水平增加了云南房地产、租赁和商务服务业转移吸引力。

第四，劳动力人口对产业转移的影响是正面的。从模型分析看，劳动力人口系数为 0.0317，意味着云南这类型产业向上述国家转移具有一定的劳动力优势。

第五，转入地的资源禀赋情况对云南房地产、租赁和商务服务业转移具有正面作用，意味着云南向上述国家转移房地产、租赁和商务服务业等产业的特殊资源禀赋明显，增加了产业转移吸引力，可促进产业转移。

5. 电力、煤气、蒸汽和空调供应

根据国际数据统计归类，此处将电力、煤气、蒸汽和空调供应一并考虑，首先计算电力等产业各接收国与云南之间的经济距离，结果如表 5-59 所示。

表 5-59　电力、煤气、蒸汽和空调供应等产业接收地经济距离

序号	转入地	电力等产业转出地与接收地经济距离			
		D	a	b	D_{ij}
1	缅甸	901.1	1.1	1.2	1297.58
2	老挝	769.1	1.1	1.2	1015.212
3	越南	528.1	0.7	1.2	443.604
4	柬埔寨	1499.0	1.2	1.2	2158.56
5	泰国	1268.4	1.1	1.0	1395.24
6	印度尼西亚	3484.5	1.2	1.2	5017.68
7	新加坡	2619.7	1.1	0.8	2305.336
8	马来西亚	2420.3	1.2	0.8	2323.49
9	斯里兰卡	3174.4	1.2	1.0	3809.28

根据引力模型（5-4）同样可以计算出各国对电力、煤气、蒸汽和空调供应等产业转移的吸引力大小，计算结果如表 5-60 所示。

表 5-60　东南亚、南亚各国承接电力等转移经济指标及吸引力

序号	州（市）	产业增加值 V（亿美元）	经济距离 D_{ij}（千米）	劳动力数量 lab_j（万人）	特殊资源禀赋 P_j	人均 GDP G（美元）	吸引力 F_{ij}
1	缅甸	8.819	1189.45	5288.5223	1	1268.68	0.007
2	老挝	13.453	1015.212	676	1	1785.09	0.01

续表

序号	州（市）	产业增加值 V（亿美元）	经济距离 D_{ij}（千米）	劳动力数量 lab_j（万人）	特殊资源禀赋 P_j	人均 GDP G（美元）	吸引力 F_{ij}
3	越南	82.855	443.604	9270	1	2170.88	0.19
4	柬埔寨	1.11	2158.56	1576	1	1139.69	0.0005
5	泰国	126.85	1395.24	6886	1	5426.30	0.09
6	印度尼西亚	102	5017.68	26110	1	3415.83	0.02
7	新加坡	42.660091	2305.336	560.7283	0	53224.27	0.02
8	马来西亚	63.640935	2323.49	3118.7265	1	10073.17	0.03
9	斯里兰卡	13.611	3809.28	2120	1	3767.58	0.004

表 5-60 结果显示，越南、泰国是吸引力较大的地区，其次是马来西亚、印度尼西亚、新加坡、老挝，再次是缅甸、斯里兰卡、柬埔寨。

然后根据模型（5-6）对各国承接云南电力等产业吸引力的影响因素进行计量分析，利用 Eviews 9.0 软件，得到产业转移吸引力模型：

$$\ln F = -2.446 + 0.8784\ln V - 1.0661\ln D + 0.2499\ln I + 0.1221\ln L + 0.308P$$

$$R = 0.9990 \qquad R^2 = 0.9974 \qquad D\text{-}W = 1.8866 \qquad F = 609.8005$$

根据模型计算，云南向上述国家转移电力等产业的拟合系数 R 为 0.9990，调整后的拟合系数为 0.9974，二者都大于 90%，解释变量对被解释变量的解释程度较高。且 F 值等于 609.8005，大于 F 的临界值（P 值为 0.000105，显著水平为 0.005）14.94，检验可通过。

模型结果分析：

第一，上述国家电力等产业的增加值对云南电力等产业转移的吸引力影响是正面的。此处产业增值系数为 0.8784，表明转入地对承接云南电力等产业发展有一定的吸引力，这对该类产业转移有促进作用。

第二，经济距离对产业转移的吸引力有着负面影响，表明交通、经济条件也是云南电力等产业转移的不利因素，降低了产业转移吸引力。

第三，人均 GDP 对产业转移的影响是正面的。此处系数为 0.2499，表明上述国家的工资水平有利于云南电力等产业转移。

第四，劳动力人口对产业转移的影响是正面的。从模型分析看，劳动力人口系数为 0.1221，意味着云南这类型产业向上述国家转移具有一定的劳动力人口优势，可促进产业转移。

第五，转入地的资源禀赋情况对云南电力等产业转移具有正面影响，意味着云南向上述国家转移电力等产业的特殊资源禀赋明显，有利于产业转移。

三、结果分析及建议

（一）云南承接国内产业转移吸引力结论

综合云南承接浙江的三类产业分析而言，无论是建筑、制造业、服务业、电力业、农林牧渔业，昆明、曲靖都是保持吸引力较大的地区，这与昆明、曲靖交通条件、经济基础、资源禀赋、劳动力数量优势明显密切相关，其次为红河、昭通、文山、大理、楚雄，再者为丽江、西双版纳、德宏，吸引力最小的地区为怒江。

就承接福建的建筑业、制造业、服务业、电力业、农林牧渔业方面，昆明、曲靖仍然保持着最有吸引力地位，与此同时，红河进入了承接福建建筑、制造业的最具有吸引力地区，昭通、文山、大理、楚雄保持着次之的位置，丽江、西双版纳、德宏、怒江是承接建筑业发展吸引力较小的地区。

就云南承接广东的建筑业、制造业、服务业、电力业、农林牧渔业而言，其发展吸引力基本上与前两个省份一致，昆明、曲靖是最具有吸引力地区，除此之外，红河还进入了承接广东制造业的最有吸引力地区，德宏、丽江、西双版纳、怒江仍然是较不具有吸引力地区。

就云南承接北京的建筑业、制造业、服务业、电力业、农林牧渔业而言，昆明、曲靖是具有较大吸引力的区域，其次是红河、昭通、大理、文山、楚雄，其他区域对上述产业的吸引力而言相对较弱。云南承接北京转移电力产业的总体吸引力都较小。

就云南承接四川的建筑业、制造业、服务业、电力业、农林牧渔业而言，与其他地区相似，昆明、曲靖是吸引力较好的区域，红河、昭通、大理、楚雄、丽江的吸引力是次区域，德宏、怒江、西双版纳的吸引力最弱，尤其是怒江。

通过上述分析可见，产业产值与产业转入转出地之间的经济距离对产业转移吸引力影响较大，虽然全国交通运输条件得到大大改善，但对云南而言，交通仍然是较大短板，这也是昆明、曲靖一直处于各产业转移吸引力较优的重要原因，对于云南其他地州而言，经济距离严重影响产业的承接，建议云南省要想率先赢得这三类产业承接和获得较大发展时，可对次吸引力区域的交通条件加以改善。

另外，就定量分析结果而言，劳动力人口数量也是影响产业转移吸引力的重要因素，红河、昭通、大理、文山、楚雄等地区也不具备很好的交通条件，经济距离优势不足，但这类地区劳动力人口具有明显的优势，使其成为了吸引力次之地区。这就要求，作为一些想要提升产业转移吸引力的地州可在吸引外来劳动力、外来居民上做一些突破。最后，作为云南省各地州而言，在承接产业转移时还应充分结合自身特殊资源禀赋，尤其是对于一些对资源具有较大依赖的企业而言，各地区可主动出击去承接自身具有优势资源的产业，发挥资源的最大效用。如表 5-61 ~ 表 5-65 所示。

表 5-61　云南承接浙江各产业转移吸引力分析

产业＼吸引力	最有吸引力	次之	再者	最小
建筑业	昆明、曲靖	红河、昭通、文山、大理、楚雄	丽江、西双版纳、德宏	怒江
制造业	昆明、曲靖	红河、昭通、文山、大理、楚雄	丽江、西双版纳、德宏	怒江
服务业	昆明、曲靖	红河、昭通、文山、大理、楚雄	丽江、西双版纳、德宏	怒江
电力业	昆明	曲靖、红河、楚雄、昭通	大理、文山、丽江、西双版纳、德宏	怒江
农林牧渔业	曲靖、昆明	红河、昭通、文山、大理、楚雄	丽江、德宏、西双版纳	怒江

表 5-62　云南承接福建各产业转移吸引力分析

产业＼吸引力	最有吸引力	次之	再者	最小
建筑业	昆明、曲靖、红河	昭通、文山、大理、楚雄	丽江、西双版纳	德宏、怒江
制造业	昆明、曲靖、红河	昭通、文山、大理、楚雄	丽江、西双版纳、德宏	怒江
服务业	昆明、曲靖	楚雄、红河、文山、大理、昭通	丽江、西双版纳、德宏	怒江
电力业	昆明	曲靖、红河、昭通、楚雄	大理、文山、德宏、西双版纳、丽江	怒江
农林牧渔业	曲靖、昆明	红河、昭通、文山、大理、楚雄	丽江、德宏、西双版纳	怒江

表 5-63   云南承接广东各产业转移吸引力分析

产业 ＼ 吸引力	最有吸引力	次之	再者	最小
建筑业	昆明、曲靖	红河、昭通、文山、大理、楚雄	德宏、丽江、西双版纳	怒江
制造业	昆明、曲靖、红河	昭通、文山、大理、楚雄	丽江、西双版纳、德宏	怒江
服务业	昆明、曲靖	楚雄、红河、文山、大理、昭通	丽江、西双版纳、德宏	怒江
电力业	昆明、曲靖	红河、昭通、楚雄、大理、文山	丽江、西双版纳、德宏	怒江
农林牧渔业	曲靖、昆明、文山、红河	大理、楚雄、昭通	丽江、德宏、西双版纳	怒江

表 5-64   云南承接北京各产业转移吸引力分析

产业 ＼ 吸引力	最有吸引力	次之	再者	最小
建筑业	昆明、曲靖	红河、昭通、文山、大理、楚雄	西双版纳、德宏、丽江	怒江
制造业	昆明、曲靖	红河、昭通、文山、大理、楚雄	西双版纳、德宏、丽江	怒江
服务业	昆明	曲靖、红河、文山、大理、楚雄、昭通	丽江、德宏	怒江
电力业	昆明	红河、曲靖	文山、大理、楚雄、昭通	德宏、丽江、怒江、西双版纳
农林牧渔业	曲靖、昆明	红河、昭通、文山、楚雄、大理	西双版纳、德宏、丽江	怒江

表 5-65   云南承接四川各产业转移吸引力分析

产业 ＼ 吸引力	最有吸引力	次之	再者	最小
建筑业	昆明	曲靖	红河、文山、大理、楚雄、丽江	西双版纳、德宏、怒江

续表

产业＼吸引力	最有吸引力	次之	再者	最小
制造业	昆明、曲靖	昭通、红河、大理、楚雄、丽江	西双版纳、德宏、丽江	怒江
服务业	昆明	曲靖、昭通	红河、丽江、文山、大理、楚雄	德宏、西双版纳、怒江
电力业	昆明、曲靖	红河、昭通、丽江	文山、大理、楚雄	德宏、怒江、西双版纳
农林牧渔业	曲靖、昆明、昭通	红河、文山、楚雄、大理	丽江、德宏、西双版纳	怒江

（二）东南、南亚亚国家承接云南产业转移吸引力结论

云南省农业、矿业、建筑业、房地产、租赁和商务服务业及电力等向南亚、东南亚国家进行转移的吸引力模型分析结果显示，越南总是处于承接上述几类产业的最有吸引力国之一，现有实际数据显示其投资确实较多，如 2016 年云南对越南投资农业合作 1079 万美元、电力能源 1099.7 万美元、矿业 7380.3 万美元、钢铁与建材共 9604.1 万美元，租赁和商务服务业等方面 569.4 万美元。

就农业转移吸引力而言，越南、泰国是最有吸引力国，这与两国较大的农业产业产值的基数有很大关系，吸引力次之的是缅甸、印度尼西亚、马来西亚。2016 年云南对南亚、东南亚投资数据显示并无对印度尼西亚与马来西亚做相关投资，反而是对缅甸、老挝做了较大的投资，这也与这二者处于发展阶段初期或上升期有关，导致虽然产值不那么高，但是实际上具有较大的农业转移吸引力。同时，建议云南省在转移农业资源时可拓展承接国，寻找更多优质投资区域。

矿业转移吸引力方面，就 2016 年实际对外投资资料显示，老挝、缅甸、越南、印度尼西亚投资额较大，马来西亚的矿业投资额较小。但就模型数据分析

发现，越南、印度尼西亚与实际投资较为一致，缅甸属于吸引力次之国家，老挝反而是吸引力较小的国家。据此，我们可以理解为，影响老挝吸引力的重要原因是劳动力人口数量、产业增加值，二者数值的大小主要是相对于马来西亚而言，而影响缅甸产业转移吸引力的是人均工资水平和产业增加值，导致模型分析与实际存在不太一致。与此同时，也可以反映出云南省矿业转移的新目标、新方向、新市场。

建筑业转移吸引力方面，老挝的产业吸引力成为最小国，其重要原因产业增加值相对其他国而言非常小，2016 年仅有 8.614 亿美元，但经济距离及劳动力成本优势或许可解释现有云南对该国的投资额并不小的现状。与此同时，我们说还应该对越南加以关注，越南、泰国、印度尼西亚的建筑业承接吸引力排名靠前的重要原因在于产业增加值优势与其劳动力人口数量优势，其中 2016 年云南对越南的建筑业发展投资数额较大，这与实际发展也相符，再者也建议对泰国、印度尼西亚加以关注。新加坡、马来西亚是吸引力次之国家，这与两国经济距离及人均 GDP 较高有较大相关，较高的人均 GDP 提高了转移企业的进入成本，经济距离值较大影响降低了产业转移吸引力，总体使二者列为吸引力次之国家。至于柬埔寨、斯里兰卡与缅甸，属于吸引力较不好的地区，缅甸缘于产业增加值小，柬埔寨缘于产业增加值较小及劳动力人口数量少，总体降低了产业转移吸引力。而斯里兰卡则属于经济距离较大和人均 GDP 较高，大大增加了企业转移成本，减小了吸引力。

房地产、租赁和商务服务业方面，在模型分析结果的基础上，结合 2016 年的实际投资额，新加坡的产业吸引力大主要是房地产业，而泰国、越南的产业吸引力较优得益于租赁和商务服务业。印度尼西亚、马来西亚、老挝属于次吸引力地区，但 2016 年数据显示，云南对老挝的房地产、批发和零售业、租赁和商务服务业等方面的投资额非常高，这与模型分析不太一致，因为该国劳动力人口数量较少，降低了产业吸引力，同时可能与该国承接云南产业发展具有经济距离和劳动力成本较低优势，使得企业更愿意选择该地投资。也就意味着，企业在选择转入地时，往往可能不一定是参照综合分析得到的产业转移吸引力，而是会选择自身尤其看重的具有某方面优势的国家进行投资。此外，吸引力排在较后的为柬埔寨、斯里兰卡，这与实际投资相符，据模型分析可知产业增加值较小是主要影响这两国产业吸引力的重要原因。

电力、煤气、蒸汽和空调供应产业方面，由于缅甸、柬埔寨的产业增加值是属于上述国家中电力等产业增加值排名中倒数一、二名，使得该两国与 2016 年云南对这两国的实际投资额有较大出入，这两国在承接电力产业最大的优势是用人均 GDP 反映出的人均工资水平，工资水平较低使企业成本大大降低，从而使得云南的企业愿意投资这两地。再者，据模型综合分析可知，越南、泰国是电力等产业转移吸引力较好的国家，其次为马来西亚、新加坡（产业增加值优势）、老挝（企业劳动力成本优势）、印度尼西亚（劳动力人口数量优势）。斯里兰卡、缅甸、柬埔寨的综合吸引力相对最小。如表5-66所示。

表5-66 南亚、东南亚国家承接云南各产业转移吸引力分析

产业 ＼ 吸引力	最有吸引力	次之	再者	最小
农业	越南、泰国	缅甸、印度尼西亚、马来西亚	老挝、柬埔寨、斯里兰卡	新加坡
矿业	越南、印度尼西亚、马来西亚	缅甸、泰国	老挝、柬埔寨、斯里兰卡	
建筑业	越南、印度尼西亚、泰国	新加坡、马来西亚	缅甸、柬埔寨、斯里兰卡	老挝
房地产、租赁和商务服务业	新加坡、越南、泰国	印度尼西亚、马来西亚、老挝	柬埔寨、斯里兰卡	
电力、煤气、蒸汽和空调供应	越南、泰国	马来西亚、印度尼西亚、新加坡、老挝	缅甸、斯里兰卡、柬埔寨	

第六章
瑞丽重点开发开放试验区产业转移研究

承接产业转移是欠发达地区完成产业转型升级、推动经济跨越发展的有效途径。瑞丽市是一个位于中国西南边陲的边境县城，长期以来肩负着沟通与加强同缅甸及东南亚各国的经贸往来和文化交流的重要任务，对我国沿边开放起到了积极的推动作用。随着我国对外开放战略由"东向开放"转为"东西双向开放"以来，瑞丽市在我国"西向开放"战略中的地位和作用日益突出。2012年7月，瑞丽市获国家批准成为国家级重点开发开放试验区，成为我国面向东南亚、南亚的重要开放门户。然而，由于经济发展相对滞后，瑞丽市对缅甸及东南亚的辐射力、影响力都较弱。如果要肩负起国家面向西南开放的重要门户的重任，就迫切需要加快经济发展，因而，承接产业转移也就成为瑞丽重点开发开放试验区的一项重要内容。

一、瑞丽重点开发开放试验区成立的背景

（一）瑞丽市的基本概况

瑞丽位于云南省西南部，隶属于云南省德宏傣族景颇族自治州。地势西北高东南低，属于横断山山脉高黎贡山之余脉，国土面积 1020 平方千米，总人口20 万，其中城镇人口 11.97 万人。在总人口中，少数民族人口 7.68 万人，其中傣族 5.52 万人、景颇族 1.34 万人、德昂族 17899 人、傈僳族 840 人、阿昌族441 人。人口密度为 178 人/平方千米。其西北、西南、东南与缅甸接壤，边境线长 169.8 千米。是 320 国道、杭瑞高速公路及泛亚铁路西线（大理—瑞丽铁路）的终点，同时也是昆（明）瑞（丽）公路与中印公路（史迪威公路）的交会处。瑞丽市辖 3 个镇（勐卯镇、畹町镇、弄岛镇），3 个乡（姐相乡、勐秀

乡、户育乡），11 个居民委员会，29 个村民委员会，229 个村民小组，283 个自然村；兼辖 2 个国营农场（瑞丽农场、畹町农场）；有姐告边境贸易区、畹町经济开发区、瑞丽市边境经济合作区等经济开发实验区。瑞丽拥有两个国家级口岸（瑞丽、畹町），全国唯一实行"境内关外"特殊监管模式的姐告贸易区，在我国沿边开放中发挥着试验示范作用。瑞丽位于中华经济圈、东盟经济圈、南亚经济圈的接合部，是我国最大的对缅贸易陆路口岸、国家级风景名胜区、首批优秀旅游城市、国家新型城镇化综合试点地区、珠宝玉石首饰特色产业基地。

（二）瑞丽市的历史沿革

瑞丽市发展源远流长，曾是勐卯果占壁王国、滇越乘象国、麓川王国的国都，是傣族文化的发祥地。据傣文史籍《嘿勐沽勐》记载，早在先秦时期，勐卯果占壁王国就已在瑞丽建立。秦汉时属哀牢；唐代属永昌；宋隶属大理腾越府；元设立宣抚司；明朝时期属于布政司；清初袭明制，设蛮莫安府司；晚清则属永昌府；民国初年，设勐卯行政委员，属腾越道；1932 年，勐卯行政委员改为瑞丽设治局；1942 年日军入侵瑞丽，设治局人员撤离；1945 年 1 月，中国远征军收复滇西失地，瑞丽光复，恢复设治局；1950 年，瑞丽和平解放，建立了各民族民主联合政府；1952 年，设立瑞丽县；1992 年，撤销瑞丽县，设立瑞丽市（县级）；1999 年，撤销畹町市，其管辖的城关镇、混板乡和芒棒乡划归瑞丽市管辖。在漫长的历史长河中，瑞丽市行政区划几经变迁，但其在推动与联系中原内地和东南亚国家经济文化交流中的地位和作用并未随着时间的推移而消失。古有从成都出发，经宜宾进入云南的昭通、下关到德宏瑞丽（勐卯）再到缅甸木姐、南坎、帕敢，最后到中亚的"南方丝绸之路"。今天瑞丽市已成为我国面向西南开放的重要边境城市，是我国沟通缅甸，连接南亚、东南亚的重要枢纽之地。

（三）瑞丽重点开发开放试验区设立的背景

1. 国家区域协调发展的需要

我国改革开放以来的区域发展战略所采取的是不平衡发展战略，东部地区由于拥有较好的产业基础、人文基础、区位优势等条件，成为我国改革开放的最先获益区域，在发展中逐渐拉大了与西部地区发展的差距，并带来一系列经济及社会问题。为了贯彻邓小平同志"两个大局"的战略思想，缩小东西部地区差距，促进区域协调发展，2000 年 1 月，国家成立"国务院西部地区开发领导小组"。2000 年 10 月，中共十五届五中全会通过的《中共中央关于制定国民经济和社会发展第十个五年计划的建议》指出："实施西部大开发战略、加快中西部地区发展，关系经济发展、民族团结、社会稳定，关系地区协调发展和最终实现共同富裕，是实现第三步战略目标的重大举措。"① 并就加快西部地区发展进行了一系列战略部署，由此开启了西部大开发的序幕。经过十年的努力，西部地区经济发展水平、居民收入、基础设施、产业发展等方面均取得了较大成绩。西部大开发离不开西部地区对外开放的发展。我国有 14 个陆上邻国，西部地区的内蒙古、甘肃、新疆、西藏、云南、广西等省区与之相连。然而，我国沿边开放远远落后于沿海开放，在"东强西弱、海强边弱"的背景下，提升沿边开放不仅是我国构建全方位对外开放格局的要求，而且对于保障国家安全、深化次区域合作、促进民族团结和边疆稳定具有特殊重要的意义。2007 年，党的十七大报告提出："深化沿海开放，加快内地开放，提升沿边开放，实现对内对外开放相互促进。"② 这是我国首次提出"提升沿边开放"，沿边地区由此得到相应的发展优惠政策支持，云南瑞丽由于其特殊的地理区位及较好的发展基础，成为国家重点扶持发展的沿边地区。2010 年，国家出台的《中共中央国务院关于深入实施西部大开发战略的若干意见》明确提出："积极建设广西东兴、云南瑞丽、内蒙古满洲里等重点开发开放试验区。"③ 2009 年 7 月，胡锦涛同志到云南考察时指出：云南要"拓展对外开放广度和深度，推动对外贸易、利用外资、企业走出去上水平，尤其要充分发挥云南作为我国通往东南亚、南亚重要陆上通道的优势，深化同东南亚、南亚和大湄公河次区域的交流合作，不断提升沿边开放的质量和水平，使云南成为我国向西南开放的重要'桥头堡'"④。根据胡锦涛同志的谈话精神，在国家的大力支持下，2011 年出台了《国务院关于支持云南省加快建设面向西南开放重要桥头堡的意见》（国发〔2011〕11 号文件），明确指出："建设瑞丽沿边重点开发开放试验区，积极支持符合条件的地区按程序申请设立海关特殊监管区域。"⑤ 2012 年 7 月，国务院

---

① 中共中央关于制定国民经济和社会发展第十个五年计划的建议 ［EB/OL］. http：//www. 360doc. com/content/15/0204/08/21817113_446123325. shtml。

② 高举中国特色社会主义伟大旗帜　为夺取全面建设小康社会新胜利而奋斗——在中国共产党第十七次全国代表大会上的报告 ［EB/OL］. http：//www. xpc. edu. cn/web/show. aspx？id=2387&cid=13。

③ 《中共中央国务院关于深入实施西部大开发战略的若干意见》，http：//www. 360doc. com/content/17/0424/16/38334600_648263852. shtml。

④ 胡锦涛情系云南 5 次来滇考察 ［EB/OL］. 昆明信息港，http：//yn. yunnan. cn/html/2012-03/08/content_2082855. htm。

⑤ 国务院关于支持云南省加快建设面向西南开放重要桥头堡的意见（国发〔2011〕11 号文件）［EB/OL］. http：//www. gov. cn/zwgk/2011-11/03/content_1985444. htm。

办公厅印发了《关于同意广西东兴、云南瑞丽、内蒙古满洲里重点开发开放试验区建设实施方案的函》（国办函〔2012〕103号），瑞丽重点开发开放试验区方案正式获得国家批准。2013年8月，国家发展改革委批复了《云南瑞丽重点开发开放试验区总体规划》，由此，瑞丽重点开发开放试验区最终完成国家批复之路。

2. 国家对外开放战略调整需要

2001年中国加入WTO后，积极融入世界市场，2002～2008年对外贸易年均增长26.13%，且贸易地理方向以日本、欧洲、美国等发达国家和地区为主。2002年，日本、欧洲、美国三大市场占中国出口总额的54.55%。2008年，国际金融危机爆发后，国际贸易增长大幅下滑，我国对外贸易也受到较大冲击。2009年，我国进出口总额增长为-13.9%，2010年增长34.7%，2011年增长22.5%。自2012年以来，进出口贸易大幅下降，2015年、2016年连续两年负增长。如表6-1所示。

表6-1　2008～2017年中国进出口总体情况

年份	总额（亿美元）	增速（%）
2008	25632.6	17.8
2009	22075.4	-13.9
2010	29740.0	34.7
2011	36418.6	22.5
2012	38671.2	6.2
2013	41589.9	7.5
2014	43015.3	3.4
2015	39569.0	-8.0
2016	36855.7	-6.8
2017	41045.04	11.4

资料来源：历年中国海关统计数据。

与此同时，我国三大贸易市场占比也由2002年的54.55%下降到2016年的43.08%。这固然有国际金融危机导致世界市场，特别是日本、欧洲、美国等发达国家市场需求萎缩的原因，但也有相关国家为尽快走出国际金融危机泥潭而采取一系列贸易保护政策的原因。在此背景下，我国继续扩大发达国家世界市场的空间已然不大。由此，我国对外开放的"东向开放"战略必然转为"东西双向开放"战略，向西开放成为我国在新时期的必然选择。"一带一路"倡议恰好是这一发展战略的体现。党的十九大报告指出："要以'一带一路'建设为重点，坚持'引进来'和'走出去'并重，遵循共商共建共享原则，加强创新能力开放合作，形成陆海内外联动、东西双向互济的开放格局。"① 向西开放及"一带一路"倡议有效推进的关键在于我国西部沿边地区的高质量快速发展，因而，沿边重点开发开放试验区建设也就成为我国西部沿边开放的先行先试发展平台。

3. 化解我国地缘政治危机的需要

21 世纪以来，新兴经济体开始成为拉动世界经济增长的重要力量，世界经济呈现"东升西降"的态势。发展中国家占全球经济的比重由 21 世纪初的 18%左右上升到 2012 年的 31.8%。马丁·雅克在《当中国统治世界：中国的崛起和西方世界的衰落》一书中说道：到 2050 年，全世界最大的三个经济体，将是中国、美国和印度，然后是巴西、墨西哥、俄罗斯和印度尼西亚。只有两个欧洲国家位列全球前十大经济体，即英国和德国，它们分别居第九位和第十位。在当前的 G7 组织中，只有四个国家位居前十。② 从 20 世纪 50 年代末期开始，第一批东亚国家和地区包括韩国、中国台湾地区和香港地区以及新加坡，开始了经济腾飞；到 70 年代，马来西亚、泰国、印度尼西亚和其他一些国家加入到经济腾飞的行列之中。随着这些国家经济的起飞和崛起，以美国为代表的西方国家在世界经济中的份额逐步下降。英国伦敦经济政治学院院长霍华德·戴维斯说："世界经济的重心正在快速向东方转移。""尤其是伴随着中国和印度的快速发展，再加上西方经济受金融危机的影响比中国更大，这个趋势变得更加明显。"③ 历史经验表明，世界重心的转移必然是世界各国经济实力的此消彼长，而在这一过程中往往伴随着相关国家之间对世界经济发展主导权的争夺，由此带来相互之间的地缘政治冲突，严重的甚至演化为局部战争甚至世界战争。实际上，2008 年国际金融危机爆发后，世界政治与经济格局呈现出更加复杂的分化与重组态势。在我国的周边，各世界大国不断角逐以增强其影响力和控制权。如美国为谋求维持独霸世界格局，从地缘上对我形成包围之势，于 2009 年

① 习近平. 决胜全面建成小康社会 夺取新时代中国特色社会主义伟大胜利——在中国共产党第十九次全国代表大会上的报告 [EB/OL]. http://www.hnsjct.gov.cn/sitesources/hnsjct/page_pc/xwtttiao/article1cc 30034729346a89c0f8fe85f2eaa0a.html.

② 马丁·雅克. 当中国统治世界：中国的崛起和西方世界的衰落 [M]. 北京：中信出版社，2010.

③ 英国专家认为世界经济中心正向东方转移 [EB/OL]. 新华网，http://news.163.com/10/0205/11/5UOLH5MI000120GU.html，2010-02-05.

高调宣布"重返亚太",在我国周边不断挑起事端,以图阻碍我国和平崛起之进程,导致我国周边地区地缘政治格局日趋复杂。在此背景下,分散单一海运贸易通道风险,化解我国东亚地缘政治危机,保障我国能源资源运输通道与经济安全,具有重要的战略意义和现实紧迫性。而云南省是中国唯一可以同时从陆上沟通东南亚、南亚的省份。拥有与东南亚、南亚水、陆、空立体通道,是我国与东南亚、南亚对接的水、陆、空三位一体的交通枢纽。在我国周边形势日趋复杂的背景下,云南将是我国突破以美国为首的西方国家围堵的重要战略通道。而从瑞丽出境,经缅甸通往印度洋,能较好化解我国所面临的"马六甲困境",在我国对外开放战略调整中,具有极其重要的战略地位。

二、瑞丽重点开发开放试验区基本情况

(一) 瑞丽重点开发开放试验区的规划范围

瑞丽重点开发开放试验区位于云南省德宏傣族景颇族自治州,是 G320、GZ65、泛亚铁路西线(大理—瑞丽铁路)的终点,与缅甸接壤。按照《云南瑞丽重点开发开放试验区总体规划》设计:瑞丽试验区由"一核两翼"组成,辖区面积为 2133 平方千米,其中核心区瑞丽市全境 1020 平方千米,"东翼"为芒市的轩岗乡、风平镇、遮放镇和"西翼"为陇川县的章凤镇四个乡镇共 1113 平方千米。边境线长 194.2 千米,总人口 40 万人。区内有瑞丽、畹町两个国家一类口岸和陇川章凤国家二类口岸,瑞丽、畹町两个国家级边境经济合作区,以及"境内关外"海关特殊监管模式的姐告边境贸易区。瑞丽重点开发开放试验区建设按照"一核两翼、联动发展,一区多园、政策叠加"的工作思路,实施瑞丽畹町姐告同城化、芒市瑞丽陇川一体化发展,并且相应政策项目可向德宏州所有县市覆盖。

(二) 瑞丽重点开发开放试验区的发展定位

按照瑞丽重点开发开放试验区建设方案,试验区有五大定位:中缅边境经济贸易中心、西南开放重要国际陆港、国际文化交流窗口、沿边统筹城乡发展示范区和睦邻安邻富邻示范区。

（1）中缅边境经济贸易中心。这一定位主要考虑依托瑞丽区位优势，充分发挥姐告、畹町边境口岸作用，用好、用活、用足国家赋予瑞丽试验区的各项优惠政策，重点引进和培育商贸物流业、加工制造业、旅游度假业、金融服务业、商务会展和信息服务业等，形成产业集聚区，建设成为中缅两国边境经济贸易中心。

（2）西南开放重要国际陆港。2013 年，亚洲交通运输部长论坛第二届会议签署了《政府间陆港协定》，14 个成员国有 240 个城市被正式确定为国际陆港城市，其中，中国有 17 个城市列入，瑞丽市是其中之一。因而，瑞丽国际陆港建设是顺应时代发展的必然要求。依托泛亚铁路西线努力畅通国际大通道，通过加快试验区及周边地区基础设施和口岸体系建设，完善国际陆港服务功能，积极沟通与缅甸各项事务交流，推进互联互通建设，将瑞丽重点开发开放试验区建设成为沟通太平洋与印度洋之间的经贸物流枢纽中心，建设成为我国面向印度洋沿岸国家的国际陆港。

（3）国际文化交流窗口。依托多民族聚居、同一民族跨境而居、多元文化交汇融合的有利条件，全方位、多层次开展民族文化、宗教文化、边境文化、珠宝文化等方面的国际文化交流，建设中国西南与周边国家的国际文化交流窗口。

（4）沿边统筹城乡发展示范区。推进基本公共服务均等化，加快城镇优质公共服务向农村延伸，努力扩大范围、提升标准，使各族群众共享改革发展成果，率先将试验区建设成为沿边统筹城乡发展示范区。

（5）睦邻安邻富邻示范区。深化中缅传统友谊，巩固提升中孟、中印友好关系，密切边境社会事务合作，深化经贸合作，扩大人文交流，实现双边和多边区域经济社会共同繁荣发展，建设睦邻安邻富邻示范区。

（三）瑞丽重点开发开放试验区的发展目标

2010 年 6 月，国家出台了《关于深入实施西部大开发战略的若干意见》，首次提出建设云南瑞丽等重点开发开放试验区。在云南省委省政府的大力支持下，德宏州积极谋划推进，2013 年 8 月，《云南瑞丽重点开发开放试验区建设总体规划》获得国家发展改革委批复，《总规》对"试验区"的规划期限为2013~2022 年，近期目标是到 2017 年，中期目标是到 2022 年。

1. 近期发展目标

到 2017 年，试验区在对外开放水平提升、国际大通道建设、实体经济发展等方面取得突破，为实现科学发展、和谐发展、跨越发展、率先建成全面小康社会奠定坚实基础。

对外开放取得突破，国际陆港作用初步显现。连接印度洋大通道国内段基本建成，跨境经济合作取得初步成效，试验区对外开放取得突破性进展，外贸进出口总额年均增长25%以上，对外经济技术合作项下投资年均增长25%以上，利用外资和国内招商引资年均分别增长25%以上，出入境车流量和出入境人数分别超过800万辆次/年和2600万人次/年。

特色优势产业体系初步形成，自我发展能力显著提高。地区生产总值年均增长15%以上，固定资产投资年均增长30%以上，公共财政收入年均增长17%以上，城镇化水平达到59%。联动发展的遮放等四个乡镇特色产业体系基本形成。

基本公共服务能力增强，居民生活显著改善。基本实现城乡居民收入增长与经济发展同步、劳动报酬增长和劳动生产率提高同步，居民平等享有基本公共服务基本实现，城镇居民人均可支配收入年均增长15%，农民人均纯收入年均增长14%以上。

资源节约环境保护成效显著，发展可持续性增强。森林覆盖率达到69%以上，单位生产总值能耗、单位生产总值二氧化碳排放量和主要污染物排放总量控制在省级下达的范围内。

2. 中期发展目标

到2022年，试验区示范效应充分体现，综合经济实力明显增强。对外开放水平显著提高，区域经济合作取得重大成效；特色优势产业体系基本形成，辐射带动作用明显增强；基础设施明显改善，连接印度洋国际大通道基本建成；城镇化水平明显提升，城乡一体化发展格局基本形成；公共服务更加完善，人民生活水平显著提高；生态环境更加优美，可持续发展能力显著增强。

（四）瑞丽重点开发开放试验区的空间布局

（1）边境经济合作区。瑞丽、畹町两个国家级边境经济合作区现有面积11平方千米，在符合土地利用总体规划和相关原则、标准的前提下，根据发展需要，按规定程序调整区位，适当扩大面积，增强配套服务能力。充分发挥区位优势和资源优势，利用国内国外两个市场、两种资源，努力建设成为集边境贸易、加工制造、生产服务、物流采购等功能为一体的经济功能区。在条件成熟时，研究建设中缅跨境经济合作区。

（2）国际物流仓储区。依托主要交通干线和口岸，在瑞丽市勐卯镇芒令、弄岛镇大沙河、畹町镇芒满，在芒市风平镇菲红、陇川章凤镇拉影，重点发展仓储物流、国际货运、第三方物流等产业，建设现代化国际物流基地。尽快启动建立综合保税区前期工作，在条件成熟时按程序申请设立。

（3）国际商贸旅游服务区。在瑞丽市主城区和北部半山区，重点发展国际贸易、总部经济、金融服务、信息服务、教育培训、科技研发、文化创意、医疗服务、休闲旅游等产业，建立国际商贸服务基地、国际旅游文化交流平台。

（4）进出口加工产业区。以瑞丽市为中心，以陇川县、芒市为两翼，布局建设各具特色的进出口加工产业基地。在瑞丽市勐卯镇、畹町镇、弄岛镇，建设进出口加工基地，巩固提升珠宝玉石、优质木材、天然橡胶等特色资源深加工产业，重点发展面向南亚、东南亚市场的机械制造、家用电器、电子信息、轻纺服装、生物制药等出口加工产业。在陇川县章凤镇，建设进口资源加工基地，发展具有资源和产业优势的清洁载能产业，配套发展出口加工装配业。在芒市遮放镇、风平镇、轩岗乡，建设进口能源等资源加工基地，重点发展天然气综合利用为主的现代化工等产业。

（5）特色农业示范区。在瑞丽市姐相乡、户育乡、勐秀乡、弄岛镇，重点发展优质水稻、冬早蔬菜和咖啡、柚子、石斛、柠檬等特色经济作物，加快发展绿色养殖业和特色林果业，发展壮大特色生物和农产品加工业，建设亚热带现代农业产业基地和国家有机食品基地。

（6）生态屏障区。在瑞丽市北部山区和瑞丽江—大盈江流域，加强热带雨林保护、湿地保护和自然保护区建设，保护生物多样性，严格控制外来物种入侵，建设生态屏障区。

三、瑞丽重点开发开放试验区承接产业转移的基本情况

（一）打造产业基地，构建产业承接平台

2011年，瑞丽市国家重点开发开放试验区建设正式启动，按照"一核两翼"的总体思路进行布局：一核，即瑞丽试验区发展核心经济区，包括瑞丽市和畹町经济开发区；两翼，即试验区拓展配套的东、西翼发展区域，东翼是"瑞丽—畹町—遮放—芒市"一线，西翼是"瑞丽—陇川—盈江"一线，东西两翼共同构成瑞丽重点开发开放试验区的翅膀。以工业园区建设为载体，推进瑞丽重点开发开放试验区建设。2013年，正式组建中共瑞丽市工业园区工作委

员会和瑞丽市工业园区管理委员会,2015 年,瑞丽市工业园区被列为全省重点培育的 50 个百亿园区之一。通过实施"大企业进入"战略,加快瑞丽试验区作为国家加工贸易梯度转移重点承接地建设,以南亚、东南亚为目标市场,重点发展汽车、摩托车、工程机械、机电设备、家用电器等装备加工制造业,着力打造面向南亚、东南亚的特色鲜明、示范效应明显的汽车、摩托车、农业机械等出口加工基地。经过五年来的建设,目前,试验区已基本改变了产业发展小、散、弱的现象,初步建成并拥有航空、汽车、摩托车、农机、电视、手机等现代工业装备制造业及家电、生物、旅游、贸易为一体的相对完备的现代产业体系,瑞丽试验区面向南亚、东南亚的外向型产业基地雏形已基本显现。

(二) 引进大企业,打造工业经济增长点

大企业带动,是推进工业经济发展的不二法门,瑞丽重点开发开放试验区在承接产业转移中,注重对大企业的引进及扶持。2013 年至 2017 年上半年,瑞丽试验区新增入驻企业 2455 户。以"两车一机一电"为代表,面向南亚、东南亚的装备制造业从无到有、快速发展,2016 年,年产 15 万辆的北汽瑞丽项目实现整车销售 1041 辆;年产 100 万辆的银翔摩托车项目实现产能 74.57 万辆,产值突破 10 亿元;年产 3000 辆的福田汽车 2017 年 1 月建成投产,已生产销售农用车 100 辆[1]。中信建设、中冶、中石油、北汽、华侨城、银翔、新希望、TCL、修正药业等知名央企名企相继入户试验区。新兴装备产业年产 20 万台的液晶面板以及 10 万部智能手机等项目先后建成投产;后谷集团 2 万吨速溶咖啡生产线投入生产,成为工信部批准的全省唯一一家智能化示范项目;陇川正信桑蚕茧、北瑞汽车改装厂、瑞丽启升电子等项目也在顺利推进。随着制造业企业的入驻,试验区第三产业也迎来了新发展,中缅边境旅游、自驾游逐渐升温。2017 年,瑞丽市共接待国内外游客 506.6 万人次。实现旅游总收入 98.78 亿元,同比增长 36.78%。其中,海外旅游者 38.36 万人次,比 2016 年同期增长 13.03%;口岸入境一日游 222.65 万人次,比 2016 年同期增长 25.01%;国内旅游者 468.19 万人次,比 2016 年同期增长 36.26%[2];电子商务快速发展,中缅跨境电商产业园和陇川电商产业园开园建成运营。2017 年,瑞丽市第三产业比重已占到 68.18%,瑞丽试验区现代产业体系初具规模,产业基地建设成效显著。

---

① 与其他试验区相比瑞丽试验区建设最大的特点和亮点在这里 [N]. 德宏团结报,2017-09-18.
② 杨雪梅. 尹邑瑞丽旅游:抢抓机遇增亮点 力争上游创品牌 [N]. 德宏团结报,2018-02-12.

（三）瑞丽重点开发开放试验区承接产业发展的特点

1. 瑞丽重点开发开放试验区产业承接得益于国家发展战略的推进

随着我国改革开放的不断深入，为推进陆海内外联动、东西双向互济的开放格局构建，我们进一步加强与发展中国家的对话与合作。"一带一路"倡议、"孟中印缅经济走廊"建设的推进，对于加强与南亚、东南亚各国经贸合作，拓展南亚、东南亚市场有着积极的推动作用。在我国进入国内市场趋于饱和、产业向高端化发展的新常态阶段，发达地区工业企业寻求新的发展市场成为其必然选择。而瑞丽重点开发开放试验区作为国家"东西双向互济开放"的先行区和连接区，在金融、财政、税收、人才、产业等方面均获得国家赋予的优惠条件，这对于发达地区工业企业面临资源环境约束、原料价格上升而导致的成本上升具有较强的对冲作用。因而，瑞丽重点开发开放试验区承接企业无一不是看中瑞丽毗邻东南亚、南亚市场及国家西向开放战略的推进。

2. 地方政府行为的有效性是承接产业转移成功的关键

一个地方产业的形成和发展一般有两个途径：一个是自发形成，因具有一定的资源条件、技术条件、交通条件、市场条件等，在人们的经济活动中自然形成的产业；另一个是人为培植和推动形成，这通常是由政府或相关组织机构在遵循经济发展规律的前提下，通过创造适合某一产业发展的条件而形成的产业。从中国的实践来看，政府培植和推进是欠发达地区产业形成和发展的主要途径，而这种途径的关键在于政府行为的有效性。从瑞丽重点开发开放试验区产业发展来看，当地政府抓住国家赋予瑞丽开发开放发展的战略机遇，积极谋划，主动推进，充分用好、用活各项优惠政策，创新发展机制，营造良好的营商环境，为企业提供全方位服务等，是瑞丽重点开发开放试验区"引得进、落得下、稳得住、能发展"的关键因素。

3. 瑞丽重点开发开放试验区承接产业转移是承接与创新的结合

瑞丽重点开发开放试验区承接的产业，从技术上来看多数属于成熟型技术，从产品来看也处于产品生命周期的成熟期，这些企业的技术和产品对于瑞丽这样一个产业基础薄弱的边疆城市来讲，仍然具有先进性和先导性。然而，我们所处的是一个技术快速更新、新技术层出不穷的时代，新技术推广和应用成为企业持续发展的关键性力量。因而，对于落户到瑞丽重点开发开放试验区的企业而言，要进一步开拓市场，创新就成为其发展的必然选择。正因为如此，北汽瑞丽在拓展缅甸市场受阻后积极开发新产品；银翔摩托在稳定缅甸市场的同时，积极开发高端摩托，为进入欧美市场做准备；后谷集团积极推进智能制造，成为云南唯一一家，同时也是中国咖啡工业企业唯一一家入选 2016 年中国智能制造试点示范项目名单企业。

4. 转移到瑞丽重点开发开放试验区的产业目的在于获得东南亚、南亚市场

制造业从低端向中高端转型升级，是由产业发展内在规律所决定的。在发达地区产业结构转型升级过程中，往往伴随着中低附加值产业的对外转移。进入经济发展新常态以来，在供给侧结构性改革的推动下，我国制造业正以前所未有的速度向着高端化迈进，特别是随着《中国制造 2025》等政策规划陆续落地，制造业转型升级获得较为充分的顶层设计，以先进制造、消费升级等为代表的"新经济"将在经济发达地区得以较快发展。与此同时，一部分低端制造业向我国周边发展中国家转移，另一部分则选择中东部地区作为其新的发展之地。因着东南亚、南亚是一个有着 23 亿人口的大市场，瑞丽作为连接我国国内市场和东南亚、南亚市场的枢纽，所承接的制造业企业均把其目标市场锁定东南亚、南亚市场。如银翔摩托就将其所生产的摩托车全部出口到缅甸市场及其他东南亚国家。

（四）瑞丽重点开发开放试验区承接产业案例分析

在瑞丽重点开发开放试验区承接产业转移，培育构建新的产业体系过程中，银翔摩托和北汽瑞丽是较为典型的代表，本书将其承接落户、建设、运营、发展进行梳理，可看出瑞丽重点开发开放试验区承接产业转移的特点。

1. 银翔摩托

（1）银翔摩托入驻试验区的动因。银翔集团始建于 1997 年，总部位于重庆市渝北区空港工业园，是一家由单一摩托车制造企业发展成为多元化产业的大型企业集团。目前，产业领域涉及摩托车工业群、汽车工业群、农业机械、商业投资、家居流通、房地产开发、生态旅游、教育事业、医疗健康等产业。摩托产业作为其最初发展的产业，经过 10 多年的努力推进，已成为摩托车行业的领军者，企业通过了 ISO 9001 国际质量体系认证，是国家工信部认定的摩托车整车和发动机生产企业，也是国家商务部批准的摩托车整车及零部件出口企业。公司拥有国内先进的摩托车检测设备 520 多台套，各类生产线共计 28 条，年生产能力达到 120 万辆摩托车、250 万台发动机、60 万台通机。公司是重庆市创新性试点企业，先后拥有专利 510 项。作为中国质量检验示范企业，产品被评为中国消费者放心产品。随着我国经济转型期的到来，经济环境、市场环境及消费环境都发生了极大变化，银翔摩托急需重新布局其产业发展格局，提出了"立足重庆，布局全国，拓展海外"的发展新格局，而在"拓展海外"方面，

则采取以东南亚为切口，辐射全球的发展战略。由此银翔摩托不断开拓越南、老挝、缅甸、印尼等东南亚市场。瑞丽市重点开发开放试验区获得国家批准后，成为我国面向南亚、东南亚开放的前沿窗口。一方面，试验区建设需要产业支撑；另一方面，银翔产业布局需要新的产业发展基地。于是，双方在经过接触、磋商后，2013年银翔集团决定在瑞丽投资建设银翔摩托产业园，并于2013年4月30日签订投资合同，同年6月19日奠基启动。项目计划占地1853.53亩、总投资30亿元，采取"以产建园，以园促产"的发展模式，打造摩托车产业集群。计划建立单班年产100万台摩托车及100万套摩托车零部件，主要销往东南亚、南亚和非洲地区。整个园区分为整车装配区、配套生产区、研发中心、办公生活区以及展示区，建筑面积522000平方米，建成后可引进20余家摩托车配套生产厂家入驻，年产值可达50亿元以上，每年可为地方财政增加1.8亿~2.5亿余元税收，解决近1万个就业岗位。

（2）银翔摩托发展现状。经过三年来的发展，园区综合办公楼、员工食堂、宿舍、厂房等一期建设全部投入使用。总装车间、注塑及烤漆厂、灯具厂、车架厂、平叉厂等摩托生产及主要配套企业入驻并开始运作，已投入工人600多名。2016年，银翔摩托一期项目在瑞丽试验区实现全面投产，三条生产线每天生产2000辆摩托车，2016年生产摩托车达80万辆，其产品全部通过瑞丽口岸销往东南亚、南亚等地。2017年上半年，银翔摩托的销售量增长了10%，其出产的KENBO摩托车凭借优良的质量和口碑，多年占据缅甸摩托车市场的主导地位，KENBO摩托建立了覆盖缅甸全国的销售网络，拥有300多家直营店、1000多家专卖店和5000多家服务网点，市场占有率达70%。此外，银翔摩托还辐射印度、老挝、泰国等多个国家和地区。

2. 北汽瑞丽

（1）北汽瑞丽入驻试验区动因。北京汽车集团有限公司（以下简称北汽集团），总部在北京，是中国五大汽车集团之一，主要从事整车制造、零部件制造、汽车服务贸易、研发、教育和投融资等业务，是北京汽车工业的发展规划中心、资本运营中心、产品开发中心和人才中心。北汽集团按照"走集团化道路，实现跨越式发展"的新战略，成功打造了整车制造、零部件发展、自主研发、服务贸易和改革调整五大发展平台，是中国汽车产品门类最齐全的汽车集团。近年来，北汽集团针对横跨乘用车及商用车市场的各系列产品，基本完成了北京、黄骅、镇江、江西、重庆、株洲、广州七大产业基地布局后，针对国家"一带一路"倡议，希望在西南地区布局一个面向东南亚、南亚的乘用车及商用车产业基地，谋求区位战略布局新突破。而瑞丽地处中国经济圈、南亚经济圈和东盟经济圈的交会点和"一带一路"倡议的重要节点，同时又是国家重点开发开放试验区，具有建立立足中国西南、面向东南亚的乘用车及商用车产业基地的多重优势。2013年10月26日，在瑞丽景成集团董事长的牵线搭桥下，德宏州政府、北汽集团、云南景成集团三方在昆明共同签订了《北汽集团云南产业基地合作协议》，决定在瑞丽重点开发开放试验区建设北汽云南瑞丽汽车有限公司（以下简称北汽瑞丽）。

北汽瑞丽基地位于国家一类口岸——瑞丽畹町经济开发区芒满通道一侧，总用地约2000亩，总投资约36亿元，于2013年12月25日开工建设。企业以建设年产能15万辆的北汽云南汽车产业基地为目标，规划建设整车项目、零部件项目、仓储物流项目、综合配套项目。项目一次规划，分阶段实施。一期规划年产能5万辆，产品涵盖符合中国西南区及缅甸等东南亚国家市场需求的交叉车型微卡、微面等汽车；二期规划年产能10万辆乘用车生产线及零部件、物流配套设施。项目一、二期全部投产后，保守估计可带动零部件、服务贸易等上下游产业产值200亿元左右，每年可为地方财政增加6亿元税收，直接解决3000余人就业。

（2）北汽瑞丽发展现状。北汽瑞丽于2015年7月26日实现首车下线。目前，北汽瑞丽公司项目已经初具规模，总装车间已于2015年底完工，部分设备也安装调试完毕，项目已进入正式投产前的最后准备阶段，2017年6月工厂整体完工，实现正式投产，2017年实现首期5万辆产能并规模化出口外销东南亚，实现营业收入35亿元；2020年完成二期项目，实现年产能增加10万辆，营业收入100亿元，配套项目零部件及物流总投资6亿元。截至2017年2月，北汽瑞丽公司共有员工400多人。据北汽瑞丽负责人介绍：目前，经过对云南市场的差异化需求调研后，北汽瑞丽公司已经通过汽车改装实现销售突破，目前已有皮卡车、警用车、救护车、森林消防车和环卫车等特种车辆陆续交付使用，特种用车种类已达35个，特种车辆的开发使用，填补了云南省特种车辆改装的市场空白。与此同时，当前围绕北汽瑞丽的配套企业已达5家，据介绍，未来将有20家配套企业入驻试验区。

四、瑞丽重点开发开放试验区承接产业转移取得的成绩

瑞丽重点开发开放试验区成立以来，积极推动试验区"产业基地"功能的提升，大力推进产业承接，经过五年来的发展，取得了较大成绩。

（一）经济快速增长，综合实力有效提升

瑞丽重点开发开放试验区建设启动以来，试验区经济发展速度明显加快，2017 年瑞丽市实现生产总值 103.57 亿元，同比增长 16%，增速位居全省第四。在云南省 60 个县（市）的民族自治地方中，GDP 增速瑞丽第三。在 25 个边境县（市）以及 25 个县级市（区）中，GDP 增速瑞丽均为第二①。2013~2017 年，GDP 增速年均达 13.92%，远高于全省平均水平。GDP 总量从 2012 年的 47.12 亿元增加到 2017 年的 103.57 亿元，增长了 2.2 倍；人均 GDP 翻了一番。2013~2017 年瑞丽市主要经济指标如表 6-2 所示。

表 6-2　2013~2017 年瑞丽市主要经济指标②

指标 ＼ 年份	2013	2014	2015	2016	2017
GDP（亿元）	47.12	73.32	77.14	86.09	103.57
GDP 增长（%）	16	16.9	5.7	15.0	16.0
人均 GDP（元）	25000	37755	38628	42283	—
人均 GDP 增长（%）	13.9	13.7	2.8	12.8	—
地方公共财政预算收入（亿元）	8.75	9.13	7.30	7.41	7.7
地方公共财政预算支出（亿元）	16.68	20.83	17.95	21.57	—
财政自给率（%）	46.84	43.83	40.67	34.35	—
固定资产投资（亿元）	65.85	100.40	74.18	98.70	123.6

资料来源：云南省人民政府办公厅，云南省统计局，国家统计局云南调查总队. 云南领导干部手册 [M]. 昆明：云南出版集团，云南人民出版社，2013，2015，2017.

从财政自给率来看，瑞丽市财政自给率逐年走低，其原因在于试验区建设初期，各承接产业处于政府扶持发展阶段，在税收上享受应缴纳企业所得税地方分享部分的"五免五减半"优惠政策，因而，瑞丽市地方财政预算收入增长

---

①　瑞丽市经济增长实现"变道超车"［EB/OL］. http：//www.dehong.gov.cn/news/rl/content-21-39554-1，2018-02-06.

②　因瑞丽重点开发开放试验区内四个乡镇的数据难以获取，故本书中凡是关于瑞丽重点开发开放试验区的数据均以试验区内核心区瑞丽市的相关数据进行分析.

较慢。与此同时，财政支出却呈刚性增长，由此导致财政自给率降低。尽管如此，除 2015 年外，瑞丽市财政自给率其余年份均高于全省水平。实际上，随着经济总量的增长，瑞丽重点开发开放试验区综合财力得到提升，2017 年，全区公共财政预算收入 9.54 亿元，同比增长 6.4%，增速高于全省 0.2 个百分点①。

从固定资产投资来看，2013～2017 年，有两个年份固定资产投资超过 100 亿元，2014 年固定资产投资增长达 51.9%，投资额达 100.4 亿元。这主要得益于政策推动，2013 年瑞丽重点开发开放试验区总体规划获得国家批准，吸引了一批外来企业落户试验区，带动了固定资产投资的增长。2014 年后，随着试验区各项改革的推进和落实，创新发展体制机制的初步构建及交通基础设施的改善，逐步形成引进外来企业的"洼地"，固定资产投资增速迅速回升，2017 年达到 123.6 亿元。

（二）填补产业空白，延长产业链，优化产业结构

瑞丽市内陆边境口岸城市，通道型经济特征较为明显。因而，在三次产业中，以商贸物流为主的第三产业发展远高于第一、第二产业。2011 年瑞丽市第二产业增加值仅为 7.1 亿元，占生产总值比重为 20.12%，而第三产业所占比重达 60.20%。全部工业增加值为 3.99 亿元，在云南省 129 个市县中排第 106 位，瑞丽市工业发展极为薄弱。试验区成立以来，通过承接产业转移，逐步建立起了汽车、摩托车、农业机械、电视机、手机及特色农产品加工等工业生产能力。目前，年产 1.3 万吨速溶咖啡、5 万吨国际标准橡胶、2.6 万吨高活性干酵母、20 万台 LED 液晶面板、10 万部智能手机等一批新兴加工装配项目先后建成投产，后谷咖啡在建的年产 2 万吨生产线建成后，将成为全球最大的咖啡生产企业②。产业承接极大填补了瑞丽市工业产业发展空白，工业发展实现加速推进态势，产业配套能力大幅提升。2017 年，试验区引进银翔、北汽配套企业 8 家；大康牧业肉牛深加工项目正式动工，引进配套企业 4 家。产业结构逐步优化，全部工业增加值由 2011 年的 3.99 亿元增加到 2017 年的 14.02 亿元，增长了 3.5 倍。2011～2017 年瑞丽市产业发展主要指标变化情况如表 6-3 所示。

---

① 瑞丽试验区 2017 年经济运行态势趋优［EB/OL］. 瑞丽市人民政府门户网站，http：//www. rl. gov. cn/Web/_F0_0_28D07EDQXY3BHWG3XE72OPZ68N. htm，2018-03-30.
② 瑞丽试验区工管委综合办. 砥砺奋进的五年 瑞丽试验区建设交出了一份漂亮的成绩单！［EB/OL］. http：//www. ruili. gov. cn/jrrl/rlxw/content-159-2269-1，2017-09-19.

表6-3　2011~2017年瑞丽市产业发展主要指标变化情况

单位：亿元

指标＼年份	2011	2012	2013	2014	2015	2016	2017
生产总值	35.24	39.64	47.12	73.32	77.14	86.09	103.57
一产增加值	6.93	7.76	8.73	9.10	9.22	10.0	10.2
增长率（%）	9.1	2.5	5.2	5.5	4.4	5.8	5.9
二产增加值	7.10	7.45	9.74	14.88	14.12	19.98	22.8
增长率（%）	15.1	9.5	26.4	12.9	-1.3	45.2	12.7
全部工业增加值	3.99	3.98	4.81	9.05	8.09	12.43	14.02
增长率（%）	13.3	1.8	24	10.2	-4.8	60.6	14.7
三产增加值	21.22	24.13	28.65	49.34	53.80	59.55	70.6
增长率（%）	19.5	11.1	15.7	20	7.8	8.7	18.8
三次产业比重	19.67：20.15：60.22	19.58：18.79：60.87	18.53：20.67：60.80	12.41：20.29：67.29	12：18.3：69.74	11.62：23.21：69.17	9.85：22.01：68.17

资料来源：

（1）云南省人民政府办公厅，云南省统计局，国家统计局云南调查总队. 云南领导干部手册［M］. 昆明：云南出版集团，云南人民出版社，2013，2015，2017.

（2）2017年数据来源：瑞丽市经济增长实现"变道超车"［EB/OL］. http：//www.rl.gov.cn/Web/_F0_0_28D07EDQXY39FD1YJ54QA6COTD.htm，2018-02-06.

从表6-3可以看出，瑞丽重点开发开放试验区成立以来，第二、第三产业发展较快，第二产业增加值增长了3.2倍，第三产业增长了3.3倍。三次产业比重由2011年的19.67∶20.15∶60.22调整为2017年的9.85∶22.01∶68.17，第一产业比重下降了近10个百分点，产业结构逐步优化，试验区突出推进"产业基地"建设取得初步成效。

（三）初步实现向东南亚、南亚的辐射

以银翔摩托和北汽瑞丽为主的进出口制造业基地的形成和发展，使瑞丽市面向南亚、东南亚的辐射初步显现。一是产品辐射。银翔摩托2016年完成摩托生产达80万辆，全部产品均通过姐告口岸出口到缅甸。目前，银翔摩托出产的KENBO摩托是畅销缅甸的知名品牌，KENBO摩托在缅甸建立了覆盖全国的销售网络，拥有300多家直营店、1000多家专卖店和5000多家服务网点。除此之外，瑞丽市每年出口手机716万部、电视机4万台，特别是具有自主知识产权的瑞丽启升电子产品，深受缅甸等南亚、东南亚市场欢迎①。二是带动缅甸劳动力就业。目前，银翔摩托的总员工1300多人（含配套企业员工），银翔摩托内部员工500多人，其中，缅甸员工460个，占比90%。北汽瑞丽员工目前为400多人，绝大多数为缅籍工人。缅甸员工工资为1200~2000元/月，包吃包住。这一工资标准为缅甸平均工资的6~7倍，缅籍员工均以能到中国企业工作为荣，凡有在中国企业工作的缅籍员工的家庭，在当地的生活水平都得到大幅提升。三是实现文化辐射。瑞丽重点开发开放试验区将承接产业发展与周边文化交流相融合，充分发挥地方和民间在对外交往中的作用，为试验区企业与缅甸及周边国家各方搭建交流合作平台。通过建立同缅甸及周边国家相应的定期会晤机制，推进地方政府、企业与缅甸及周边互访交流，形成了跨境农业、跨境旅游等多项合作机制；通过与缅甸曼德勒工商总会缔结为友好商会，与泰国达府、缅甸木姐市结为国际友城，为试验区企业拓展新的市场空间；通过举办中缅边境经济贸易交易会、中缅胞波狂欢节，成立了中缅边境地区民生基金，在木姐设立了中国第一个在缅甸正式注册的NGO组织（瑞丽市妇女儿童发展中心木姐办公室）等措施，推进民心相通；通过主办、承办孟中印缅现代畜牧科技合作论坛、中缅智库高端论坛、创新驱动国际合作论坛、世界咖啡科学技术大会等国际性会议，广泛开展试验区企业与周边国在智库、科技、文化等领域

---

① 与其他试验区相比瑞丽试验区建设最大的特点和亮点在这里［N］. 德宏团结报，http：//www.dhtjb. com/sitefiles/services/cms/page. aspx？s=1&n=17&c=130650，2017-09-18.

的交往合作。

（四）推进开放型经济向更高层次发展

开放型经济是与封闭型经济相对的一种经济运行模式，开放型经济发展更加注重国内市场与国际市场的相互联系、相互作用，在推动对外开放的同时，积极主动推进对内开放，实现对外开放与对内开放协调发展。在产业承接发展过程中，瑞丽重点开发开放试验区积极推进对内开放，以招商引资为抓手，以创新体制机制为保障，大力提升市场开放度。截至 2017 年 12 月，瑞丽市在建招商引资项目共 240 项，总计到位资金 110.2 亿元。完成新招商项目 43 个，落地项目 18 个①。引进省外到位资金从 2011 年的 20.66 亿元增加到 2016 年的 84.12 亿元，增长了 4.07 倍，年均增长超过 30%。瑞丽市对内开放主要经济指标如表 6-4 所示。

表 6-4　2011~2017 年瑞丽市对内开放主要经济指标　　　　单位：亿元

指标 ＼ 年份	2011	2012	2013	2014	2015	2016	2017
引进省外到位资金	20.66	33.40	46.07	60.44	75.95	84.12	—
增长率（%）	—	61.7	39.0	31.2	25.7	10.8	—
社会消费品零售总额	18.40	22.09	25.39	29.2	32.18	35.14	39.10
增长率（%）		20.10	14.9	15.0	10.25	9.2	11.4

社会消费品零售总额在一定程度上反映了一个地方市场的活跃度和开放度。瑞丽市社会消费品零售总额从 2011 年的 18.40 亿元增加到 2017 年的 39.1 亿元，增长了 2 倍多，年均增长 13.48%。

从对外贸易来看，2011 年瑞丽市口岸进出口额为 106 亿元，2017 年超过了 400 亿元，增长了 4 倍多，年均增长达 25.9%。2011~2017 年瑞丽市口岸进出口情况如表 6-5 所示。

---

① 张懿. 发挥特区优势　新时代有新作为 ——瑞丽市狠抓招商引资项目落地　促经济发展综述 [EB/OL]. http://www.ruili.gov.cn/jrrl/rlzk/content-162-2851-1.html，2018-01-15.

表 6-5　2011～2017 年瑞丽市口岸进出口情况

年份 指标	2011	2012	2013	2014	2015	2016	2017
口岸进出口总值（亿元）	106	125.5	179.4	286.3	292.76	304.3	407
增长率（%）	20	18.4	42.9	59.6	2.3	3.9	33.98

资料来源：

（1）2011 年数据来源：瑞丽进出口贸易超百亿试验区建设效益显现 [EB/OL]. 云南网，http：//www. mofcom. gov. cn/aarticle/resume/n/201202/20120207947659. html，2012-02-02.

（2）2012 年数据来源：瑞丽 2012 年进出口贸易额达 19.97 亿美元同比增 20% [EB/OL]. 云南网，http：//www. mofcom. gov. cn/article/resume/n/201303/20130300057719. shtml，2013-03-18. 表中数据按 2012 年 12 月 31 日人民币兑美元中间价汇率 1 美元兑人民币 6.2855 元计算得出。

（3）2013 年数据来源：2013 年云南省各口岸流量分析 [EB/OL]. 中商情报网，http：//www. ask-ci. com/，2014-01-29。表中数据按 2013 年 12 月 31 日人民币兑美元中间价汇率 1 美元兑人民币 6.1024 元计算得出。

（4）2014 年数据来源：瑞丽：2014 年口岸进出口总额 286.3 亿元 增长 56.8% [N]. 德宏团结报，http：//www. dehong. gov. cn/news/dh/content-16-20588-1. html，2015-02-10.

（5）2015 年数据来源：瑞丽市领跑沿边开发开放 [EB/OL]. 云南网，http：//www. yn. xinhuanet. com/2016dehong/20160920/3448760_ c. html，2016-09-20.

（6）2016 年数据来源：瑞丽 2016 年经济：增速全州第一　全省第三 [EB/OL]. http：//www. ruili. gov. cn/jrrl/rlNews/content-159-1471-1. html，2017-02-21.

（7）2017 年数据来源：南瑞丽口岸贸易进出口总额和存贷款总额突破 400 亿元 [EB/OL]. 中国新闻网，http：//news. 163. com/18/0117/16/D8C9O4T300018AOQ. html，2018-01-17.

在贸易额快速增长的同时，瑞丽口岸出入境流量也从 2011 年的 1109 万人次增长到 2017 年的 1768 万人次，增长了 59.4%；出入境车辆由 233 万辆次增加到 386 万辆次，增长了 65.7%。对内对外开放发展的迅速推进，进一步提升了试验区在我国西南沿边开放的地位和作用。

（五）基础设施建设加快，综合交通运输能力提高

基础设施的完善与否，在很大程度上将影响着一个地区产业的集聚与发展。瑞丽市地处我国西南边陲，远离经济中心、文化中心、科技中心，交通运输能力的薄弱极大地阻碍了外来资本的进入，其面临南亚、东南亚巨大市场的区位优势难以发挥。瑞丽市重点开发开放试验区成立以来，为创造良好的引资环境，破解远距离运输的难题，试验区积极推进基础设施建设。经过五年努力，瑞丽

市在公路、铁路、航空、管道运输等综合立体交通网络建设上取得了较大成绩。从公路建设来看，瑞丽市结束了不通高速的历史，2016 年 12 月和 2017 年 4 月龙瑞、瑞陇两条高速公路分别建成通车，试验区"一核两翼"实现了全程通高速。与此同时，腾陇、芒梁两条高速公路开工建设；从铁路建设来看，瑞丽是泛亚铁路西线中国境内大瑞铁路的终点，是连通中缅国际铁路的枢纽之地。大瑞铁路德宏段 2015 年 12 月 1 日全面开工建设，目前，大瑞铁路德宏段完成投资 14.2 亿元①，预计将于 2022 年建成；从航空建设来看，芒市机场改扩建投资已完成 3 亿元，陇川通用机场开工建设，盈江通用机场前期工作顺利推进。截至 2017 年，芒市机场已开通了 11 条国内航线，平均每天进出港航班从 5 年前的 14 架次增加到了 40 架次，年旅客吞吐量从 50 万人次增加到了 153.8 万人次②；从管道运输建设来看，中缅输油气管道已全面建成，2013 年开始供气，2017 年 5 月实现原油进口；从口岸基础设施建设来看，由中国援助建设的畹町至缅甸 105 码二级公路已建成通车，章凤至缅甸八莫公路、缅甸 105 码货场硬化援建等工程顺利启动。基础设施的不断完善，为承接产业转移提供了较好的交通运输条件，增强了试验区引资竞争力；而转移产业的落地发展又推动基础设施的建设，二者已形成相互促进的良性循环发展之态势。目前，德宏州已建成 1 条输油气管道、1 条通信光缆、12 条公路，有 28 个渡口、64 条通道与缅甸连通，试验区面向南亚、东南亚的交通通道枢纽架构已初步显现。

五、瑞丽重点开发开放试验区承接产业转移的主要做法和经验

（一）瑞丽重点开发开放试验区承接产业转移的主要做法

1. 推进完善试验区规划体系

2013 年 8 月 12 日，《瑞丽重点开发开放试验区建设总体规划》获国家发展改革委批准，德宏州围绕《总体规划》组织编制了试验区土地利用、城乡发

---

① 德宏州发改委. 德宏州 2017 年经济运行情况报告［EB/OL］. http：//xw. kunming. cn/a/2018-02/12/content_4971814. htm，2018-02-12.

② 与其他试验区相比瑞丽试验区建设最大的特点和亮点在这里［N］. 德宏团结报，2017-09-18.

展、产业发展、口岸发展、旅游文化产业、环境保护 6 个专项规划。目前，6 个专项规划全部获省政府批复实施；《云南瑞丽重点开发开放试验区建设总体规划环境影响评价报告书》通过环保部审查。试验区通过对总体规划、专项规划、特色规划和城乡规划的编制和完善，对规划细化成了 526 个项目，分为 5 大类，估算投资 7653 亿元。其中，产业投资项目 172 个，估算投资 1760 亿元①。规划的编制与项目细化，为企业有序入驻和发展奠定了基础。

2. 制定实施优惠政策，吸引企业入驻试验区

瑞丽市由于自身经济发展实力弱小，工业基础薄弱，在市场经济条件下，很难通过区域竞争形成产业的集聚发展。因而，优惠政策的支撑就成为瑞丽试验区承接产业转移的重要手段。试验区建设启动后，云南省政府出台《加快推进瑞丽重点开发开放试验区建设若干政策》，从财政、投融资、产业、土地、公共服务等方面提出了 28 条优惠政策支持试验区发展。德宏州政府在云南省政府出台的支持瑞丽试验区加快建设的 28 条政策基础上，出台了《德宏州人民政府关于加快推进瑞丽重点开发开放试验区建设的若干政策》，制定了支持试验区加快建设的 21 条优惠政策，分别在财税、投融资、产业贸易、土地资源、口岸通关与旅游管理、公共服务管理等方面为试验区建设提供了大力支持。其中，企业所得税"五免五减半"政策（2013 年 1 月 1 日至 2020 年 12 月 31 日期间，入驻试验区的新办企业，除国家禁止和限制的产业外，应缴纳企业所得税地方分享 40% 的部分实行"五免五减半"优惠，即自取得生产经营第一笔收入年度起，前 5 年免征，后 5 年减半征收企业所得税地方分享 40% 的部分）率先落实。依托"五免五减半"等优惠政策，试验区已形成了招商引资的"洼地"，吸引了大批知名央企、民企、外企投资入驻。

3. 创新机制体制，改善营商环境

瑞丽试验区要承接发达地区产业转移，在一定程度上必须要具备发达地区服务企业发展的行政能力和服务能力。而对于一个市场经济发育程度较低的边境城市，要提升服务企业的行政能力与服务能力，创新体制机制就成为必然选择。为此瑞丽试验区从金融管理体制、边境管理体制、土地管理体制、行政管理体制、人才管理体制及科技创新管理体制等方面着手，推进体制机制创新，为试验区营造了良好的营商环境。瑞丽试验区创新体制机制相关政策汇总如表 6-6 所示。

---

① 瑞丽试验区强化政策落实　培育重点产业来源［N］. 云南日报，2016-08-26.

表 6-6　瑞丽试验区创新体制机制相关政策汇总

创新	出台文件或政策	做法
金融管理体制	《德宏州沿边金融综合改革试验区建设实施方案》	取得民营金融创新试点先行州授牌;成立小额贷款行业协会并建立小额贷款公司分类评级制度;授权审批私募股权投资基金设立;新成立上海农商行瑞丽村镇银行、富滇银行瑞丽分行、瑞丽南屏农商行、瑞丽边贸银行等银行业金融机构;成立试验区投融资、水务投资、高速公路投资公司;推进邮储银行、农村信用社改革
边境管理体制	《外籍劳务人员管理办法》《外籍车辆出入境管理办法》	落实上级海关下放的 18 项管理权;开展边境管理改革试点,推进"一站式"通关、无纸化通关、海关区域一体化;完善边民跨境婚姻登记备案制;出台外籍劳务人员管理办法,推广外籍人员"一站式"服务新模式;出台了外籍车辆出入境管理办法,推行"一口岸备案、多口岸通关"的管理模式
土地管理方式	试验区具体建设项目用地审批和管理等三个办法	推进低丘缓坡土地综合开发利用试点和开展城乡建设用地增减挂钩试点工作;全面清理项目用地,纠正圈地、倒卖土地和闲置用地等行为,优化土地利用空间布局,节约集约用地
行政管理体制	无	成立试验区专家咨询委员会和建设规划委员会;推进瑞丽、畹町、姐告同城化;设立瑞丽市、芒市、陇川县、盈江县等工业园区管理机构,恢复瑞丽边境经济合作区和畹町边境经济合作区管理机构
人才管理体制	无	建立 5 个院士工作站,聘请 13 位中国工程院院士为德宏州经济发展顾问,建立 6 个国家级农业综合实验站和 2 个国家级品种资源库;建立人才特区;在试验区推进聘任制公务员试点工作
科技创新管理体制	《瑞丽试验区科技创新管理办法》	围绕"科技创新驱动瑞丽试验区建设体系""跨境科技交流合作体系",申报创建省级"可持续发展实验区";实施"大众创业、万众创新"工程;举办"科技入德宏"活动;推动在缅甸曼德勒成立"中缅科技合作咨询服务中心"

资料来源:瑞丽重点开发开放试验区管委会。

　　通过体制机制创新,瑞丽试验区营商环境得到极大改善。在项目审批上,调整市级行政审批职权 15 项,承接州级审批事项 17 项,将 42 项行政许可集中审批，实现"一枚公章管审批"。取消 63 项行政事业性收费；帮助企业争取贴息、补助和发展奖励资金 5000 万元，为企业减税近 1 亿元。截至 2017 年 12 月 31 日，针对投资项目市级审批时限从原来的 145 个工作日压缩至 56 个工作日，审批提速达 61%；共受理申请 8840 件，办结 8826 件，办结率 99.84%[①]，营商环境改善，群众满意度提升。瑞丽口岸启用"自助通关"系统，推行边境旅游团队网上 24 小时报检服务、跨境学生通关口岸直通车服务、中缅跨境联络救助服务、开通绿色应急专用通道等举措，使得贸易便利化水平得到较大提高。

4. 深度拓展中缅合作，搭建交流合作平台

一是进一步完善与缅甸商务部定期会晤机制。2012 年，德宏州与缅甸商务部建立了定期会晤机制，截至 2017 年上半年，德宏州与缅甸商务部已举行了 14 次定期会晤。通过定期会晤，双方就加强经贸合作、促进地区发展深入交换意见，对存在问题进行及时沟通，为双方贸易发展提供了良好的合作平台。2016 年，德宏州对缅甸贸易分别占中缅贸易的 40.51%、滇缅贸易的 82.04%[②]。二是建立境外服务沟通平台。从 2012 年起，德宏州陆续在缅甸设立了驻曼德勒、密支那、腊戌、内比都、八莫五个商务代表处，为试验区企业和缅方各阶层深入交流提供了沟通服务平台。三是建立与南亚、东南亚国家智库务实交流合作的平台。成功举办了三届跨喜马拉雅地区发展论坛、两届孟中印缅卫生与疾控合作论坛，就产业发展及产能合作政策、实践与经验、机遇与挑战，卫生疾控领域合作等议题进行广泛而深入的探讨，为进一步推动双边、多边产业合作发展奠定了理论基础。论坛将定期在德宏举办，迈出了瑞丽试验区与南亚、东南亚国家直接对话交流的重要一步。四是加快推进中缅瑞丽—木姐边境经济合作区建设。2017 年德宏州委州政府就开启了中缅瑞丽—木姐边境经济合作区建设论证工作，并长期不懈地与缅方进行沟通交流。2013 年，缅方初步同意双方共同建设经济合作区的构想。2017 年 5 月，签署了《中国商务部与缅甸商务部关于建设中缅边境经济合作区的谅解备忘录》，意味着中缅边合区建设经过 10 年的艰苦努力终于在国家层面取得了实质性进展，中缅双方就边合区建设的有关问题进一步达成共识。中缅瑞丽—木姐边境经济合作区的建设，将为双方企业拓展经营项目，开展产业对接和产能合作提供良好的合作平台。

---

① 发挥特区优势　新时代有新作为 ——瑞丽市狠抓招商引资项目落地　促经济发展综述 [N]. 德宏团结报，2018-01-15.

② 中经社. 人民币成云南德宏州对缅贸易主要结算货币 [EB/OL]. http://silkroad.news.cn/2017/0728/43747.shtml，2017-07-28.

（二）瑞丽重点开发开放试验区承接产业转移的经验

1. 以产业规划为引领推进承接产业转移有序发展

为推进瑞丽重点开发开放试验区发展，德宏州抓紧制定了《瑞丽重点开发开放试验区产业发展规划（2013-2022 年）》，并于 2015 年 1 月 13 日获得云南省人民政府正式批复。到 2017 年，珠宝玉石加工制造业、生物特色产业、清洁载能产业和商贸物流业等支柱产业对经济发展的支撑基础和能力进一步加强，种植业、家具制造业和建材加工业等传统优势产业形成规模；到 2022 年，试验区要形成特色鲜明、优势突出、规模强大的支柱产业体系和传统优势产业体系，形成具备较强国际及区域产业合作和竞争能力的产业集群。经过五年的发展，试验区目前已基本改变了产业发展小、散、弱的现象，初步建成并拥有航空、汽车、摩托车、农机、电视、手机等现代工业装备制造业及家电、生物、旅游、贸易为一体的相对完备的现代产业体系，瑞丽试验区面向南亚、东南亚的外向型产业基地雏形已经初现。

2. 以产业园区建设为载体推进产业承接快速发展

产业园区是一个地方特别是经济欠发达地区推进区域内经济发展，产业调整升级的重要空间聚集形式。瑞丽试验区成立以来，积极推进产业园区建设，在区内按照不同区域的发展特点规划了三个功能各异，同时又相互联系的产业园区：瑞丽产业园区、芒市产业园区和陇川产业园区，在这三个园区中分别承接培植不同的产业，瑞丽试验区产业园区功能分布情况如表 6-7 所示。

表 6-7　瑞丽试验区产业园区功能分布情况

	片区	主要产业
瑞丽产业园区	畹町片区、勐卯片区、户育片区、弄岛片区	生物资源加工、绿色农特产品加工、出口加工业、矿冶、林产品、食品工业、旅游产品加工产业和天然气产业
芒市产业园区	帕底片区、遮放片区、轩岗片区	新型工业、建材业、竹木业、食品业、物流配装业、生物制药、珠宝、农副产品精深加工、旅游工艺品、制糖、矿冶、造纸、IT 电子产品、汽车组装、机电装配、五金家电、农机配件等产业
陇川产业园区	章凤特色工业片区、户撒片区、景罕片区	新能源、新材料、新技术、蔗糖生产及其下游产品的研发、汽车、摩托车、工程机械、机电设备、家用电器等装配、出口基地、中高档木材加工、轻纺制品、冶金、矿产、电子产品零部件加工等产业

资料来源：瑞丽重点开发开放试验区管委会。

按照"三园十片区"产业布局，经过五年的发展，瑞丽试验区引进了北汽、银翔摩托、华侨城集团、修正药业、富士康集团、大通实业集团等大企业，已初步建立起以汽车、摩托车、手机、电视机为主的制造业体系。2017年，试验区内规模以上工业企业48户，占全州规模以上工业企业40.3%，实现产值91.2亿元，占全州规模以上工业产值51.7%，同比增长20.1%，实现增加值19.22亿元，占全州规模以上工业增加值39.1%，同比增长19.4%。增速分别高于全州、全省、全国4.2个、8.8个、12.8个百分点①。

3. 以招商引资为抓手积极引进大企业入驻试验区

瑞丽试验区成立以来，为了吸引优质项目入驻，实施了"大企业进入""点穴式"精准招商等战略，为承接产业转移注入了强劲动力。一是出台政策推动招商引资。《瑞丽市招商引资扶持政策》《瑞丽市人民政府关于稳增长若干政策措施的意见》《瑞丽市促进总部经济与创业创新试验区发展暂行办法》《瑞丽市工业园区入园扶持办法》等政策的出台，从企业注册登记、财政扶持、税收优惠政策等方面积极推进引资活动，按照市场化、商业化、专业化方式招商，引进华侨城集团、修正药业、中冶集团、首善财富、振东制药、神州易桥、奥维通信、立信财务等国内知名企业。二是组建招商团队，精准招商。试验区组建招商团队，分赴北京、上海、厦门、深圳、杭州、福建、香港、重庆、湖南、缅甸等地针对装备制造、小家电、服装鞋帽、电子信息、食品加工、生物制药、金融、物流、旅游、缅甸肉牛等产业进行招商。仅2017年，瑞丽市6个产业招商团队，累计外出招商40场，外出人数170多人次，接洽企业200余家。三是利用大型商展活动平台招商。南博会、泼水节、中缅胞波节、中缅边交会等活动是瑞丽试验区进行产业招商推介的重要平台。2017年，试验区利用以上平台共签约项目38个，累计金额263亿元。四是以商招商。充分发挥各企业家、商会的人脉资源等优势大力开展以商招商，如北汽瑞丽以商招商，目前已有15家配套企业与北汽瑞丽签订供货协议，其中浙江长城玉士集团有限公司已在瑞丽注册公司。经过不断努力，截至2017年12月，瑞丽市在建招商引资项目共240项，总计到位资金110.2亿元。完成新招商项目43个，落地项目18个，全市招商工作取得明显成效②。

4. 加强宣传工作扩大试验区影响力和吸引力

德宏州通过多渠道、多形式、多方位积极向国内外宣传介绍瑞丽重点开发

---

① 寸维兰. 瑞丽试验区2017年经济运行态势趋优［N］. 德宏团结报，2018-04-02.

② 发挥特区优势　新时代有新作为——瑞丽市狠抓招商引资项目落地　促经济发展综述［N］. 德宏团结报，2018-01-15.

开放试验区。如连续举办了不同领域的国际性论坛和国际文化交流活动，邀请南亚、东南亚各国专家学者参与论坛研讨，不断提升瑞丽试验区在南亚、东南亚各国中的知名度。通过举办论坛及国际文化交流互动，试验区搭建起了走向世界的"新桥梁"，为推动试验区与各国产业合作奠定了良好的基础；加强与央视等知名媒体合作，打造"沿边特区、开放前沿、美丽德宏"品牌，在省内外开展主题宣传活动，提升了德宏（瑞丽试验区）在国内的知名度与美誉度；创建试验区专题网站，开通官方微信平台，创办了《德宏团结报缅文专刊》、《瑞丽特区报缅文版》、缅甸《金凤凰·美丽云南》德宏专版和中缅商贸信息网。

六、瑞丽重点开发开放试验区承接产业转移面临的主要问题

（一）运输距离较长导致物流成本高

瑞丽市作为内陆边境城市，长期远离经济中心，交通运输能力低下，试验区成立以来，德宏州大力推进交通基础设施建设，使得杭瑞高速通达瑞丽市，交通运输条件得到较大改善。但到目前为止尚未通铁路，境内外交通运输均以公路运输为主。从境内运输来看，瑞丽市离昆明市735千米，虽然已实现全程高速，但运距长、小规模的公路运输方式使得瑞丽试验区物流成本居高不下。若企业所需零部件及原材料需从省外购进，同时，生产的产品又需运到省外市场销售，那么，物流成本将侵蚀劳动力成本和土地成本带来的优势，从而导致许多企业对瑞丽试验区的投资望而生畏。因而，进入试验区发展的企业均把目标市场瞄准南亚、东南亚市场，如银翔摩托。然而，通往东南亚、南亚的国际大通道还未形成整体联通，境外公路建设滞后、交通运输管理能力低下等问题仍然困扰着企业。因此，瑞丽试验区在承接产业转移过程中并不具备竞争优势。

（二）产业配套能力不足导致中间产品外购成本较高

发达地区经过多年发展，已形成规模较大、配套能力强的产业发展集群。产业集群中的每一个企业都是产业链上不可或缺的重要环节，由此导致任何企业都不能脱离其他企业而孤立地存在和发展，任何企业想要转移出产业集群所

在区域，都必须考虑转移地的产业配套能力。瑞丽市工业发展严重滞后，2011年瑞丽市全部工业增加值仅为 3.99 亿元，在云南省 129 个县市中排在第 106位，第二产业增加值占 GDP 比重仅为 20.15%。工业化进程处于工业化初期向中期发展阶段，产业基础薄弱，许多产业部门尚未建立和发展，产业配套能力严重不足。因而瑞丽试验区在承接产业转移时采取大企业带动的方式，以商招商，带动配套企业入驻试验区，如北汽瑞丽及其配套企业的入驻。然而，这种模式需要所承接的大企业有足够中间产品的需求量，能够消纳配套企业所生产产品，否则很难吸引相关企业的进入。

（三） 地缘优势在短期内难以转变为经济发展优势

瑞丽试验区与缅甸接壤，是中国连接东盟，进入印度洋最便捷的陆上通道。随着国家对外开放战略调整及我国周边形势的日益复杂，瑞丽在我国西向开放中的地位和作用得到提升，地缘优势得以突显。然而，拥有地缘优势并不等于就拥有开放优势和经济发展优势。瑞丽试验区要将地缘优势转变为经济发展优势面临着三大制约因素：一是交通运输限制。交通运输是主要约束因素，当前，中国境内的综合交通建设和覆盖度逐步提高，内地到瑞丽逐步实现高速公路、铁路、航空立体交汇，但是境外交通建设相当落后，未形成路网，主要道路相当于三级或四级道路，通达度较低。构建由瑞丽进入缅甸进而到达南亚、东南亚其他国家和地区的国际大通道是一个漫长的过程，需要与缅甸及其他相关国家的沟通协商，并逐步筹资修建。二是市场规模限制。从理论上讲，南亚、东南亚地区有 23 亿人口，是一个市场规模较大的区域。然而，这一区域内大多数国家都是发展中国家，有的甚至是世界上最穷的国家。如缅甸 2017 年在世界各国 GDP 和人均 GDP 排位中分别排在第 71 位和第 150 位，老挝分别排在第 109位和第 129 位。因而其消费者市场购买力低，市场容量小，瑞丽试验区很难做到像沿海发达地区那样大进大出的对外贸易发展。这也是云南对外贸易额难以实现突破性发展的主要原因之一。三是进出口商品受限。入驻瑞丽试验区企业的一个重要的因素就是能获得进出口优势，通过以缅甸市场为基础拓展南亚、东南亚市场。然而，在实际运作过程中，由于受到中缅双方口岸进出口商品目录限制，试验区有的企业的产品不能从缅甸木姐口岸进入缅甸市场，如北汽瑞丽生产的汽车，是不允许整车出口到缅甸的。而有的企业希望从缅甸市场获取原材料，但部分原材料进口权限上国家并未将瑞丽口岸列为进口口岸。如德宏正信实业股份有限公司是一家以桑蚕丝制品为核心的集农工贸科为一体的大型企业集团公司，2013 年在缅甸建立蚕茧生产基地，2014 年入驻瑞丽试验区，希望利用试验区区位优势、政策优势，将缅甸蚕茧生产基地的原材料就近进口的试验区企业，获得生产成本优势。然而，蚕茧并不在瑞丽口岸进口商品目录中。因而，德宏正信实业股份有限公司不得不从沿海口岸进口蚕茧再运往瑞丽试验区，这在一定程度上制约了公司发展。因而，在地缘优势尚未转变为经济发展优势之前，瑞丽试验区在承接产业转移上仍然面临着诸多困难和问题。

（四）第四次科技革命引发的产业变革将使瑞丽试验区承接产业更加困难

第四次工业革命是以数字化和信息技术为基础，以技术快速发展为驱动力，以物理类、数字类和生物类门类为主的全新技术革命①。这一次技术革命的到来，恰逢中国经过 30 多年改革开放，经济实力得到极大提升。2010 年，我国在原有工业基础上，通过承接产业转移、引进外资和相关技术、自主学习创新等方式，建立起了独立完整的工业体系，第一次与美、欧、日等发达国家站在同一起跑线上，迎接第四次科技革命的洗礼。中国制造业发展由此进入了重大变革发展的新的历史时期，即从低端向中高端迈进。低端制造业开始从沿海发达地区加速"内移"和"外迁"。"内移"就是向中西部地区转移，而"外迁"则是转移到东南亚、南亚等生产要素成本更低的国家和地区。在此背景下，瑞丽试验区如承接低端产业转移将面临"内外"两方面的夹击和竞争。如承接发展高端产业，又面临科技人才不足等因素的制约。因而，在未来发展中，瑞丽试验区与其说要抓住产业转移的机遇，毋宁说要抓住产业变革的机遇。如试验区仍然按照原有的惯性思维推进承接产业转移，将会面临较大困难。

七、瑞丽重点开发开放试验区承接产业转移的思考

（一）加强政策研究，积极融入"一带一路"倡议

改革开放以来，瑞丽市获得了国家多项优惠政策的支持，从 1978 年瑞丽口岸获批国家一类口岸，到 1990 年批准对第三国开放，到 1992 年成为边境开放

---

① 克劳斯·施瓦布. 第四次工业革命 [M]. 北京：中信出版社，2016.

城市，设立边境经济合作区，享受沿经济开发区政策，到 2000 年"境内关外"政策，再到国家重点开发开放试验区政策。可以说，瑞丽是云南省获得获奖开发开放优惠政策最多的边境城市。正是在这些政策的支持下，瑞丽对内对外开放获得了较大发展，在 20 世纪 80 年代曾经是中国边境贸易的典范。然而，客观来看，国家赋予瑞丽的优惠政策并没有充分发挥出政策效应，如"境内关外"政策、边境经济合作区政策等。政策优势未能转化为经济发展优势，其根本原因在于我们没有吃透政策，一些政策尚未实施，就已淡出人们的视域。当前瑞丽试验区正处在从国家到省到德宏州赋予的各项优惠政策的"叠加"机遇期。众多的优惠政策可以较积极地推动试验区发展，但前提是要用好、用活、用足优惠政策。因而，我们应高度重视对各级部门赋予试验区优惠政策的研究，利用高校及科研院所资源，结合瑞丽试验区发展的实际情况，将瑞丽试验区产业发展置于"一带一路"倡议大背景下，细化各项优惠政策，提出切实可行的、有效的政策实施方案，推动试验区产业承接、创新发展。

（二）加强瑞丽重点开发开放试验区所处的地缘政治环境研究

随着中国的崛起，我国所面临的地缘政治环境越来越复杂，在我国西南方向有中印边界争端、中越边界争端，有对中国的崛起深感忧惧的东盟各国。同时，还有美国对我国和平崛起的阻挠，这使得瑞丽试验区所处的地缘政治环境日益复杂。实际上，在"一带一路"倡议中重点推动的"中国—中南半岛经济走廊""孟中印缅经济走廊"建设及王毅部长所提出的"人字形"经济走廊，均处于地缘政治较为敏感区域，受周边局势影响较为明显。而瑞丽试验区与"孟中印缅经济走廊""人字形"经济走廊有着直接的关系，是经济走廊建设的重要节点和连接中国与南亚、东南亚的枢纽之地。试验区能否走得更远，除了受自身因素的影响外，还受到周边局势的影响。因而，应加强对试验区所处的地缘环境研究，对未来局势作出预判，建立预警机制，在发生突发事件之时能及时、有效应对，减少损失。

（三）进一步改善营商环境，降低产业转移成本

产业转移是需要成本的，包括物流成本、土地成本、人工成本、行政成本、环境成本等。试验区在承接产业转移过程中除了要加快综合交通基础设施建设，降低企业交通运输等"硬性"成本外，更重要的是要降低企业转移的"软性"成本，如项目审批时效的提高、通关的便利度、金融服务能力、政府行政效率等。为此，试验区应在前期体制机制创新的基础上，进一步贯彻落实好云南省

人民政府关于推进"放管服"改革10条措施的意见、关于促进民营经济健康发展10条措施等文件精神，营造良好的营商环境，帮助企业解决实际问题。在法无明确禁止的范围内，真正让外来企业"无障碍进入、无障碍发展"。同时，积极争取国家放宽瑞丽口岸进口商品目录限制，并推动国家层面与缅甸政府签订相关贸易协定，全面放开过境贸易货物类别，对过境贸易手续给予简化，对税费进行减免；推动缅方规范口岸人员、车辆、货物出入境及沿途收费。为试验区企业搭建良好的贸易环境。

（四）注重新技术发展趋势，推进承接产业转移与技术创新融合发展

第四次科技革命正在以前所未有的速度、广度和深度影响着全球产业的变革，大数据、移动互联网、3D打印等新技术，一方面在对传统产业形成挑战的同时，也在最大程度上改造着传统产业发展的模式和形态；另一方面又催生了新产品、新业态及新的商业模式。这次科技革命使得产业发展对自然资源的依赖程度进一步降低，也就是说，在新技术推动下的新产业的发展将更少地依赖自然资源，更多地依赖人才、科技、制度、创新等新要素。经济发达地区培育和发展新产业也许比经济欠发达地区更有条件，但并不意味着新产业的形成和发展一定出现在经济发达地区，在经济欠发达地区同样可以发展高技术产业，如贵州的大数据产业的培育和发展。因而，瑞丽试验区在承接产业转移的同时，要注重科技革命导致产业变革所带来的新产业发展机遇，优化人才建设与科技创新环境，吸引各类优秀人才到试验区工作、生活和发展。支持企业推进技术创新，构建产学研用紧密结合的科技创新模式，促进科技成果资本化、产业化，推动试验区产业发展转型、转移与创新融合发展，构建产业发展新体系。

本章小结

瑞丽重点开发开放试验区是云南重要的对外经贸窗口，也是"一带一路"倡议中"孟中印缅"走廊上最重要的边境节点，在我国对缅甸对孟加拉湾地区的合作中具有重要地位。近五年来，瑞丽在承接国内劳动密集型产业、制造业，面向缅甸和孟加拉湾地区开展经贸合作等方面做出了重要突破。

第七章
云南河口口岸产业转移实证研究

　　本书选择河口口岸作为研究对象，其特征符合云南的整体情况，具有较强的代表性。至 2018 年 1 月，云南共有 25 个口岸。其中由国务院批准开放的国家一类口岸有 18 个（空港 4 个、水港 2 个、铁路 1 个、公路 11 个），有 11 个口岸对第三国籍人员开放；云南省政府批准开放的二类口岸 7 个（均为公路）。全省边境口岸中对越有 6 个口岸（一类有河口铁路、河口公路、天保、金水河、都龙，二类有田蓬）；对老 2 个口岸（一类有磨憨、勐康）；对缅 11 个口岸（一类有瑞丽、畹町、孟定清水河、腾冲猴桥、打洛，二类有孟连、沧源、南伞、章凤、盈江、片马）；另有航空口岸 4 个（昆明机场、丽江机场、版纳机场、芒市机场），水港口岸 2 个（景洪港、思茅港）。全省列入两国政府双边协议（协定）的边境口岸有 21 个（中越 9 个、中老 4 个、中缅 8 个），其中已开放的一类口岸 10 个，二类口岸 3 个，余 8 条未开通；云南省与邻国地方政府签署和省政府批准对外开放的边民通道有 97 条（中越 26 条、中老 7 条、中缅 64 条），其中 3 条已开放为二类口岸。另外，还有一些历史自然形成的边民来往通道。2017 年，云南省口岸进出口额 187.9 亿美元，同比增长 36.1%；进出口货运量 3140 万吨，同比增长 58.6%；出入境人员 4170 万人次，同比增长 12.2%；出入境交通工具 856 万辆（艘、架、列）次，同比增长 9.5%。

　　河口口岸是云南最重要的口岸之一，具有公路、铁路、水运条件，2017 年河口口岸进出口总额 144.7 亿元，比 2016 年增长 36.1%；进出口货运量实现"历史性突破"，达 640.4 万吨，比 2016 年增长 106.8%；出入境人员 473.6 万人次，比 2016 年增长 25%。出入境交通运输工具 35.1 万辆/列次，比 2016 年增长 74.8%。4 项指标再创历史新高，居云南省口岸前列。

　　河口口岸作为典型的沿边地区，其贸易市场结构与欧美及香港地区的联系远不如沿海那么紧密，引资对象和产品目标市场必然有所差别，沿边内陆开放中缺少大企业和大公司，合作大项目很少，对地方经济拉动效益不明显。周边国家法制不健全、人为因素干扰、办事效率低下，仍沿袭旧的模式很难有突破。河口口岸这样的地区在吸引产业转移时，不能照搬沿海发达地区的经验，必然要结合自身情况，需要探索出一条适合自身的路径。而当前我国已进入经济社会发展新时代，国内经济发展方式发生转变，经济发展特点发生一定变化。国家提升周边外交战略以及"一带一路"倡议的实施，给沿边内陆扩大开放，引进外部资金带来重大的机遇。

本章分析主要采用产业转移的相关理论，同时，河口作为一个口岸城市，产业转移还会受到口岸因素的影响，因此，还要结合口岸经济的有关理论，并将使用新经济地理学中的"边界效应"理论，关注"屏蔽效应"的降低和"一体化效应"的增强。还有边境口岸经济与载体城市经济的互动视角，如张必清（2014）[①] 分析了河口口岸物流与载体城市经济的关联度，提出要实现边境口岸载体城市通腹地经济一体化发展。上述理论和研究为河口产业转移的分析提供了视角和框架。主要探讨河口口岸推进产业转移的成效和经验，当前制约河口口岸吸引产业转移的因素，新的国内外环境变化给河口产业转移带来的机遇，在"一带一路"经济带建设中，河口口岸引进产业转移的新优势和可以采取的方法。

一、河口口岸产业转移的基本现状

河口口岸位于河口县，地处云南省南部，红河州东南端，是云南省唯一的瑶族自治县。与越南社会主义共和国老街省山水相邻，国境线长 193 千米（其中河界 73 千米，陆界 120 千米），总面积 1332 平方千米，山区面积占 97.8%，有滇越铁路、昆河公路、蒙河高速、红河航道与越南相连。县城距省会昆明市 469 千米，距越南首都河内 296 千米，距出海口越南北方最大港口海防市 416 千米，是我国西南进入东南亚、南太平洋地区出海口最便捷的通道之一，被认为是"南方丝绸之路"的第二条通道。1992 年，河口县被国务院批准为沿边开放县；同年 12 月，国务院特区办批准在河口设立 4.02 平方千米的边境经济合作区。目前，河口县有国家级口岸 2 个、省级通道 3 条和多条民间便道，有 3 座大桥与越南老街市相连，有着"县城即口岸，口岸即县城"的优势。经过 20 多年的发展，河口县的口岸经济特征已经非常突出。国家"一带一路"倡议的实行，让河口县迎来了千载难逢的发展机遇，产业转移就是其中一个重要的发展途径。

---

① 张必清. 云南省边境口岸物流发展状况分析 [J]. 管理学刊，2014（2）.

1992 年，国务院批准成立河口边境经济合作区，采取多渠道筹集资金和多种招商引资等方式招商，但资金更多的是投在加强口岸基础设施建设，改善提升口岸人居环境上。2005 年，河口瑶族自治县招商局正式成立，与招商工作密切相关的产业转移也从那以后逐渐拉开了序幕。因此，由于数据的可得性及问题的主要方面，本书关于河口产业转移的分析从 2005 年开始。

（一）产业转移数量规模不断扩大

2005 年以来，河口吸收外来资金呈快速增长态势，其中省外资金数量和增幅都大大超过了外商直接投资。下面具体来看河口引进的外资和内资规模的变化。

1. 引进外商直接投资资金数量较少

2011 年，河口实现了外商直接投资零的突破，但数量不大，只有 102 万美元，随后呈增长态势。但总体来看，还没有太大的突破，吸引外资的最高年份 2015 年，也只有 400 万美元。截至 2017 年末，实际引进外资 1658 万美元。如图 7-1 所示。

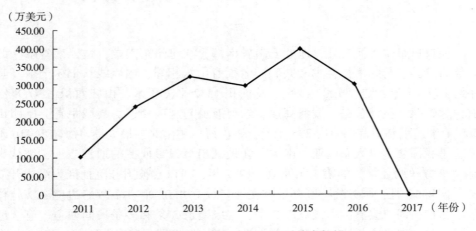

图 7-1 2011~2017 年河口吸引外资数额

资料来源：河口县招商局。

2. 引进内资持续增长

吸引国内资金呈持续明显增长态势。2005 年，河口吸引外部资金还处于起步阶段，引进的资金更多是以省内州外到位资金为主。当年吸引省内州外到位资金为 4520 万元；引进的省外到位资金仅为 520 万元。但随后省外到位资金的增长快于省内州外到位资金的增长，2013 年吸引的省外到位资金超过了省内州外资金，以后年份这种差距拉得更大了。2005~2017 年末，河口共引进省外招商引资项目 337 个，实际到位省外资金累计达 166.33 亿元。如表 7-1 所示。

表 7-1　2005~2017 年河口吸引内资金额

年份	省外到位资金 （万元）	增长率 （%）	省内州外到位资金 （万元）	增长率 （%）
2005	520.00	——	4520.00	——
2006	4220.00	711.54	30831.00	582.10
2007	10100.00	139.34	22300.00	−27.67
2008	20630.00	104.26	13295.00	−40.38
2009	21700.00	5.19	19600.00	47.42
2010	23100.00	6.45	37300.00	90.31
2011	30797.00	33.32	61857.00	65.84
2012	64200.00	108.46	80800.00	30.62
2013	121600.00	89.41	76800.00	−4.95
2014	252300.00	107.48	——	——
2015	322000.00	27.63	——	——
2016	367214.00	14.04	——	——
2017	424947.00	15.72	——	——

资料来源：河口县招商局历年统计资料。

从表 7-1 可以更清楚地看到，省外到位资金的增长 2006 年以后大多数年份一直都很迅速，2009 年和 2010 年，因为我国经济受到了美国金融危机的影响，进而影响了省外资金的投入，并体现出一年左右的滞后期。省内州外到位资金的增幅与省外资金比较起来，更为平缓一些。但 2007 年和 2008 年就出现了一个明显的下滑，危机影响的滞后性没有省外资金那么明显。因为统计口径的调整，2014 年以后，河口就没有再进行省内州外到位资金的统计，并且从产业转移的角度考虑，省外资金更具典型意义，所以后面的分析，本书没有把省内州外资金包括在内。

从图 7-2 可以直观地看到，河口吸引的省外到位资金 2011 年以后增速加快，2011 年国务院出台了《关于支持云南省加快建设面向西南开放重要桥头堡的意见》；2013 年，针对河口建立跨合区建设，云南省政府专门出台了财税、金融、投资等 8 项扶持政策。这些措施也使得外部资金对河口的发展有了更好的预期。

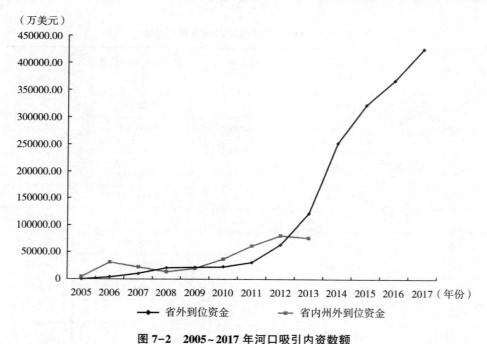

图 7-2　2005~2017 年河口吸引内资数额

（二）主要承接产业为第二产业和第三产业

经过十多年的发展，河口吸引的外部资金初步遍及现代化商贸物流、旅游资源开发、矿产资源开发、新能源开发、房地产开发、基础设施建设、绿色食品加工、农产品加工、畜牧产品加工、电子产业等新兴产业，进一步加强和完善了医疗卫生、教育、文化体育、社会服务等产业和行业，对拉动河口县的固定资产投资、社会就业、财政收入起到了推动作用。

（1）具体来看，河口吸引的外商直接投资主要集中在第二产业，如红河万兴纸箱包装有限公司（台湾）主要从事加工业；红河恒金月矿业有限公司（香港）主要从事矿产资源加工。也有一些商贸企业投资在第三产业，如河口恒陶进出口贸易有限公司（澳门）。

（2）吸引的省外到位资金主要分布在河口有一定资源优势和市场优势的产业上。具有资源优势的以加工业和能源为主，如特色农产品加工业。经营企业参与种植、养殖及农副产品加工项目开发。目前涉及名贵苗木基地、蜜柚加工、橡胶子深加工、天然活性无硫糖品生产及加工，河豚、鳄鱼养殖等，引进这些农副产品加工企业，实现"过境贸易"逐步向"落地加工"转型。河口口岸海产品交易市场、河口国际木材加工及交易市场、肉牛养殖及屠宰厂等既进行了产品的深加工，又提供了产成品交易的平台。而能源产业主要包括传统水电资源开发和新能源开发。如国电云南电力公司开展马卡依河电站、清水河电站的开发；中粮集团投资进行生物燃料乙醇提炼。

河口承接基于市场优势的产业转移，目前主要有机械制造、日用产品制造和电子制造业。昆钢公司投资的红河重型钢结构项目已建成投产；进出口贸易加工园、电动摩托车组配项目、纺织服装鞋业加工产业园正在洽谈中。以云南惠科电子信息产业园投产和红河州河口高新技术电子信息产业园项目开工建设为契机，将加快推动惠科年产 2000 万台显示整机制造基地项目建设，促进产业关联发展，使主要从事电感、线材、PCB 板、三极管、手机充电器、耳机、各类型电源、电饭煲、熨斗小家电、电视机等产品的生产、研发及销售集群发展。

（3）第三产业方面，河口吸引的省外资金主要集中在商贸、旅游和物流产业上。河口优质农产品集配中心，河口热带水果交易中心、中国—东盟河口国际贸易中心、天元国际商贸城、河口义乌国际商贸城等一系列项目的实施，使河口的商贸发展集聚度提高。

河口跨境旅游快速发展，吸引了不少企业前来投资发展，如瑶族盘王小镇、北山越南风情园、河口国际旅游集散服务中心、龙沙谷旅游综合体等项目。现在旅游基础设施不断完善，旅游城市氛围更加浓郁。2016 年接待国内外游客472.1 万人/次，同比增长了 37.4%；旅游业总收入达 45.06 亿元，同比增长了 43.6%。

河口物流产业吸引的企业和资金也日益增多，并有着朝生产性服务业发展的趋势。云南能投物流、昆钢矿业、韵合商贸等大型物流企业加快了在河口的发展。中国河口农副产品水果交易物流中心、河口山腰庚泉国际物流园项目建设顺利推进。红河重型钢结构及维修产业基地也将建成投产，使河口的生产性服务业得到提升。河口边境经济合作区北山跨境物流园、河口跨境经济合作区综合开发项目初步建成，一期对北山查验货场进行提升改造，对原有进出口仓库、联检设施、信息中心等配套设施进行升级改造；二期将建设保税仓库、冷链物流、联检设施、跨境电商智能服务平台、中越货源分销中心、跨境购物体验中心等。现代物流产业的发展将极大提高河口产业的配套发展能力。今后将进一步发展电子信息、网络交易汇兑、结算服务、营销策划、法律咨询等现代服务业。

（三）外来资金的来源地趋向多元化

河口吸收的外商直接投资数量不大，主要集中在港澳台地区，周边国家及东盟其他国家都极少在河口投资。周边国家因为受发展阶段所限，对中国的直接投资都很少。随着河口开放度的提高以及自身吸引力的增强，河口可以争取东盟较发达国家的投资。

河口吸引的省外资金，最多的来自广东，其次是浙江和福建。现在重庆、广西、贵州的资金也开始投向河口。河口要重点做好央企、珠江流域、长江流域产业转移的承接和区域合作。

（四）河口对外产业转移逐渐起步

河口县外（边）贸企业开展外经合作项目起步于 1999 年，由单一承包工程开始，历经 20 多年的发展，已形成合资、联营、独资建厂、办企业等多种形式并存的新格局。主要是以机器设备、工程材料、生产原料、技术等进行投资合作。截至 2015 年，在河口口岸注册登记外（边）贸企业共 325 户，经省商务厅备案的对外投资企业 11 户，其中境外投资项目企业 5 户，投资总额 3154 万美元，目前在越方投资领域主要有水泥厂、矿产开发、黄磷厂、空调组装、粘扣带、水电站等项目。在核准的项目中，投资期限 50 年的有 3 个，分别为：河口黎达商贸有限公司在越南广宁省汪秘市南溪坊投资的组装、修理、制造煤矿设备及零配件项目，投资金额 200 万美元；河口荣泰有限责任公司在越南老街省老街市独资的农、林、矿产品加工项目，投资金额 200 万美元；河口锦达商贸有限公司在越南老街省独资的装饰品、床上用品、粘扣带的生产销售项目，投资金额 100 万美元。对外承包工程企业 6 户，投资总额近 2192 万美元。承包工程主要是水电站、黄磷厂。2017 年，在越南老街启动建设中医药文化体验馆，开设红河园"中国餐馆"，设立商务代表处，"走出去"战略实现新突破。

（五）产业转移的制度逐步建立

（1）招商引资一直是产业转移的重要基础。2007 年河口加强了招商引资的有关规定和规划、2011 年进一步修订了《河口县招商引资规定》、2012 年出台了《河口县关于推动工业跨越发展的实施意见》，为改善河口县投资发展环境，扩大对外开放，创新招商引资工作机制，提供了政策保障和实施依据。2013 年制作和发放河口招商宣传册——《中国河口招商投资指南》3600 册，完成了招商引资宣传片的制作，通过大力宣传推介，进一步提升了河口的知名度和吸引力，为招商引资工作创造了良好的舆论氛围。

（2）充分利用国家级江苏吴江经济技术开发区和国家级河口边境经济合作区对口援建合作机制，先行先试，借力发展，积极探索以园建园模式，实现产业合作和经贸合作，坚持主动"走出去"和积极"请进来"相结合，充分利用省内外举办各种经贸洽谈、商品交易会等会展活动的时机，广泛宣传推介园区招商合作项目，先后与省、州县各级领导先后赴四川、重庆、浙江、江苏、山东、广东、香港等地开展了招商推介。

二、河口口岸产业转移与地区经济的相关性分析

上面我们分析了河口产业转移的数量的变动趋势、分布的产业结构和地区结构，接下来进行相关性的分析，看当前影响河口产业转移最主要的因素是什么。由于河口县对外直接投资规模还很有限，并且数据缺乏，所以在此本书只分析河口县承接产业转移的相关性。

（一）数据来源

在选择数据方面，河口县产业转移的数据不够完整，所以用吸引的外部资金来代替。外部资金中实际利用的外资很少，故最终本书选择"省外到位资金"代表河口县承接的产业转移数量，作为因变量，用 ZJ 表示。应用引力模型假设，一个国家或地区吸引的外部资金主要受经济规模、市场规模、空间距离还有一定政府行为的影响，所以自变量主要选择河口 GDP 总量（代表经济规模）、消费品零售总额（代表市场规模）、地方公共财政支出（代表政府行为），

后两个指标用 XF、CZ 表示；2007 年河口县制定了招商引资的有关规定和规划，之后承接产业转移有了较大和较正规的增长，所以以 2007 年做一个虚拟变量，2007 年取值为 1，其余年份为 0，用字母 XN 代替。由于数据的可得性，时间跨度为 2005~2016 年。采用最小二乘法，用 Eviews 6 软件进行计算，具体数据如表 7-2 所示。

表 7-2　2005~2017 年河口引进资金相关经济数据

年份	省外到位资金（万元）	实际利用外资（万美元）	GDP（万元）	地方公共财政支出（万元）	消费品零售总额（万元）
2005	520	0	72651	18737	10191
2006	4220	0	85419	24336	11380
2007	10100	0	103438	25494	14316
2008	20630	0	137723	36524	17280
2009	21700	0	148673	52333	21163
2010	23100	0	185315	59608	26862
2011	30797	102	225642	75695	32294
2012	64200	239	260868	84530	38107
2013	121600	322	303504	114008	43553
2014	252300	296	337522	134974	49629
2015	322000	400	373059	145730	60715
2016	367214	300	421435	155698	68266
2017	424947	—	514200	163900	76700

资料来源：省外到位资金、实际利用外资指标来自河口县招商局；其余指标来自相应年份的《云南统计年鉴》和《2018 河口瑶族自治县政府工作报告》。

（二）模型设定与实证

根据引力模型，对各数据取对数（虚拟变量除外），假设模型的基本形式如下：

$$\ln ZJ = \alpha + \beta \ln GDP + \gamma \ln XF + \varphi \ln CZ + \phi XN + \mu$$

其中，α、β、γ、φ、ϕ 表示模型系数，μ 表示随机干扰项。

但数据带入后，方程检验不显著，故对上述模型设定进行调整，剔除 t 值检验不通过的因素，再次得到的结果如下：

Dependent Variable：LNZJ

Method：Least Squares

Date：04/26/18   Time：12：20

Sample：2005 2017

Included observations：13

Variable	Coefficient	Std. Error	t-Statistic	Prob.
C	-18.84925	2.543604	-7.410449	0.0000
LNCZ	2.643168	0.228551	11.56491	0.0000
XN	1.251432	0.589401	2.123228	0.0627
R-squared	0.939318	Mean dependent var		10.40306
Adjusted R-squared	0.925833	S. D. dependent var		1.922653
S. E. of regression	0.523609	Akaike info criterion		1.756175
Sum squared resid	2.467497	Schwarz criterion		1.877401
Log likelihood	-7.537047	F-statistic		69.65672
Durbin-Watson stat	1.868427	Prob（F-statistic）		0.000003

调整影响因素后的方程形式为：

$$\ln ZJ = -18.85 + 2.64\ln CZ + 1.25XN$$

$$(-7.41) \qquad (11.56) \quad (2.12)$$

$$R^2 = 0.94 \quad F = 69.66 \quad DW = 1.85 \tag{7-1}$$

方程的拟合度较好，达到了 0.94。F 检验和 t 值检验都显著通过，DW 值也通过检验。各变量的符号也与预期的相一致。所以在当前河口承接的省外资金中，最主要的影响因素是政府的财政支出，地方政府财政支出每提高 1 个百分点，引进省外资金增加 2.64 个百分点。2007 年河口县招商引资规则的制定和出台对之后外部资金的吸引有一个正向的促进作用。

为更全面地看河口引进资金的相关效果，接下来把河口吸引的外商直接投资的金额（转换成人民币）加入省外到位资金中，作为吸收外部资金的一个整体进行分析，用 ZJ1 表示。但是因为河口吸引外商直接投资规模较小，预期对方程结果的影响不大。用 ZJ1 带入，得到的新方程结果如下：

$$LnZJ1 = -18.53 + 2.62LnCZ + 1.23XN$$
$$(-9.57) \qquad (14.99) \qquad (2.73)$$
$$R^2 = 0.963 \quad F = 117.75 \quad DW = 1.93 \tag{7-2}$$

方程（7-2）与方程（7-1）比较起来，系数大小稍微有所变化，但各项检验效果更好。方程（7-2）的拟合度由方程（7-1）的 0.94 提高到了 0.963；F 值由 69.66 提高到 117.75；DW 值由 1.85 提高到 1.93；各系数的 t 值也都有所提高。所以总体来说，方程（7-2）的效果更好一些。河口县地方政府财政支出每增加 1 个百分点，吸引的外部资金增加了 2.62 个百分点。

（三）结果分析

通过计量分析可以看出，河口当前在产业转移中地方政府财政支出有较明显的作用，而代表经济规模的 GDP 和代表市场规模的消费品零售总额影响都不显著，其原因主要有以下三个方面：

一是当前河口的产业转移还处在非常初期的阶段，这个阶段在经济相对落后地区，基础设施的完善、政府的优惠政策等会有较明显的作用效果，而经济体自身吸引力的发挥还有诸多制约因素，因此并不明显。但进入中期后，要更大发挥经济体自身的吸引力，增强自生能力。不能一直依赖政府的投资与政策拉动产业转移。

二是河口本身引力因素还没有达到一定阈值，所以作用效果还不能体现。

引力可达性是属于隐性可达性指标，综合反映了边境城市产业转移吸引潜力方面的特征。通过和西南边境几个城市的引力可达性比较，河口的 GDP 引力可达性较弱，不到东兴的 1/5，不到凭祥的 1/3。如表 7-3 所示。这两个口岸城市也都是面向越南，在产业转移方面和河口有一定的竞争性。人口引力可达性上河口优于凭祥、东兴和瑞丽，但其实该引力的潜力还未真正发挥。2016 年，河口、景洪、瑞丽、凭祥和东兴的消费品零售总额分别为 6.83 亿元、73.41 亿元、35.15 亿元、23.14 亿元和 24.9 亿元，市场规模优势没有得到体现。并且在这几个口岸城市中，河口的经济总量也是最小的，2016 年其 GDP 为 41.97 亿元，而景洪为 192 亿元，瑞丽为 89.2 亿元，凭祥为 65.35 亿元，东兴为 93.18 亿元。河口的引力小，受中心城市的带动及作为增长点带动周边地带的辐射作用就小，对要素聚集的吸引力就弱，通过市场机制产业转移的内在驱动力就不显著。

表7-3　2016年西南口岸城市基于县域节点的引力可达性对比

边境城市	人口引力可达性（人/平方千米）	GDP引力可达性（万元/平方千米）
景洪	128.5	278.26
凭祥	56.26	1005.38
东兴	47.17	1723.32
河口	119.9	322.85
瑞丽	43.8	991.11

资料来源：根据《云南统计年鉴》《广西统计年鉴计算》整理。

　　三是模型构建本身的原因。指标选择有局限性，承接产业转移有多种形式，吸收外部资金只是其中一种方式。另外，在吸收的外部资金中，有一些可能并非产业类的，因此所选的因变量并不能全面准确反映产业转移状况。在空间距离上还没有找到合适的量化指标来处理，可能会遗漏解释变量。随着数据的完善，这也是以后进一步改进研究的方向。

三、河口口岸产业转移的 SWOT 分析

　　河口在承接产业转移过程中有哪些优势和劣势？目前有哪些优势产业？如何做到吸引的产业和自身优势的动态耦合？针对不同的重点承接产业承接策略是什么？目前已重点引进的产业处于何种集聚阶段，是否能融入、带动本地经济？这些是在提出具体对策前要认真分析的。

（一）河口口岸产业转移的优势分析

1. 良好的地理位置，为产业转移提供区位优势

（1）河口的区位优势十分明显。河口口岸是国家一类开放口岸，坐拥铁路、高速公路、航空、水港四位一体的综合交通枢纽优势。县城距省会昆明市469千米，距越南首都河内296千米，距出海口越南北方最大港口海防市416千米，滇越铁路、昆河公路、红河航道在此形成枢纽与老街口岸对接，是滇越大通道主要口岸，在中国与东盟的贸易中发挥重要的桥梁作用，是"两廊一圈"中"昆明—河内—海防经济走廊"的重要枢纽。未来河口依托其良好的区位条

件将成为云南省乃至西南地区通向东南亚、南太平洋的主要通道的重要节点之一。

（2）随着交通设施的进一步完善，河口的可达性还可进一步提升。泛亚铁路蒙自至河口段于2014年12月10日开通了客运列车。蒙河高速公路已建成通车，从昆明到河口由8小时缩短为4.5小时，越南河口内到老街4车道高速公路已经于2014年9月建成通车，河内至老街里程缩短3个小时行程，成为昆河海经济走廊的交通命脉。

（3）交通的便利也将使河口口岸的辐射腹地得到进一步的拓展。沿着昆河海发展走廊，包括成渝经济区、攀西—六盘水经济区、滇中城市群和红河城市群将成为河口口岸的核心腹地。在产业转移方面可重点考虑核心腹地的需求和产品特点，另外，还可以通过政策手段积极争取包括贵州、湖南等在内的潜在腹地市场。

2. 累积了一定的口岸经济优势，为产业转移提供市场潜力

（1）与越南的资源和产业结构有一定的互补性。越南农林产品、矿产品、水产品等自然资源丰富，对工业制成品及相关技术、设备的需求量大，双方对外贸易互补性较强；在河口对越出口商品中，农产品、化工产品等优势特色商品占据主导地位，河口则以进口木材、矿产品、干鲜水果等初级产品为主，原材料及资源性产品的进口，有效填补了河口的资源需求缺口，产业互补明显。旅游上，双方在旅游客源交换及合作开发等方面都有极广阔的合作空间。

（2）就产品结构来看，河口从越南进口商品从农副产品更多转向矿产品，而出口商品从资源型产品向日用工业品、机电产品、化工产品转变，这隐含着过境贸易向加工贸易转变的可能性，为该类型的产业转移奠定了市场基础。

（3）随着蒙—河泛亚铁路和中越跨境合作区建设的加快推进，综合保税仓库建成投入使用、边民互市场、进出口查验货场工程竣工，河口口岸引力不断增强，这将有助于进一步推动吸引产业转移。

3. 低廉和丰富的劳动力，为产业转移提供成本优势

2016年河口城镇单位在职职工年平均工资为65800元，比全国平均水平68993元低了5%。还更具有劳动力优势的是可以引进越南的劳动力。从最低工资水平比较，越南北部地区的劳动力成本大约是中国东部发达地区的1/3，也是云南地区的一半左右。中国河口—越南老街跨境经济合作区可以充分利用越南丰富且低廉的劳动力，来发展适合合作区的加工制造业。

4. 多层次优惠政策，为产业转移提供支持保障

（1）2010年1月1日中国—东盟自由贸易区全面建成，大湄公河次区域经济合作等一系列合作机制的建立和实施，给合作区提供了法律和政策保证。国

家商务明确中越河口—老街跨境合作区为三个中越跨境合作区之一，鼓励亚洲发展银行、联合国发展署及其他国际组织参与共同方案的研究、投资发展基础设施等内容，主要在基础设施、贸易、投资、金融、监管等领域展开合作并予以扶持。

（2）中越双方支持深化中越全面战略合作，签订协议致力于通过加强贸易投资自由化、人员往来便利化、基础设施互联互通、监管服务高效便捷等方面的合作，提升中越边境地区的区域竞争力。重点提出中越跨合区将在基础设施、贸易、投资、金融、监管等领域展开合作；在产业方面重点发展跨境商贸、加工制造业、跨境旅游、国际金融和现代物流业；并在投资、税收、金融、外汇、人力资源、基础设施等方面予以扶持。

（3）2012 年《云南省人民政府关于加快边境经济合作区建设的若干意见》出台，明确了"4 个权限下放"和"15 项政策支持"。2013 年 10 月，云南省政府出台了《支持红河州河口跨境经济合作区建设若干政策》，制定了八个方面的 22 项具体支持政策，在财税政策、投融资政策、产业政策、土地政策、通关便利化政策、公共服务政策，以及行政管理和人才政策等各方面给予河口—老街跨境合作区大力支持。这些政策的叠加效应，将为河口引进产业提供制度支撑保障。

（二）河口口岸产业转移的劣势分析

1. 经济体量小，对产业转移的引力作用弱

河口的经济体量比较小，因而在沿边开放内各种的引力辐射作用也就比较小。2016 年，河口的 GDP 为 42.14 亿元，在全省 127 个县（市）中居第 102 位。河口引进的省外资金排名也一直比较靠后，2011～2016 年在全省分别居第 114 位、第 111 位、第 106 位、第 83 位、第 84 位、第 83 位。近三年基本比较稳定，属于全省的中下水平。

河口经济基础比较薄弱，产业结构较单一，主要以农业和服务业为主，2017 年河口县的三次产业比重达到了 22.6：23.0：54.4，产业结构呈现出"三、二、一"型，第三产业占了很大的比重，第二产业与第一产业比重几乎持平。高比重的第三产业，似乎口岸城市的经济发展已经达到了较高的水平，但事实上这是由河口特殊的产业体系所决定的，因为河口的工业、农业极不发达，所以出现了这种结构，而不是在第一、第二产业支持基础上的第三产业发达。并且在第三产业中，主要是以批发零售、旅游服务、餐饮等为主，物流、仓储等生产性服务业方面还没有得到较大的发展。容易受外部环境条件变化的

影响，比较脆弱。通过河口进出口的货物 80% 以上都是外地的，对本地经济的拉动作用小。

2. 基础设施薄弱，对产业转移形成一定的瓶颈制约

基础设施是吸引外来投资的重要平台，但目前，河口的基础设施建设还仅处于起步阶段。

（1）边境两边作为承接产业转移平台的各园区远离各自的经济中心，尚未形成一定规模的城市群，园区内的配套路网、电力、通信、供排水等基础设施不匹配，用地价格难以评估等严重地制约了招商引资的吸引力，经济发展面临一定障碍。

（2）发展口岸经济的基础设施上也存在较大制约。一是口岸货场功能设施仍不完善，物流配送体系还不健全，河口口岸现在只有一家集物流、仓储、检验检疫、查验的货场；二是边民互市交易市场建设需要进一步规范；三是铁路口岸功能设计定位对进出口货物的制约。近年来，由于滇越铁路运力不足，许多商品只有转向成本较高的公路运输，铁路运输也只能满足需求量的 30% 左右，而红河航运开发滞后。加之受限超限载、油价上涨因素影响，部分开展对外合作中的大型机械设备无法通过河口口岸出境而转向其他口岸，企业成本增加。由于基础设施瓶颈制约，大批量商品进出口装运受到限制，影响人、车、货进出及通关速度和效率的提高。

3. 大部分企业实力弱，合作项目规模小

（1）规模以上企业少，龙头企业带动作用弱。2016 年，河口的规模以上企业仅有 6 家，其他四个地区都在 20 家以上，仅为景洪规上企业数量的 13%。河口规模以上企业工业总产值仅有 4.1 亿元，仅为东兴的 2.85%、凭祥的 13%、瑞丽的 11.6%、景洪的 4.48%。这也又一次印证了河口的工业发展是短板。规模以上企业数量偏少，产业转移的集聚效应相对就弱。如表 7-4 所示。

表 7-4　西南主要边境口岸城市规模以上企业比较

城市	规模以上企业数（个）	规模以上企业工业总产值（亿元）
河口	6	4.1
景洪	45	91.6
瑞丽	20	35.53
凭祥	26	31.54
东兴	29	143.8

（2）在河口向外进行产业转移中，由于企业限于人力、财力不足，没有能力对外部环境、投资机会以及政策法规等进行详细的研究，其收集信息的能力也相对较差，信息来源的渠道也较少，对外部市场综合考察评估不够，项目定位不准，导致许多项目无法按原计划实施。

（3）大部分企业规模小、实力弱，向银行贷款较难，无法在"走出去"中承揽大的经济合作项目，虽然有时抓住了具有良好合作的经济项目，由于资金缺乏，流动资金不足，经常错失发展的机会。像国家规定的"对外专项资金管理"申请资格条件要求：对外承包工程合同金额原则上不低于 500 万美元；境外投资项目及农、林、渔业合作项目的中方投资额原则上不低于 100 万美元；对外劳务合作、境外高新技术研发平台、对外设计咨询项目合同金额原则上不低于 50 万美元。河口外经企业投资规模小，申请资金困难。加之国内银行和保险公司等金融机构还没有足够的能力辐射到国外市场，因此企业融资困难，后劲不足，抗风险能力较低，进一步"走出去"难度大。

4. 发展要素保障度不够

（1）由于河口投资环境的制约，97.8%属山地，地价高，开挖成本高，导致产业用地价格居高不下。而和竞争者相比较，优惠政策还不算突出，因而多数商家都不愿意到河口进行投资，目前也仅有一家新兴产业企业落地。

（2）缺乏人才要素支撑。中国河口—越南老街跨境经济合作区未来产业发展方向为国际金融、现代物流、国际会展、国际旅游等产业，这类产业的专业人才需求旺盛。但是河口县现状存在人才开发、引进、储备不足的情况，无法有足够的综合性人才来保障金融、物流等具体工作的开展。

（3）缺乏资金要素支撑。2017 年，河口县的地方一般公共预算收入为 3 亿元，地方一般公共预算支出为 16.39 亿元，需要转移支付的缺口较大。2017 年，河口金融存款额为 62.12 亿元，贷款额为 31.33 亿元，存贷款缺口达到了 30.79 亿元，区域内的金融要素对本区域发展支撑有限。园区基础设施建设资金短缺，建设缓慢。财政资金，社会资金的引入还非常有限。河口县不是国家、省确定的扶贫开发重点县，国家投入的建设资金少，大项目少，小项目又难以进省、州盘子，河口县外（边）贸企业大部分规模小、实力弱，向银行贷款较难，许多企业虽然抓住了具有良好经济效益的进出口商品项目，由于资金缺乏，流动资金不足，经常错失发展的机会。河口县已启动的跨合区基础设施建设项目，投资概算达 7 亿多元。2013 年，河口县级地方财政预算收入仅为 1.8 亿元。如仅仅依靠河口县一级财力的投入，下一步土地收储及基础设施建设工作将难以继续推进。

（三）河口口岸产业转移的机遇分析

1. 我国广泛参与各类型的区域合作，为河口外向型产业转移提供了平台

中国—东盟自由贸易区、中国—巴基斯坦自由贸易区、"新丝绸之路经济带"、孟中印缅经济走廊、中国—中南半岛经济走廊的建设，这些都为河口与周边邻国的合作与开发开放提供了顺畅的机制和便捷的平台。

大湄公河次区域合作成效显著。自 1992 年亚洲开发银行发起以湄公河流域为地理依托成立大湄公河次区域合作机制（GMS）至今，GMS 合作已经走过 20 多个年头。20 多年里，GMS 合作在交通、能源、电信、环境、农业、人力资源开发、旅游、贸易便利化与投资九大领域的合作取得了令人瞩目的成就。GMS 合作也已经成为东亚，乃至亚洲最成功的区域合作机制之一，在促进区域共同发展过程中扮演了重要的角色。

目前，中国河口—越南老街口岸已经被定为 GMS 贸易投资便利化战略行动框架下"一站式"通关试点口岸。随着大湄公河次区域合作的不断推进，成员国家间的交通、贸易和投资便利化程度日益提高，为跨境经济合作的推进提供了基础性条件。同时，大湄公河次区域经济合作有利于成员国间经济依存度的加深。尤其对于与中国云南省直接接壤的越南、缅甸和老挝来说，大湄公河次区域合作有助于这些国家与中国边境贸易的发展。越南和中国云南省一直以来都积极参与到大湄公河次区域合作中，在次区域合作不断推进的背景下，中国河口—越南老街跨境经济合作也必将得到两国政府更多的重视。

2. 融入国家战略带来的机遇

"一带一路"建设涵盖了国家安全、对外开放、西部大开发、中国经济未来新增长点等多重战略目标。这对沿边地区来说，无疑是历史性的重大机遇。随着"一带一路"建设的推进，亚投行及丝路基金的建立，为"一带一路"沿线国家基础设施建设、资源开发、产业合作等有关项目提供投融资支持。河口县要抓住机遇，利用境内境外两种资源、两个市场、两种文化，加快推动沿边开发、开放和发展。变通道经济为区域合作经济，提升产业结构，发展面向周边的特色外向型产业群和产业基地。河口位于昆明—老街—河内—广宁走廊，该走廊是重要的生产、加工基地和产业转移的热点地区，已经形成一定的产业基础，包括生物资源、农产品加工、成套设备制造等。河口有机会承接这些产业转移。

国家赋予滇桂沿边金融改革试验区的战略，无疑为云南融入"一带一路"建设注入了新内容、新空间，河口要发挥金融先锋在扩大对外开放、促进吸引

资金中的作用，全面提升跨境金融服务自由化与便利化水平，逐步增强人民币在东盟和南亚国家的竞争力、影响力和辐射力。

3. 国际国内产业转移的新机遇

金融危机爆发后，国际投资者看好中国经济的前景，看好中国的大市场。所以，尽管全球的跨境投资呈现大幅度下滑，而中国吸引投资总体仍保持平稳，甚至还有小幅增长。也有越来越多的企业看中了河口—老街跨河区的优势与潜力。同时，"引进来"的外资从结构上看发生了很大改变。以前大量的投资在制造业，且多体现在制造业的出口导向产业活动，把投资地作为一个低成本的出口基地。如今新一轮外资的战略目标改变了，其更看好中国国内市场，要抓住国内市场规模扩张、产业结构升级、消费结构升级带来的新机遇。与此同时，更重要的是人才引进。人才是最活跃的生产要素。

"走出去"也有着很重要的机遇。进入新常态后，中国企业面临着海外低成本并购的战略机遇。

正如表7-5所反映出的现象，云南的GDP、人均GDP、进出口总额等经济指标在全国排名靠后，但对外直接投资、对外承包工程却在全国处于中上水平，因为后两者和云南的产业结构契合度更高，且和沿海地区的初始差距没有那么大。越南、老挝、缅甸和云南存在明显的产业势差，因此，河口也应该在对外开放战略上考虑并体现出这种"走出去"的特点，不仅要考虑对外部产业转移的引入，也要适时考虑一定产业对周边国家或地区的转出。

表7-5　2016年云南主要经济指标在全国排位

指标	数值	排位
生产总值（亿元）	14869.95	23
人均生产总值（元）	31265.00	30
进出口总额（亿美元）	199.99	20
对外直接投资额（亿美元）	16.10	11
对外承包工程（亿美元）	25.75	16

资料来源：根据相应年份《云南领导干部手册》整理。

（四）河口口岸产业转移的挑战分析

河口口岸产业转移中面临着国外和国内的双重挑战。

1. 面临的外部挑战

（1）国际关系中的一些争端。中国与越南 1993 年关系正常化以来，双方在政治、安全等领域都创建了诸多对话机制，两国间关系不断深化，建立了"全面战略合作伙伴关系"。两国政治在大湄公河次区域和中国—东盟自由贸易区合作机制下，中国和越南间的经济合作也取得了较大的成绩。然而，中越关系还存在一些问题，如南海争端没有得到妥善解决，当前中越紧张局势制约双边贸易的发展。2014 年 5 月 13 日，由于中越在西沙围绕"海洋石油 981 号"的对峙，越南国内爆发了大规模反华示威游行活动，在胡志明市北方平阳省、河静省等地针对中资企业进行打、砸、抢事件，导致数百人受伤，4 人死亡。2018 年 6 月又发生类似反华事件。虽然未给河口口岸在越投资企业造成人员伤亡和财产损失，但影响企业对越贸易发展的信心。目前，很多企业不敢和越南客商签订贸易合同，担心货发出后款收不回来，特别是到越南进行投资，存在生命危险，长期下去，必将制约双边贸易的发展。

（2）国外一些政策的不利影响。越南方面政策的制约。一是吸引外资政策不够透明。虽然越南有《外国投资法》及其实施细则，各省又相继出台了一些吸引外资优惠政策。但在实际操作中缺乏具体政策，规定不具体、不透明、人为因素较多，据企业反映，企业在申请投资和生产经营过程中，除按规定应交付的各种费用外（这方面交费不高），其他额外收费现象普遍存在。二是投资申请手续烦琐。企业到越南投资考察，需要到许多部门咨询情况，特别是矿产办理投资项目申请手续烦琐，审批周期长。三是不能正常供电。由于越南电力发展技术不够完善，多靠中国云南电网公司输送电力，电压不稳定时经常出现拉闸停电现象，给企业生产带来很大影响。四是越南对矿产品管制趋严，贸易形势严峻。河口口岸作为云南省最大的边境口岸，进口贸易一直以矿产资源为主，在进口贸易中所占比例最高时达 75%。但近年来由于国家对边境小额贸易优惠政策逐渐削弱，加之越南对矿产资源出口管理越来越严，特别是受 2013 年 1 月 9 日越南总理签署下发《关于加强对矿产勘探、开采、加工使用、出口等活动的管理工作》的影响，使河口口岸铜矿、铁矿砂、铅矿、锌矿等矿产品进口大幅减少。

2. 面临的内部挑战

河口口岸是云、贵、川、渝等西部省份的出海便捷通道，区位优势独特，但与广西对越口岸相比，在运输距离、道路条件、运输时间等方面却存在较大的劣势，货物通行能力弱，运输时间长，交通运输物流成本高。

河口—老街跨境经济合作区面临凭祥—同登跨境经济合作区与东兴—芒街跨境经济合作区的同质竞争。三个合作区均是中国与越南之间的跨境合作区，进出口商品结构存在一定雷同，产业发展方向也相类似。其中凭祥与河口之间的同质竞争较为严重，凭祥依托珠三角的广阔腹地，整体发展水平优于河口，GDP、财政收入、旅游业收入、进出口总额等多个数据高于河口县的数据，对河口产业发展存在一定虹吸效应。

在口岸建设方面，与凭祥和东兴相比，河口口岸的电子化程度不高，口岸基础设施建设还不能适应快速通道的要求，跟不上大通关的需要，物流成本较凭祥和东兴偏高。虽然近年来，河口口岸基础设备不断完善，但由于受铁路国际联运车皮影响货物运输限制，大批量货物仅靠公路运输，加之受限超限载、油价上涨因素影响，部分开展对外合作中的大型机械设备无法通过河口口岸出境而转向其他口岸，企业成本增加。

四、提升河口口岸产业转移的思考

（一）提升河口口岸产业转移的思路

结合国家推进互联互通和"一带一路"倡议，积极探索和创新沿边口岸城市产业转移模式。围绕河口县经济社会发展的四大战略定位，即中越友好合作的重要平台、昆河经济走廊的重要节点、内联西南外联东盟的重要物流枢纽、区域性进出口加工基地和商贸服务基地，着眼于国际和我国东部地区的产业转移和加工贸易的转型升级，主动承接国内外产业梯度转移，以大企业大项目为支撑，以跨境经济合作区为平台，特别是依托"两头在外"的大企业，进一步发展加工贸易，建设面向南亚、东南亚的出口加工制造、贸易、物流、旅游基地，提升产业层次，推动产业升级。

具体分三步走：第一步是"筑巢"。在前期，主要围绕产业转移的承接平台，做好园区内路网、供排水、供电等编制规划项目，配合招商引资工作为企业入驻打好基础。第二步是"引凤"。在前中期，主要围绕进出口加工、现代物流、旅游文化产业等编制规划项目，引入一批重点企业。第三步是"投产见效"。在中后期，加强对重点企业的扶持，加大产业链招商力度，延长产业链，建立旅游文化产业孵化机制，优化经济结构，加快实现产业集聚，尽快实现企业投产见效，不断带动区内外人口聚集，打造经济新增长极。

（二）提升河口口岸产业转移的基本原则

1. 坚持政府引导、市场主导原则

政府在产业转移中更多的是起引导作用，细化落实具体工作，营造良好的经商环境，强化政策支撑，建立监测分析考核监督机制。但另一方面，要充分发挥市场配置资源基础性作用，以市场需求引导项目，按照市场方法建设项目，用市场机制发展产业。

2. 坚持腹地支撑、联动开发原则

边境口岸城市的发展离不开区域腹地支撑，但有的边境城市既缺少国内吸引区支撑，与毗邻国家的合作也难以有效推进，进而陷入了"孤岛经济"状态。河口要避免进入这种陷阱，就要实现边境地区与腹地之间的良性互动。在产业转移中，河口自身引力还较小，关键要发挥出昆河经济走廊的产业联结作用，以昆明为中心，以红河州为前沿平台，跨合区为突破口，借力增强引力。以玉溪、文山州为两翼，并加强工业产业和贸易物流经济技术合作，相互支撑。

3. 坚持突显优势，聚集发展原则

遵循比较优势原理，根据河口的战略地位、产业优势及地势特征，结合河口实际，科学合理地选择产业转移引进方向。并优化空间布局，引导优势企业入驻园区，打造一条具有河口特色的产业转移发展道路，实现产业集聚发展。

4. 坚持节能减排，绿色发展原则

基于新发展的发展观念，要有选择性地吸收外部地区的产业转移，不能"捡到篮子里都是菜"。做好产业和空间规划，主动承接无污染或较少污染的产业，发展生态产业、循环经济，提高绿色产值在 GDP 中的占比，提高资源综合利用率。

5. 坚持"引进""走出"相结合，适当跨越发展原则

我国东部地区的发展，在过去是吸收了大量的外部资源，在外来资金有了相当程度积累的基础上才进行的对外直接投资。而开放经济体系中，要素可以是双向流动的。在我国经济社会发展进入新时代，经济发展模式已经有变化的时候，如近年来我国的对外直接投资已经超过了吸引的外商直接投资。河口可以不完全模仿沿海地区曾经走过的道路，跨越式超越一定阶段，外资吸引量少，就以吸引内资为突破口。在吸引外部资金达不到沿海地区水平的时候，对周边国家也积极探索"走出去"战略，将自身的优势产业发展出去。

6. 坚持政策突破，优化发展环境原则

致力于在土地、财政、产业、人才培育、能源保障、科技支撑等政策方面

进行突破，优化河口的发展环境，吸引更多的企业来河口投资；对重大项目，视情况采取特殊政策和特殊服务，实行"一企一策"，确保外来企业能够稳定的落户，为河口的发展带来实际利益。

（三）提升河口口岸产业转移的具体路径

1. 加快基础设施建设、推进航运开发

尽管通往河口交通有陆路、铁路、水路，但从整体来看，河口的基础设施仍比较薄弱，这制约了当地经济的发展，也加大了企业的物流成本，使得一些产业转移遇到障碍。

从目前来看，河口对外交通主要集中于公路和铁路，水路处于停运当中。而从经济效益来看，水运是成本最低的货运方式。红河是东南亚一条重要国际河流，该河从河口出境，沿线有河内、海防等越南重要城市，水量因季节变化，总体来讲，大货轮虽难以直航，几十吨货船则可畅行无阻。基于目前中国对越南贸易顺差较大，而中国货船赴越又是顺流而下，越方对开放红河航运持保守态度，并对中国在上游修建电站颇多抱怨。这就需要中方加强外交和商贸谈判，推动航运早日开通，而且随着边境发展的一体化，边境的屏蔽效应会减少。

另外，还可结合红河公路大桥、北山国际货场、泛亚铁路河口火车北站等基础设施的建设，广泛听取社会各方面的意见和建议，对其进行科学规划、合理安排布局，增强承接产业转移的支撑力。

2. 做好承接产业转移的主导产业选择

对于产业转移承接地而言，产业转移不仅是企业把生产或服务转移到当地就可以了，更关注能否取得预期的正向效果，如带动当地经济发展，产生良好的就业效应、外贸促进效应等。这关键在于转出地企业优势与转入地投资优势能的动态耦合。所以要根据自身优势选择好需要承接的重点产业。根据河口的区位条件、经济基础、产业结构和国家、云南省的发展规划，河口较具潜力的承接产业，主要包括农产品和生物资源加工、机电装备、轻纺、玩具加工、家具加工、轻型五金加工、电子产品加工、生产性服务业、旅游业等。

在第一产业的基础上，针对有资源优势的农副产品和生物资源引进企业精深加工。橡胶和香蕉的生产在河口已经具备一定的基础和规模，可以引进有实力有技术的企业，进行精深加工，延长产业链。如在特色产业园区建设较大型的香蕉加工项目，引进类似娃哈哈、蒙牛等企业，设立香蕉牛奶生产线，解决河口县的香蕉生产过剩，运输距离限制导致鲜食香蕉的市场扩大有一定难度的问题。围绕园区定位、产业布局策划包装河口县橡胶精深加工项目。

发挥第二产业的潜在市场优势，主要承接轻工业。主要目标地是珠三角、长三角、闽三角。一是利用红河州冶金产业既有优势，承接广州等沿海地区产业转移，发展金属类家用器具制造，如铝材、不锈钢材家用器具制造和出口加工。该类产品主要包括铝制、不锈钢厨餐具、五金制品等，一般采取以销地型专业市场培育生产型专业市场的模式。鉴于已有的市场基础，初期建议拓展以农机为主打造五金机电市场，积极引入该类龙头企业。二是与越南纺织服装生产形成错位互补，建立纺织服装集群化生产基地，主要生产服装、鞋帽、箱包，产品面向东南亚和欧美市场。三是承接面向越南等东南亚国家的日用化学品加工产业，如洗涤剂、肥皂、香精、香料、化妆品、牙膏等。四是承接中国内地机械类生产企业转移的生产力，利用保税加工的条件，发展机械零部件加工及组装产业。重点建设产业特色鲜明、示范效应明显的汽车、摩托车、农用机械、纺织机械、食品加工机械等机械零部件加工与组装产业。利用河口的交通优势、跨河区优势，将产品快速出口到越南。五是在整条产业链承接还不具备能力的情况下，以零配件或组装为切入点，服务周边市场。如发展家具零配件、节能型 LED 灯具、太阳能光电产品、通信设备、家用电器、消费电子等组装装配和新型光伏材料、新型半导体材料、蓄光自发光材料等节能环保产品。现在可抓住机会重点发展红木家具零配件生产，因为越南限制红木原材料的出口，今后更多的加工会在越南完成，零配件需求会比较大，并且与凭祥、瑞丽形成了错位发展，它们几乎没有介入产业链的这一环节。

突破传统引资模式，第三产业重点承接生产性服务业和旅游业。以前相对落后国家或地区引进外部资源时，主要集中在第二产业。而现在新的趋势是服务贸易和服务外包发展远远快于商品贸易，尤其是生产性服务业潜力巨大。所以生产性服务业也是河口今后承接产业转移的重点之一，而旅游一直以来是河口经济发展的重点优势产业。

河口在承接生产性服务业中，金融业和物流业有着很好的条件和机遇。2013 年云南省红河州被列为沿边金融综合改革试验区，主要任务包括推动跨境人民币业务创新、完善金融组织体系、培育发展多层次资本市场、推进保险市场发展、加快农村金融产品和服务方式创新、促进贸易投资便利化、加强金融和基础设施建设等的跨境合作、完善地方金融管理体制、建立金融改革风险防范机制、健全跨境金融合作交流机制十个方面。河口可以充分发挥人民币结算试点优势，建立和扩大双边银行的支付结算机制和渠道，协调人民币跨境结算业务，将合作区打造成跨境贸易人民币结算和对外投资结算中心。利用中越两国跨境经济合作区的优势，积极引入供应链金融机构，如吸引商业保理、融资租赁等机构进驻，促使物流业与金融业协同发展。开展仓单质押担保融资、存货质押融资、商业保理、保兑仓业务、第三方替代采购融资、确定购买付款承诺项下融资、未来提货权质押融资等服务。既能够帮助区内企业"走出去"至越南发展，又可以帮助区内进出口加工业、商贸业企业的资金流健康流动。

河口可以依托公铁空水联运的便捷交通优势建设保税物流园区，引进企业积极发展现代国际物流业。对所存货物开展流通性简单加工和增值服务，国际采购、分销和配送，国际中转，检测、维修，商品展示等。同时，引进物流信息企业、第四方物流公司利用物流网、云计算理念共同开发物流信息平台，降低物流成本的同时提升物流信息服务带来的物流业增加值。并在保税物流园区内设立冷链物流中心、跨境电子商务物流基地、逆向维修中心三大功能区域，满足不同需求。维修补给中心的建立主要来自商品逆向物流的需求，开展机械设备、电子产品、交通工具及零部件的回收、保税维修、分拣、分拨的服务，创造增加值。通过维修补给中心商品和物资可以得到完整的、有效的和高效的利用。

旅游业作为目前河口县的支柱产业之一，要引入有实力的企业，提高的质量和档次。发展以国际游客购物中心推动的免税购物旅游；承接各类国际展会、专业展会以及各类国际会议，打造商务旅游；促进瑶族风情、越南老街苗族风情为主的民族旅游；利用越方优秀的旅游资源，错位打造休闲娱乐旅游。

3. 加快引进龙头企业，探索跨国产业链模式

（1）结合河口实际，要加大对农产品生产、农产品深加工、机械组装、生物制药原材料、金融、物流等龙头企业的引进。农产品生产、农产品深加工、生物制药原材料等龙头企业的引进，将充分发挥河口热区的优势，助推热区开发转型升级。金融、物流龙头企业的进入将会进一步凸显河口的区位优势、大通道优势。通过加强税收、直补、贴息等优惠政策的落实，加大对龙头企业技术改造、基地建设、新产品开发的支持力度，推动科技含量高、加工程度深、产业链条长、增值水平高、出口能力强的优势产品精深加工企业快速发展壮大。

（2）要紧紧围绕选定的重点产业进行深度开发，深化产业链群。对纵向产业链长、上下游联系紧密的重点产业要根据市场需要，大力发展上下游产业，形成联系紧密、附加值高、产值与利润高的产业链；对于产品特点相同或相似、上下游产业链短、产品品种多、在市场消费结构上有一定替代性或互补性的重要产业要做大做强，形成产业集群。

根据资源优势和产业优势，探索和越南发展跨国产业链模式，形成互补发展，互利共赢。如越南是木薯的最大出口国，河口可以利用口岸优势，由越南老街对木薯进行初加工制成木薯淀粉，河口再对木薯淀粉深加工，提高附加值。面向东南亚等国际市场，与越南分工，发展铁皮石斛、茶叶提取物、魔芋食品

等保健食品为主的多类农副产品精深加工产业链，打造健康食品的制造与流通中心。例如，可以将老街生产的等级较低的茶叶加工为茶多酚，用作食品的抗氧化剂及生产保健食品。

4. 完善产业布局与空间布局有效耦合

产业布局要与城市布局有效衔接，真正做到产城融合。码头后方通常应布局物流空间，配置各种疏港交通设施，为工业用地规划便捷的货运通道。主要产业用地按照商贸物流业、其他服务业和出口加工业三大板块布局。在空间布局上分为核心区和辐射区，产业承接要与此相衔接。口岸依存产业，主要有食品加工、纺织服装、机电等资源精深加工和出口导向型的制造业；主要布局在坝洒加进出口加工园区。生物资源、农特产品加工主要布局在合作区北侧，山腰特色产业园区；口岸关联产业，旅游、金融、培训、人力资源外包等服务业主要布局在合作区南侧，靠近主城，与越方隔河相望。

5. 加快河口口岸建设，提高口岸承接、交换和服务等功能

加快河口口岸建设，发挥口岸型经济对产业转移的带动作用。建立河口老街对应口岸、海关、检验检疫等联检部门的联络机制，推动两国"三互"试点，建立信息互换、监管互认、执法互助跨境合作机制，探索"合作查验、一次放行""两国一检"等通关新模式，努力总结出更多经验。

帮助河口口岸着手做好河口跨境经济区电子口岸建设规划，适时抓好相关项目设施的启动建设，为跨境经济合作区建设提供便利。加大电子口岸相关人才培训资金投入，促进电子口岸各项工作顺利开展。

6. 创新招商方式，优化招商方法

（1）着力打造投资环境优势。良好的投资环境是招商引资的实际竞争力。首先要不断优化政策环境，创新和完善政策措施体系，进一步整合部门力量，发挥工作合力，完善行政审批、政务服务机制，在深化改革的进程中不断强化全县驾驭新形势、驱动新发展的能力和潜力。其次要不断完善投资服务体系，逐年根据工作需要和工作形势调整完善招商引资工作服务机制，确保及时研究解决招商引资工作中的新问题，及时协调处理项目建设中遇到的困难，为投资企业提供服务保障，要以项目落实牵动招商引资工作落实，通过明确和落实工作责任，加强跟踪服务，强化保障措施，确保项目顺利实施。

（2）着力打造项目优势。招商引资项目是招商引资的重要依托，所有招商活动都需要围绕招商引资项目运作。要拿得出投资回报良好的项目，才能吸引客商投资。首先是要善于发现项目，要在充分做好市场调研、掌握资本动态和投资热点，深入分析河口资源优势和发展潜力的基础上，加强招商引资项目可行性分析，不断发掘出具有发展潜力，能够实现投资回报，适应资本市场投资

需求，符合河口县产业发展要求和国家政策法规的招商项目。其次是要善于宣传推介，要加强招商引资项目的整理和包装策划，形成具有吸引力的宣传资料，在此基础上通过各种活动、媒介、手段和方式有效宣传到真正的投资者手中，形成强大的项目吸引力。

（3）着力打造平台优势。要超前做好规划布局，确保长期、可持续的项目用地来源，确保招商引资项目引进来后能够落得下去。重点是要继续加大跨境经济合作区、边境经济合作区以及特色加工工业园区建设力度，把园区建设成为适宜投资和发展的平台，摸索建立稳定可靠的项目建设用地来源的综合渠道，形成多渠道、可选择的供地保障。

（4）不断创新招商方式，在招商过程中，要变被动为主动，结合经济发展及部门工作实际，提前掌握信息，主动开展招商对接，充分发挥县内已落户外商的桥梁纽带作用，以外引外、以商招商。尽快制定出台《河口县社会招商管理办法》，充分调动引进投资的社会自然人、各类中介组织及企业积极性，努力形成全民招商的工作格局。

7. 加强实施"走出去"战略，鼓励对外产业转移

从长远利益发展来看，要通过政府引导、银行支持，进一步鼓励企业"走出去"，主要还是在越南投资合作。一是积极向企业宣传"走出去"的相关政策，完善"走出去"的服务支持体系，创造有利于企业"走出去"的体制和环境，鼓励和支持企业到境外投资办厂、承包工程、劳务合作和进行资源开发合作、提升我县企业在越南投资数量和质量；二是利用信息网络系统，为企业提供经济、法律法规、市场动态等相关信息，减少企业在外投资和生产经营的盲目性，降低投资风险；三是准确把握国内外经济运行发展趋势，以及国际国内市场需求动态，引导投资企业积极调整优化进出口产品结构，推动优势企业开展境外加工贸易，建立生产基地、营销网络、研发中心和售后服务中心，带动国内设备、原材料和零部件出口。

8. 完善要素保障

（1）创新用地方式。一是保障建设用地，符合《产业结构调整指导目录（2011年本）》的鼓励类项目，优先安排建设用地。根据产业发展要求，开展土地利用总体规划滚动修编，保障产业建设用地。二是降低用地成本。制定用地按年度纳税强度给予资金扶持政策，按企业所缴纳土地出让金的一定比例给予扶持。对前景好、效益高、税收贡献大的企业，在征地前期采取预先垫支扶持。对使用未利用土地的建设项目，土地出让金标准可区别情况按《全国工业用地最低价标准》的10%~50%执行。三是创新用地方式。鼓励探索产业园区以置换用地、整合周边乡镇工业集中区等方式拓展范围。试行征租并举用地方式，

利用集体建设用地和土地流转政策，创新用地模式。

（2）多渠道提高资金要素保障。一是加大财政对产业转移的引导，以拟重点引进产业产业为导向，建立统筹安排财政扶持产业发展资金的综合协调机制，有效整合和盘活现有产业扶持资金。落实税收优惠政策，对新引进符合国家鼓励类产业项目，其主营业务收入占企业总收入 70% 以上的，除享受西部大开发和结构性减税政策外，投产后形成税收的地方部分（包括增值税、企业所得税），作为财政专项扶持资金，全额补助企业发展。二是加大信贷支持。支持投融资担保单位在河口开展融资担保业务。重点支持法人治理结构完备、融资性担保业务开展好、风险控制能力强、社会效益和经济效益高的中小企业融资性担保机构。制定激励金融机构支持重点引进产业发展的奖励办法，鼓励金融机构加大对产业发展资金投放力度，对给予产业发展较大信贷支持的金融单位予以奖励。三是通过项目合作，积极引入社会化资金。

（3）培养人才队伍。一是保障企业用工需求。鼓励利用现有职业教育平台，采取校企合作、定向培训、订单培训等方式为企业提供合格员工。支持企业对新招用员工进行上岗培训，新招用员工考试合格上岗并签订 3 年以上劳动合同的，给予政策性培训补贴。二是创新人才引进与流动机制。引进高层次创新人才和科研团队，支持高端人才带项目、技术到河口发展。对到河口工作的境内外高管和高级专业技术人才，按规定给予补贴；在户籍、医疗、子女就学等方面给予优先照顾。对有突出贡献的，按规定给予奖励。

本章小结

河口口岸在产业转移中，要结合自身特点，发挥比较优势，不完全模仿东部沿海地区走过的老路，可以在一定程度上探索新的发展模式。

（1）河口产业转移中要注重向外转移的重要性。一般沿海发达地区是先吸引外资，在达到一定规模后再进行对外直接投资；而河口的对外直接投资和对外经济技术合作争取实现跨越式发展，可以在外商直接投资规模不大的情况下就超前发展。一是全国起步都才开始，初始差距不大，不存在成为经济学分析中的跟随者。二是由于河口的地理优势，和毗邻国家的境外投资及经济技术合作有基础，市场需求大；并且河口的产业优势和毗邻国家有一定的吻合。三是当前国际、国内宏观经济形势有利于发展对外经济合作，要抓住这一历史机遇。

（2）在园区发展导向上，河口可以适时增加资源进口，利用先行先试尝试建立进口加工区。并随着跨境合作区的发展，中方可在河口设立自由贸易区，引进越南、缅甸、老挝劳动力进行粗加工，以"越南制造""缅甸制造""老挝制造"进入世界，从而规避一些国家对中国产品的种种限制。

（3）在引进外部资金上，因周边国家经济落后，河口应以吸引内资为突破口，打破资金恶性循环，积极承接东部的产业转移。

（4）在发展外向型经济中，河口可以改变评价标准。不强调净出口，而以贸易所得作为评价对外贸易成果的指标。长期以来很多地区一直过于注重出口量的增长而忽视了贸易所得。为了增加出口，不惜压低出口商品价格，对出口进行补贴。因此，出口虽然增长很快，但是其中很大部分质量不高，只挣得了微薄加工费和利润。所以，我们应该把贸易所得作为评价贸易成果的指标，这样才能正确地引导国内的地方和厂商发展对外贸易，提高经济效益。作为云南，一些年份允许出现逆差，购进先进技术设备，为产业结构升级、一般贸易向加工贸易转型服务。

第八章
结论与思考

要对"一带一路"倡议与国内外产业转移的理论与实践做一个全面的总结，难度非常大，其涉及面和复杂性是显而易见的。在此，仅针对"一带一路"沿线涉及云南的实证研究所获得的成果进行评析。

结论一 "一带一路"倡议与国内外产业转移关联紧密

产业转移是世界经济发展的重要规律之一，当前既有国与国之间也有国内不同地区之间的产业转移。在"一带一路"建设中，必然伴随产业转移。那些处于"一带一路"建设重要节点的省区，是推进产业转移的主力，同时，也将在产业转移中获取产业优化与升级，促进地区经济发展。

从国际经济发展及产业调整的大趋势和大格局来看，全球产业结构调整的浪潮从未停息。从国内产业结构调整优化的需求看，产业转移关乎国家经济发展大局，我国将长期存在来自国际的产业转移以及国内的产业转移并存的局面。随着"一带一路"建设，不同的国家和地区之间存在产业梯度，作为最主要的新兴经济体，中国是全世界最重要的产业转移国，既承接来自发达国家的产业又大量向其他国家转出产业。

"一带一路"沿线的国家和地区可以依赖外部动力和要素流动推进产业调整，借助经济带的沟通与合作机制，利用外部资本、技术、人才、管理能力和市场开拓能力，结合自然资源优势、区位优势、劳动力优势、政策优势等，参与到经济带的产业转移中，进而参与到全球的产业转移，尤其是欠发达地区和国家可以推进本地产业从粗放型经营走向集约化经营、从生产初级产品向深加工产品发展、从单一落后产业结构向更符合地区优势及产业优化方向发展。发达地区和国家也可以通过转出产业，实现空间优化、资源优化，提升本地产业推进创新。

　　"一带一路"建设中的产业转移将从根本上改变沿线国家和地区的产业结构，快速推进经济带的产业分工与合作，推进经济带的整体进步。

结论二　"一带一路"沿线产业转移已经取得良好成效

　　从国内产业转移的层面看，云南已经大量承接来自东部发达地区乃至西部先发地区的产业，承接部门主要集中于第二产业和第三产业。从国际产业转移层面看，云南产业也大量向东南亚国家转移，尤其是老挝、缅甸、泰国、越南等，转移产业集中于第二产业，也正在向第三产业推进，并与老挝、缅甸建立了经济贸易合作区，为产业转移提供了良好的平台。南亚国家也逐步进入产业转移的视线，在斯里兰卡等取得突破。

　　同时可以看到，"一带一路"沿线国家和地区已经看到产业转移的价值，并形成较大竞争。以东南亚为例，马来西亚、菲律宾、泰国、越南等国家发展水平比中国低，但生产条件较为成熟，劳动力工资水平也比我国一些欠发达地区低，对加工贸易、冶金、制造业、电子信息产业、轻纺服装加工等具有吸引力。老挝、柬埔寨、缅甸尽管生产能力较弱，地方生产系统的承接能力差，但是资源丰富、劳动力成本低廉，对资源型、成本型产业的吸引力强大。近年来，这些国家也效仿中国吸引外资的政策，纷纷出台更为优惠的政策措施，吸引了我国不少企业"走出去"。

结论三　"一带一路"沿线产业转移面临不少困难

　　首先是产业转移的压力，一是基础设施有待进一步改善。以交通基础设施、能源建设、园区设施建设为代表的基础部分仍然薄弱，尤其是很多国与国之间的边境地区基础设施严重不足，支撑能力不足。二是多数国家地方生产系统不完善不健全，产业配套能力不足，严重影响产业转移的效益。

　　其次各国政策不一致，有些国家政局不稳定，企业进入困难，建设得不到有效保障。个别国家对"一带一路"倡议的理念尚不清楚，抱有警惕，约束产业转移的通畅度。

　　再次跨境复合型人才紧缺，"一带一路"沿线国家众多，语言习俗政策法律法规等非常复杂，这就要求管理人员、中高级技术人员既懂管理、技术，又懂语言、法规，复合型人才的欠缺严重影响产业转移的深度。

最后风险不少，本书发现产业转移存在众多风险，如基于国际宏观政治的风险、基于经济环境的风险、基于投资回收的风险、基于产业市场环境的风险、基于社会因素的风险等。此外，值得重点关注的还有比较优势陷阱的风险，比较优势在短期可能推进产业转移，从长远角度来看，将会约束承接地区的经济发展；低端依赖的风险，区域合作中，有的国家处于价值链的低端，可能导致失去主动权乃至话语权，长期依附于其他区域，进而令这些国家抵制产业转移；环境破坏的风险，脆弱的环境因产业尤其是污染产业的进入，进一步被污染、被破坏。

思考一　"一带一路"沿线产业转移要明确长期合作双多边共赢的思路

一是以命运共同体为处理国际关系的共同目标。构建以合作共赢为核心的新型国际关系思想，充分展现中国同各国同呼吸、共命运的世界情怀和大国担当，为国际社会实现持久和平与共同繁荣开辟了新前景。

二是以共同利益为处理国际关系的重要基础。"一带一路"沿线各国相互联系、相互依存、利益交融不断深化，共同营造和平稳定环境、谋求共同发展繁荣。倡导各国在维护本国利益的同时，将维护和促进人类共同利益作为看待和处理国际关系的重要出发点，实现不同社会制度、不同发展道路、不同文化传统国家和平共处、和谐共生。

三是以共赢为处理国内外产业转移的基本原则。构建以合作共赢为核心的新型经济关系、产业关系。在产业转移中充分尊重各国自主选择的社会制度和发展道路，尊重各国各地区的产业发展意愿、发展目标和发展道路。坚持正确义利观，在维护自身利益的同时兼顾各方利益，在谋求自身发展同时促进共同发展，致力于实现双赢、多赢、共赢。

四是以合作为产业转移的主要方式。在产业转移中不是采用狭义的观点和理念，也不抱单方利己的动因，要站在充分发挥各自的优势、推进产业分工与合作、推进公平国际贸易的视角，在支持协助沿线国家产业发展、产业优化升级的基础上，实现各自的目标。

思考二 "一带一路"沿线产业转移可分四步实现

第一步是"互信"。"一带一路"沿线国家和地区，要加强政策沟通，建立互信机制，充分认识产业转移的价值，在政策上为产业转移打好基础。第二步是"夯基"。围绕产业转移的需求，做好交通、通信、水电等基础设施建设，配合转移企业的实际要求做好入驻准备。第三步是"引导"。围绕各地各国的优势和产业梯度进行规划，既要符合各自的利益，又要形成"一带一路"经济带的合力。第四步是"投产"。优化经济结构，加强对转移企业的扶持，尽快实现企业投产见效，加快实现产业集聚，形成产业链条，建立有机联系的生产系统，激活"一带一路"沿线的产业力量。

思考三 推进"一带一路"沿线产业转移要有恰当的措施

1. 进一步建立成熟稳健的符合双多边利益的机制

"一带一路"经济带中的国内外产业转移涉及转出区和承接区，涉及国内较为发达的区域和欠发达区域，也涉及两国乃至多国的国家利益。各方有自身的利益目标、发展理念、转移动因。需要不断地沟通、协商，加强融合。要进一步建立成熟稳健的、符合各方利益的机制，切实实现共商、共建、共享、共赢，吸引各方力量认识和参与构建人类命运共同体。

要建立产业转出区和承接区的协商对话机制。建立健全多层次的行政首长联席会议制度。加快建立双（多）方部门和行业对口产业转入和承接合作机制，负责对具体产业转移合作项目及相关事宜提出工作措施，制订详细的合作协议、计划，形成有效的信息通报和问题协调处理机制，加强联络、沟通和协调工作，确保产业转移取得实效。

从国际层面看，要进一步做好政策沟通，形成贸易畅通协议，在国家层面建立互信合作机制。要依托国际合作高峰论坛、国家元首会晤、六大经济走廊协同、部长级会议等强化合作政策的磋商，形成共识，制定符合双多边利益的机制和政策，建立产业转出国和承接国之间的开放合作联动机制。

从国内层面看，要加强对国内区域合作的指导，设立执行国家开展国内区域合作政策的综合管理机构或部门，负责协调和处理区域合作中相关省（区、市）的利益冲突，加强在制定和实施经济合作发展规划、统筹产业布局、推进基础设施建设、协调重大合作事项等方面的协调职能，有效保障产业转移合作的顺利开展。

2. 整合与产业转移相关的政府服务资源

（1）要进一步理顺政府和市场关系，充分发挥好政府社会管理和公共服务职能。将政府的工作重点放在改善环境、完善制度、提供服务等方面。精力集中在由市场的具体操作转向制度建设，制定符合顺畅发展规律的游戏规则，加强法制建设和执法力度，规范市场秩序，保证投资环境稳定，保证投资者的正常收益率。要统筹协调相关工作机构，整合发改、工信、财政、商务、外事、金融、公安、工商、科技等部门的行政资源，对重点合作领域、产业、项目等进行协调。合理扩大地方政府的投资管理权限、经济合作职能，提升和完善管理、服务功能。

（2）完善金融服务体系，提供有力的融资保障。一是政府要致力于建设良好的金融和信用环境，建立多样化、高效率的金融服务体系。二是政府要加强金融监管，推动金融产品和金融服务创新，切实解决融资难的问题。三是要建立适当的财政扶持系统。政府可对承接产业转移的企业直接投入资金扶持，还要制定更为优惠的财政扶持政策，在自主创新投入所得税抵扣、加速研发仪器设备折旧、采用国产设备税收抵扣、进口设备减免关税、进口环节增值税等方面给予优惠政策。

（3）要进一步加强政府对公共服务体系的支持。大力培育和规范各种咨询和中介服务机构，如市场调查公司、技术咨询公司、科技成果交易中心、知识产权事务中心、律师事务所、会计师事务所等。要促进民营服务机构的发展，鼓励成立顾问组织、"猎头"公司、技术转让中介机构等。要推进各类服务机构间的联系、协调，产生合力，为产业转移提高公共服务支持。

（4）要发挥政府宣传主导舆论的优势。注重对地区资源的整理发掘，建立完全的信息传递渠道。从地区的整体经济和产业发展规划出发，筛选项目，有针对性地向外宣传和吸引投资者。同时，也要对当地老百姓进行宣传，让更多的人了解规划、了解项目、关心产业、支持发展。建议由招商合作部门进行信息收集处理，联合电视、电台、报纸、网络等媒体进行解释、教育和宣传等方面的服务工作。

（5）要建立全程跟踪服务机制。对引进项目进行全程跟踪服务，尤其是投资在建的项目，应加强与投资者的交流沟通，及时了解项目投资建设过程中投资者遇到的困难和问题，及时解决和提供服务，实现项目引进与建设发展同步推进。

3. 提升基础设施建设和管理的水平

产业转移的平台包括基础设施支持能力、产业生产配套能力、公共服务能力、政府的导向和扶持措施等。由于近年来多数地区以产业园区作为承接产业最主要的落地区域，包括老挝、缅甸在内的一些国家和地区也学习中国模式，甚至引入中资机构建立经济贸易合作区。因此，产业转移也要重点考虑产业园区建设和管理能力。

（1）完善基础设施建设，加强配套设施供应，为产业转移夯实基本条件。从硬件设施来看，要建设完善道路、机场、港口、桥梁、通信、供水、供气、供电等，同时还要立法保障公共物品的产权，避免公共物品被所有人过度使用而造成的枯竭、损坏和无效率。

（2）加强园区产业规划，突出核心，合理分工，相互配合。目前普遍存在园区规划混乱，核心产业不突出的情况，引入企业无目标、无重心、园区无特色，缺乏核心竞争力。影响关联产业的汇集，影响产业集群的形成。因此，要抓好园区的合理布局、合理规划、合理分工。实现集群联盟、集成创新、集聚效应的整体综合功能，走差异化、特色化发展路子。

（3）要强化综合服务体系提高管理水平。实现财政税收、国土环保、工商质监、金融保险等部门入驻工业园区，实行一站式审批、一条龙服务。着重推动包括金融服务、技术服务、法律服务、信用担保、信息收集、市场调查、国际贸易、职工培训等社会化服务体系建设。组建特色产业、优势产业实验室、标准化中心和检验中心、创业服务中心等，为园区企业提供全面有效的服务环境。围绕园区产业发展定位及产业基地建设，创新产业转移方式，突出产业引力、定向转移、以商招商。实行"一企一策"，大力引进央企、名企入园发展。鼓励支持大企业（集团）和其他社会组织在工业园区创办"园中园"。鼓励园区建立投融资平台，采取发行债券、票据融资、开发信托产品以及 BT、BOT 等模式，广泛吸纳民间资本及企业资本参与园区基础设施建设。积极探索园区"飞地经济"模式，鼓励跨行政区域共建园区。

（4）要强化园区环境建设，将园区规划放在城镇体系中，将园区建设与城镇化建设相结合。搞好园区市政建设，商业设施建设，从业人员生活环境建设。创造优美的工作和生活环境。让园区工作人员进得来，留得住。

4. 产业转移要构建具有区域特色符合国际分工的产业结构

在产业转移的过程中，不应盲目获取。而应根据区域特色，构建符合地方特长、地方特色的产业结构。一方面发挥地方优势，在竞争中获取有利地位；

另一方面获取在"一带一路"建设中的分工地位，避免区域产业同构。

（1）要找准战略产业，明确产业转移重心。战略性产业对地方经济社会综合发展水平具有决定性的作用，找准战略产业，加强承接力度，可以推进跨越式发展的步伐，以云南为例，重点承接绿色产业、烟草配套产业，矿产精深加工，电力装备制造业，新兴生物产业，旅游业，太阳能、生物质能、风能、地热能等新能源，石油天然气及其炼化，精密机械，光电子，人工智能产业等。

（2）要充分发挥资源优势发展特色产业。依托各国各地的资源优势，在环境允许的前提下，围绕资源开发和利用，充分发展特色产业，着力延长产业链，提高产品的科技含量和附加值，将资源优势转化为经济优势。如老挝的森林资源、缅甸的土地资源、越南的人力资源、斯里兰卡的区位资源等；云南的烟草、水能、矿产、生态等。依托这些产业的独特优势，建立高效集约化产业基地，加速技术创新和产业升级，促进优势产业向高水平、宽领域、纵深化方向发展。

（3）要选准主导产业，推动产业做大做强，获取区际分工地位，避免区域产业同构化，在恶性竞争中开辟独立位置。引进产业中，要有目的、有规划地选择，并与培育主导产业相结合，重点突破，树立位置。鼓励国际国内大集团以兼并、收购方式参与产业转移，促进传统产业的技术升级。

5. 稳步推进境外经贸合作区建设

境外经贸合作区是企业境外投资的平台，也是产业聚集的平台，为企业搭建了集群式国际化发展平台。云南省已建设的境外经贸合作区老挝万象赛色塔综合开发区、老挝磨丁经济专区、缅甸曼德勒缪达工业园区均取得良好的成效；其他推进前期工作的缅甸皎漂经贸合作区、缅甸密支那境外经贸合作区、印度阿萨姆邦古瓦哈蒂商贸城等也比较顺利。同时，还积极支持和鼓励企业"走出去"到越南河内、泰国清迈、柬埔寨暹粒、印度加尔各答、斯里兰卡科伦坡、孟加拉国吉大港、马尔代夫马累东南亚、南亚7个国家承建7个境外经贸合作区，依托云南建工集团、水电十四局、云南联合外经等一批"走出去"企业在当地设立的云南省驻境外商务代表处，协助开展合作区前期调研工作。

云南推进外经贸合作区的现实情况表明，可以通过集群式发展模式，带动优势产业拓展海外发展空间，促进国际产能合作，并发挥产业集群和投资规模效应，共同争取所在国的优惠政策，有效绕开贸易壁垒，共同抵御政局动荡、社会安全和政策变动等风险，获得更多的境外投资收益。

当然，境外经贸合作区的规划和建设，一定要稳步推进，要取得相应国家和地区的认可和支持，在国家层面或区域层面得到双方认可，采用的利益模式要符合承接区的发展阶段、能发挥其优势，有助于其建立相应的产业体系并给地方经济社会带来良性影响，同时，要关注对承接区的生态环境和人文环境的保护，切实避免引发社会反感或不良事件。

7. 构建产业转移的国家风险预警机制

国家风险涉及一个国家的政治、社会、法律、宗教、经济、金融、外债等多个层面，表现为因战争、恐怖行动、内乱、政变、冲突、人畜疾病流行、地震以及其他自然灾害等，对国际商业活动采取罚没、收归国有、禁止出入境、废除债务、毁约或强行终止合同等。以云南走向东南亚、南亚为例，这些国家多为发展中国家，法律制度在不断建设和完善的过程中。产业转移不可避免地面临较高的国家风险，构建国家风险管理机制，将有效防范和化解产业转移中的国家风险。

（1）通过预先提取了风险补偿准备金，有效避免因国家风险导致的损失。在计提风险准备金时，通过将国家风险进行结构划分和分类，制定"国家和主权信用人的最低费率"收取风险补偿费，如 OECD 就将世界上所有的国家按照风险的大小分为 8 类（0~7），并相应制定了各类国家的最低风险费率，使"走出去"的企业能够预先获得风险补偿准备，减少跨国投资损失。

（2）建立国家风险保险和担保制度。国家风险保险和担保是防范和化解贸易、信贷、投资中遇到国家风险的最常见也较为有效的工具。投保人通过将自己潜在利润的一部分让渡给承保人，把潜在的风险也一并转让给了承保人。承保人（出口信用保险公司、政治风险保险公司以及类似的担保公司等）还可以进一步按照自己的风险管理政策进行国家风险管理，对风险进行分保和再保险。从目前来看，对国家风险的保险和担保的运作已经越来越多地超出国界，由国际保险人联手承保。

（3）通过建立双边或多边投资保证协定，保障"走出去"投资的安全性。包括对直接投资禁止业绩要求的协定；保证投资及收益自由转移的协定；对因征收、国有化及其他类似措施的有效补偿协定等。

7. 加强跨境复合型人才队伍建设

建立和完善人才培养、引进、使用的机制，大力培养和引进国际化专业人才。"一带一路"经济带产业转移的成效如何，人才是关键。从事境外投资活动的专业人才不仅要有相应的专业知识和技能，还要具备良好的心理素质和开拓进取精神，了解所在国家和地区的语言、风土民情、政策法律等。需要努力培养和引进大批国际化专业人才，以不断满足境外投资发展的需求。一方面，应与国内外著名高校、科研院所建立长期合作关系，充分利用其基础理论优势和最新科研成果对有关人员进行培训。特别是利用各类人才培训机构的优势，就近实行政校、企校合作，建立委托培养基地。另一方面，继续加大力度，采用多种办法面向海内外大力引进急需的国际化专业人才，包括海外留学人员和外企从业人员，切实培育复合型人才队伍。

　　加强外派劳务培训基地建设，大力培训对外劳务合作人员。通过将有条件的人员培训后再到东南亚、南亚国家就业的方式，同样可以减轻就业压力。应建立外派劳务输出基地，采取政府引导推动，促进境外投资企业开拓国际劳务市场的经营优势与国内劳动力资源优势有机结合的方式，形成"境外投资企业—外派劳务基地—国际劳务市场"的专业化分工协作链条。外派劳务输出基地作为整个链条上的重要一环，负责劳务人员的招收、培训、管理、外派服务、纠纷协调、维权及其家属安抚等事务。

参考文献

［1］ Colin Clark . Evolutiono Furban Systeminthe Paer to Plane ［J］. Jounral of Regional，1995（35）.

［2］ D. M. Smith. Industrial Location：An Economic Analysis ［M］. New York：John Wiley & Sons，1971.

［3］ Dumais，Ellison and Glaeser. Geographic Concentration as a Dynamic Process ［J］. NBER Working Paper，1997，No. 6270.

［4］ H. D. Watts. The Large Industrial Enterprise ［M］. London：Croom Helm，1980.

［5］ H. 钱纳里等. 工业化和经济增长的比较研究 ［M］. 上海：上海人民出版社，1995.

［6］ J. H. Dunning. Trade，Location of Economic Activity and the Multinational Enterprise：A Search for an Eclectic Approach，First Published in B. Ohlin Per Ove Hesselborn and Per Magnus Wijkman ed ［M］. London：Macmillan，1977.

［7］ J. H. Thompson. Some Theoretical Consideration for Manufacturing Geography ［J］. Economic Geography，1966（3）：127-145.

［8］ Kojima Kiyoshi. Direct Foreign Investment：A Japanese Model of Multinational Business Operation ［M］. London：Croom Helm，1978.

［9］ L. Hakanson. Towards a Theory of Location and Corporate Growth，In Hamilton F. E. Spatial Analysis，Industry and the Industrial Evoiroment ［M］. Chichester：Wiley，1979.

［10］ M. J. Taylor. Organizational Growth，Spatial Interaction and Location Decision-making ［J］. Regional Studies，1975（9）：313-323.

［11］ P. Dicken and P. Lloyd. Location in Space：Theoretical Perspectives in Economic Geography ［M］. New York：Harper Collins，1990.

［12］ P. Dicken. Global-local Tensions：Firm and States in the Global Space-economy ［J］. Economic Geography，1994，70（2）：101-128.

［13］ Raymond Vernon. International Investment and International Trade in the

Product Cycle [J]. Quarterly Journal of Economics, 1966 (5): 190-207.

[14] R. Vernon. International Investment and International Trade in the Product Cycle [J]. Quarterly Journal of Economics, 1966, 80 (2): 190-207.

[15] Simon Kuznets. Rural Industrization and Increasing Inequality: Emerging Patenrsin [D]. China's Reforming Economy [J]. Jounral of Comparative Economics, 1994, 19 (3).

[16] William Arthur Lewis. Economic Development with Unlimited Supplies of Labor [D]. Manchester School of Economic and Social Studies, 1954.

[17] William Petty. 政治算术 [M]. 陈东野译. 北京: 商务印书馆, 1978.

[18] Zixiang Alex Tan. Product Cycle Theory and Telecommunications Industry Foreign Direct Investment, Government Policy, and Indigenous Manufacturing in China [J]. Telecommunications Policy, 2002 (26): 17-30.

[19] 曹荣庆. 浅谈区域产业转移和结构优化的模式 [J]. 中州学刊, 2001 (6).

[20] 曹云华. 论当前东南亚局势 [J]. 东南亚研究, 2017 (2).

[21] 陈凤梅, 刘振中. "一带一路"背景下云南企业"走出去"的现状和对策 [J]. 中国市场, 2017 (22).

[22] 陈刚, 陈红儿. 区际产业转移理论探微 [J]. 贵州社会科学, 2001 (4).

[23] 陈刚. 接受产业转移, 促进经济发展——对欠发达地区经济发展战略的一点思考 [J]. 思考与运用, 2001 (10).

[24] 陈刚, 刘珊珊. 产业转移理论研究: 现状与展望 [J]. 当代财经, 2006 (10).

[25] 陈刚, 刘珊珊. 产业转移理论研究: 现状与展望 [J]. 国民经济管理, 2007 (1).

[26] 陈刚, 张解放. 区际产业转移的效应分析及相应政策建议 [J]. 华东经济管理, 2001 (2).

[27] 陈刚, 张解放. 区际产业转移的效应分析及政策研究 [J]. 华东经济管理, 2001 (2).

[28] 陈建军. 东扩西进与浙江产业区域转移的战略选择 [J]. 浙江社会科学, 2002 (1).

[29] 陈建军. 区域产业转移与东扩西进战略 [M]. 北京: 中华书局, 2002.

[30] 陈建军. 要素流动、产业转移和区域经济一体化 [M]. 杭州: 浙江大学出版社, 2009.

[31] 陈建军, 叶炜宇. 关于向浙江省内经济欠发达地区进行产业转移的研

究 [J]. 商业经济与管理, 2002 (4).

[32] 陈建军. 中国现阶段产业区域转移的实证研究 [J]. 管理世界, 2002 (6).

[33] 陈建军. 中国现阶段产业区域转移的实证研究: 浙江 105 家企业问卷调查报告分析 [J]. 管理世界, 2002 (6).

[34] 陈建军. 中国现阶段的产业区域转移及其动力机制 [J]. 中国工业经济, 2002 (4).

[35] 陈丽文. 欠发达地区承接产业转移存在的问题和措施 [J]. 中国集体经济, 2009 (1).

[36] 陈利君, 杨荣静. 2016 年南亚地区经济发展形势与展望 [J]. 东南亚南亚研究, 2017 (1).

[37] 陈利君, 杨荣静. 2015 年南亚地区经济发展形势与展望 [J]. 东南亚南亚研究, 2016 (1).

[38] 陈侨之, 李锦元. "泛珠三角" 与中国—东盟自由贸易区 [J]. 当代亚太, 2004 (5).

[39] 陈秋华. 承接产业转移模式——广西北部湾经济区的选择 [N]. 广西日报, 2007-06-19.

[40] 陈勇. FDI 路径下的国际产业转移与中国的产业承接 [M]. 大连: 东北财经大学出版社, 2005.

[41] 戴宏伟, 王云平. 产业转移与区域产业结构调整的关系分析 [J]. 当代财经, 2008 (2).

[42] 邓亦林, 钟建华, 汪淼. 产业承接模式及欠发达地区产业承接的对策思考 [J]. 商场现代化, 2005 (26).

[43] 杜德斌, 马亚华. "一带一路": 中华民族复兴的地缘大战略 [J]. 地理研究, 2015 (6).

[44] 方雯, 郭文豪. 国际产业转移的新趋势下我国产业结构调整的战略思考 [J]. 技术经济与管理研究, 2009 (5).

[45] 盖文启. 论区域经济发展与区域创新环境 [J]. 学术研究, 2002 (1).

[46] 高清. 中国对东南亚直接投资环境分析 [J]. 现代管理科学, 2014 (12).

[47] 龚仰军. 产业结构研究 [M]. 上海: 上海财经大学出版社, 2010.

[48] 顾朝林. 产业结构重构与转移——长江三角地区与主要城市比较研究 [M]. 南京: 江苏人民出版社, 2003.

[49] 郭凡生. 发展战略概论 [J]. 科学管理研究, 1985.

［50］郭丽. 产业区域转移及其对后发区域经济发展的影响［J］. 当代经济研究，2008（10）.

［51］国家统计局国际统计信息中心课题组. 国际产业转移的动向及我国的选择［J］. 统计研究，2004（4）.

［52］海霞. 西部地区承接东部产业转移存在的问题和对策［J］. 商业时代，2009（3）.

［53］韩文民，王婷. 产业转移水平化趋势和温特尔模式的发展［J］. 集团经济研究，2005（9）.

［54］何立胜，张秋. 试论国际产业转移与我国产业升级［J］. 商丘师范学院学报，2001（5）.

［55］何钟秀. 论国内技术的梯度转移［N］. 人民日报，1983-02-06.

［56］胡书清. 可持续主导产业的特征［J］. 企业导报，2010（12）.

［57］惠宁，霍丽. 中国农村剩余劳动转移研究［M］. 北京：中国经济出版社，2007.

［58］姜霞. 湖北省承接产业转移的风险和对策探析［J］. 科技创业，2011（3）.

［59］蒋满元. 欠发达地区承接产业转移的动力机制探讨——以广西为例［J］. 重庆三峡学院学报，2009（1）.

［60］蒋文军，孙宏军. 策应产业转移——欠发达地区中小企业快速发展的重要举措［J］. 经营管理者，2001（7）.

［61］蒋昭侠. 产业组织问题研究［M］. 北京：中国经济出版社，2007.

［62］靳卫东，王林杉，徐银良. 区域产业转移的定量测度与政策适用性研究［J］. 中国软科学，2016（10）.

［63］孔令丞. 论中国产业结构优化升级［M］. 北京：企业管理出版社，2009.

［64］李国平. 外商对华直接投资的产业与空间转移特征及其机制研究［J］. 地理科学，2000（4）.

［65］李培育. 落后地区产业升级战略中的需求分析［J］. 管理世界，2008（7）.

［66］李瑞梨，邝国良，刘灿亮. 广东省产业转移中企业主体作用的研究［J］. 改革与战略，2010（12）.

［67］李松志，杨杰. 国内产业转移研究综述［J］. 商业研究，2008（6）.

［68］李松志. 珠江三角洲产业转移研究［M］. 北京：中国社会科学出版社，2008.

［69］李小建等. 我国产业转移与中部崛起［J］. 中州学刊，2004（5）.

［70］李晓，李俊久. "一带一路"与中国地缘政治经济战略的重构［J］. 世界经济与政治，2015（10）.

［71］李晓丽. 欠发达地区承接产业转移的环境风险及防范对策［J］. 改革与战略，2010（10）.

［72］李轶敏. 国外产业转移研究的理论综述［J］. 湖南工程学院学报（社会科学版），2009（2）.

［73］李悦，李平. 产业经济学［M］. 沈阳：东北财经大学出版社，2002.

［74］梁琦. 产业集聚论［M］. 北京：商务印书馆，2004.

［75］刘菁，任曙明. 跨国公司国际产业转移的演变机制研究［J］. 经济与管理，2005（10）.

［76］刘娜. 东南亚国家投资环境分析［J］. 对外经贸，2014（7）.

［77］刘卫东，田锦尘，欧晓理等. "一带一路"倡议研究［M］. 北京：商务印书馆，2017.

［78］刘再兴. 生产布局学原理［M］. 北京：中国人民大学出版社，1984.

［79］卢中原. 产业结构与地区经济发展［J］. 经济研究参考，1996（ZD）.

［80］卢根鑫. 国际产业转移论［M］. 上海：上海人民出版社，1997.

［81］卢根鑫. 试论国际产业转移的经济动因及其效应［J］. 学术季刊，1994（4）.

［82］陆立军. 区域经济发展与欠发达地区现代化［M］. 北京：中国经济出版社，2009.

［83］罗正富. 云南"十二五"规划战略研究［M］. 昆明：云南人民出版社，2011.

［84］马海霞. 区域传递的两种空间模式比较分析——兼谈中国当前区域传递空间模式的选择方向［J］. 甘肃社会科学，2001（3）.

［85］马子红. 区际产业转移：理论述评［J］. 经济问题探索，2008（5）.

［86］毛健. 产业结构变动与产业政策选择［M］. 北京：中国财政经济出版社，1999.

［87］毛蕴诗，汪建成. 大企业集团扩展路径的实证研究——对广东40家大型重点企业的问卷调查［J］. 学术研究，2002（2）.

［88］聂华林，赵超. 我国区际产业转移对西部产业发展的影响［J］. 兰州大学学报（社会科学版），2000（5）.

［89］潘伟志. 产业转移内涵机制探析［J］. 生产力研究，2004（10）.

［90］庞玉萍. 东部产业转移区域选择的影响因素分析［J］. 发展研究，

2007（3）.

[91] 祁苑玲. 关于老工业区淄博市工业区位变化的地理思考 [J]. 地理科学，2006（1）.

[92] 祁苑玲. 欠发达地区承接产业转移研究 [M]. 北京：中央党校出版社，2014.

[93] 祁苑玲. 云南承接产业转移问题探究 [J]. 云南省委党校学报，2011（4）.

[94] 全春. 产业转移与中部地区工业结构演化 [J]. 求实，2005（4）.

[95] 任佳，刘诗祥，李丽. 加快"走出去"步伐推动云南开放型经济发展 [J]. 云南社会科学，2013（2）.

[96] 石奇. 集成经济原理与产业转移 [J]. 中国工业经济，2004（10）.

[97] 史耀媛，张秀君. 产业转移：西部地区产业结构调整与升级的新思考 [J]. 西北工业大学学报（哲学社会科学版），2005（1）.

[98] 苏东水. 产业经济学 [M]. 北京：高等教育出版社，2000.

[99] 谭介辉. 从被动接受到主动获取——论国际产业转移中我国产业发展战略的转变 [J]. 世界经济研究，1998（6）.

[100] 唐建民，高园. 西部地区承接东部产业转移对策研究 [J]. 企业导报，2009（6）.

[101] 唐贤秋. 广西承接东部产业转移中的伦理冲突及其协调 [J]. 广西民族大学学报（哲学社会科学版），2010（1）.

[102] 汪斌. 东亚国际分工的发展与21世纪的新产业发展模式 [J]. 亚太经济，1998（7）.

[103] 汪斌，赵张耀. 国际产业转移理论评述 [J]. 浙江社会科学，2003（6）.

[104] 王辉堂，王琦. 产业转移理论述评及其发展趋向 [J]. 经济问题探索，2008（1）.

[105] 王缉慈等. 创新的空间——企业集群与区域发展 [M]. 北京：北京大学出版社，2003.

[106] 王全春. 产业转移与中部地区产业结构研究 [M]. 北京：人民出版社，2008.

[107] 王文成，杨树旺. 中国产业转移问题研究：基于产业集聚效应 [J]. 中国经济评论，2004（8）.

[108] 王先庆. 产业扩张 [M]. 广州：广东经济出版社，1998.

[109] 王瑛. 论产业分工对产业安全的影响及对策 [J]. 北京理工大学学报（社会科学版），2006（4）.

［110］王岳平. 促进东部发达地区向中西部产业转移［J］. 宏观经济管理，2008（3）.

［111］王云平. 产业转移和区域产业结构调整［M］. 北京：水利水电出版社，2010.

［112］魏后凯. 产业转移的发展趋势及其对竞争力的影响［J］. 福建论坛（社会经济版），2003（4）.

［113］魏后凯. 产业转移的发展趋势及其竞争力的影响［J］. 福建论坛，2003（4）.

［114］魏后凯. 产业转移的发展趋势与我国中西部地区经济发展探讨［J］. 福建论坛，2003（4）.

［115］吴华清，黄志斌. 价值链、产业转移与国家产业安全［J］. 国际商务，2009（5）.

［116］吴晓军，赵海东. 产业转移与次发达地区经济发展［J］. 当代财经，2004（6）.

［117］夏禹农，冯文浚. 梯度理论与建议［J］. 研究与建议，1982（8）.

［118］小岛清. 对外贸易论［M］. 周宝廉译. 天津：南开大学出版社，1991.

［119］肖金成. 加强东西合作促进产业转移［J］. 甘肃装备制造业发展论坛，2008（2）.

［120］谢劼. 在准确定位中加快四川经济社会发展［J］. 当代经济，2010（21）.

［121］谢丽霜. 西部地区承接东部产业转移的环境风险及防范对策［J］. 商业研究，2009（1）.

［122］徐康宁，王剑. 要素禀赋、地理因素与新国际分工［J］. 中国社会科学，2006（6）.

［123］杨明俊，李梅. 西部地区产业结构转换风险研究［J］. 特区经济，2006（6）.

［124］杨先明等. 能力结构与东西部区域经济合作［M］. 北京：中国社会科学出版社，2007.

［125］俞国琴. 中国地区产业的转移［M］. 北京：学林出版社，2006.

［126］原小能. 国际产业转移的基本规律及趋势分析［J］. 上海经济研究，2004（2）.

［127］云南省社会科学院. 云南经济发展报告（2015—2016）［M］. 昆明：云南大学出版社，2016.

[128] 曾小清. 承接国内外产业转移 四川力争成为重要基地 [N]. 四川日报，2011-06-09.

[129] 张必清. 云南省边境口岸物流发展状况分析 [J]. 管理学刊，2014 (2).

[130] 张辉. 全球价值双环流架构下的"一带一路"倡议 [J]. 经济科学，2015 (3).

[131] 张纪纯. 我国区际产业转移的制约因素与对策 [J]. 经济纵横，2012 (1).

[132] 张军. 我国西南地区在"一带一路"开放战略中的优势及定位 [J]. 经济纵横，2014 (11).

[133] 张可云. 区域大战与区域经济关系 [M]. 北京：民主与建设出版社，2001.

[134] 张林，唐艳萍. 知识经济背景下国际产业转移研究新趋势 [J]. 东南亚纵横，2010 (6).

[135] 张少军. 全球价值链模式的产业转移与区域协调发展 [J]. 财经科学，2009 (2).

[136] 张卫红. 产业转移的动力机制及评价指标分析 [J]. 学术论坛，2010 (11).

[137] 赵晋平. 聚焦"一带一路"经济影响与政策举措 [M]. 北京：中国发展出版社，2016.

[138] 赵楠. 国际产业转移的技术路径、投资方式与我国外包基地建设 [J]. 国际贸易问题，2007 (10).

[139] 赵雪松. 云南省企业进入 GMS 国家的路径选择研究 [J]. 区域经济，2014 (5).

[140] 赵张耀，汪斌. 网络型国际产业转移模式研究 [J]. 中国工业经济，2005 (10).

[141] 郑燕伟. 产业转移理论初探 [J]. 中共浙江省委党校学报，2008 (4).

[142] 邹篮，王永庆. 产业转移：东西部合作方式和政策研究 [J]. 特区理论与实践，2000 (3).

后　记

　　一般认为，产业转移是产业从一个区域转移到另一个区域的空间动态过程，并且受区域经济发展不平衡规律和生产约束条件变化的影响。我于 2003 年开始正式研究产业转移，开始时着重于产业集群的形成、发展及其动因，产业集群是由产业价值链、全球化市场、集群所在区域的知识导向、完善的辅助机构、良好的社会资本等因素推进，在产业集群形成的过程中伴随着产业移动。2010年前后，国家提出东部产业转型升级，并将一定产业转移到中西部地区的思路，要求欠发达地区主动承接产业转移。2011~2013 年我完成了国家社科基金项目"欠发达地区承接产业转移研究"，构建了欠发达地区承接产业转移的理论体系，并通过研究云南、四川、重庆、广西等地承接产业转移的实践，综合分析产业转移的动因和风险，承接的模式和机制体制。之后，在 2014~2015 年研究了云南制造业承接产业转移，又于 2016~2019 年完成国家社科基金项目"'一带一路'经济带建设与国内外产业转移的研究——基于云南的实证研究"，该研究于"一带一路"发展背景下，深入分析跨国产业转移，并以云南为核心分析我国产业向外转移的情况。

　　在多年的研究中切实关注到产业转移是在市场经济规律下的一种追求利润最大化的自然现象，外在力量的强制可能使产业转移，而根本的力量来自产业内在的动因，是市场经济条件下企业的一种自发行为，是由于资源供给或产品需求条件发生变化后，某些生产同类产品或提供类似服务的一群经营体从某一个国家或地区转移到另一个国家或地区的经济行为和过程。产业转移是生产力发展和区域分工的必然结果，是市场逐渐发育成熟的一种具体表现形式。产业转移离不开企业，通过企业直接投资实现资本、技术、劳动力等生产要素的跨地区流动并重新组合，形成新的生产能力和产业规模，最终导致产业的空间转移。企业通过跨区域直接投资，自身可以获得"生产函数改变后的比较优势"以消除资源供给或产品需求条件变化的影响，并通过"一揽子"投资转移引起产品需求的转移使得转入地获得产业转移效应，相应地，企业的直接投资要求转入地具有与之相适应的吸收能力结构。

　　基于长期研究获得的一些基础，我萌生了出版的想法；同时，也是对我多年研究中给予各种帮助的机构和人们的感谢。产业转移的研究，资料收集和田野调查涉及的范围比较复杂，尤其是境外投资的平台和企业面临的情况等难以专程一一抵达，一些资料来源于管理部门、驻外机构、民间组织、对外直接投资的企业家们，在此专门致谢！

本书能顺利出版，首先要感谢经济管理出版社的王光艳老师及各位编辑，在 2020 年疫情波及全球期间，仍然全力以赴，半年多的时间里，持续联系和提出修改建议，为此书的面世做了大量的努力。

谨以此书献给我身边关爱我的人，长年累月的超量工作很辛苦也很有收获，本书的出版得益于所有领导和长者的支持，得益于研究团队所有人员的建议。家人更是多倍关爱，还要时时警示我不要过劳；我的爱人和初入大学的孩子是最先审校初稿的人，也是第一批读者，正所谓"无爱无果，吾爱吾果"。

最后，希望未来的我，或者其他研究者，能够对产业转移的微观活动进行更深入的研究，囿于研究水平和调研条件的限制，本书未能对产业转移的企业尤其是转移到境外的企业进行精细研究。今后，对跨国转移企业的生存和发展及其面临和需求的产业生态系统尚需深入研究。

祁苑玲

2020 年 4 月 30 日于昆明西山之麓